Verbrechen im Showbiz

Dieses Buch widme ich

Johnny Rotten
Glen Matlock
Steve Jones
Paul Cook

2007 endlich vereint in freundschaftlichen
Einvernehmen und Freude

Hélène Merrick

Verbrechen im Showbiz

Aus dem Französischen übersetzt von
Resel Rebiersch

vgs EGMONT

Die Originalausgabe erschien unter dem Titel
Crimes Drogues Sexe et Rock & Roll in den Editions Scènes de Crimes,
Genf 2008
Hrsg.: Steve Goldstein

verlegt durch EGMONT Verlagsgesellschaften mbH,
Gertrudenstraße 30–36, 50667 Köln

1. Auflage
Text: © Hélène Merrick
Übersetzung: Resel Rebiersch
Vermittlung: Undercover Literary Agents & Scouts, Köln
Umschlaggestaltung: Zero Werbeagentur, München
Umschlagmotiv: FinePic®, München
Satz: Greiner & Reichel, Köln
Druck: CPI – Claussen & Bosse, Leck
ISBN 978-3-8025-3754-7

www.vgs.de

Inhalt

Teil 1

Marvin Gaye: Ein Mensch verkommt

Teil 2

Sid Vicious: Das wunde Herz der Sex Pistols

Teil 3

Tupac Shakur und Notorious BIG: Der Bandenkrieg

Teil 4

John Lennon: Apokalypse einer Generation

Teil 5

Selena Quintanilla: Sexbombe und Märtyrerin

Teil 1

Marvin Gaye

Ein Mensch verkommt

»Drogenabhängig und sex-besessen, das bin ich.« Ausgerechnet Marvin Gaye, einer der besten »Soul Men« überhaupt, beschreibt sich so selbst. Sein einzigartiger Stil ist den verschiedensten Einflüssen geschuldet, dem Blues, Gospel, Rhythm'n Blues, Rock und der Music-Hall. Doch im Gegensatz zur Sanftheit seiner Stimme steht die Gewalttätigkeit seiner Biografie – im Leben des legendären Sängers dominiert ein brutaler und grausamer Mann, Marvin Gaye senior, sein Vater.

1. Kapitel

Hiebe statt Liebe

Marvin Gaye senior hasste seinen Sohn vom ersten Tag an. »Diese Missgeburt ist nicht mein Kind!«, erklärte er und wies das Baby von sich. Die Mutter gab dem Jungen zwar den Vornamen des Vaters, doch das konnte Marvin senior nicht versöhnen. Väterliche Gefühle waren seine Stärke nicht.

Trotzdem gab er sich als frommer Gottesmann, denn von Beruf war er Prediger. Ein ausgemacht intoleranter, fundamentalistischer zudem. Als Marvin junior zur Welt kam, war der Senior bereits im Ruhestand; vielleicht war er es leid, die Sorgen seiner Mitmenschen anzuhören und Mitgefühl zu zeigen.

Marvin senior war das dritte Kind eines Farmers in Kentucky. Er wurde 1914 im Süden von Lexington im Jessamine County geboren und hatte zwölf Geschwister.

George Gay, sein Vater, prügelte die ganze Familie, von der Mutter Mamie bis hin zum dreizehnten Kind.

Für Marvin senior waren als Kind Brüllen, Toben, Fluchen an der Tagesordnung. Die geringste Verfehlung versetzte ihn in Todesangst, so dass er dem gewalttätigen Familienoberhaupt auswich, wann immer er konnte. Innerlich fraß die Wut auf den Tyrannen an ihm, zugleich verachtete er seine unterwürfige Mutter und seine Schwestern. Ausgemergelt von den ständigen Schwangerschaften flüchtete die Mutter Mamie in die Religion.

Nachdem die Familie 1919 von der Farm nach Lexington gezogen war, wurde Mamie Gay Mitglied der örtlichen Kirchengemeinde, mit dem bombastischen Namen »Haus Gottes, Heilige Kirche des Lebendigen Gottes, Pfeiler und Grundstein der Wahrheit, Gebetshaus für alle«.

Gepredigt wurde dort eine Mischung aus orthodoxem Judentum und christlichen Erweckungslehren. Letztere, die »Pfingstgemeinden«, entstanden um 1906 in Amerika. Bei ihnen stand das Erweckungserlebnis im Vordergrund, begleitet von der »Ausgießung des Heiligen Geistes«, Wunderheilungen und einem starken Gemeinschaftsgefühl. Man pflegte am Samstag die Sabbatruhe, man aß weder Schweinefleisch noch Schalentiere, Weihnachten wurde nicht gefeiert. Einer der Riten bestand in der unablässigen Wiederholung des Mantras »Danke, Jesus, danke, Jesus …«

Marvin senior übernahm den Glauben seiner Mutter und wurde zum Frömmler. Somit war ihm der Predigerberuf geradezu vorgezeichnet.

Die Saat der Gewalt

Genau wie sein Vater George griff Marvin senior als Erwachsener häufig zu Gewalt, verbal in seinen Predigten und konkret als Ehemann und Vater. 1935 lernte er in Washington Alberta Cooper kennen und schwängerte sie, erkannte die Vaterschaft jedoch nicht an. Das Kind, ein Mädchen, wurde in die Obhut einer Schwester von Alberta gegeben.

Marvin senior und Alberta sollten vier Kinder bekommen. Marvin junior kam als zweiter, am 2. April 1939, zur Welt.

Unnachsichtig, wie er war, betrachtete Marvin senior seine Frau als Hausmagd und seine Kinder als unerwünschte Nebenprodukte. Hätte er nicht Strafe fürchten müssen, hätte er seine Nachkommenschaft vermutlich kaltblütig ertränkt.

Da Marvin senior klein gewachsen und schwächlich war, plagten ihn Komplexe, die er mit unerhörten Tobsuchtsanfällen zu kompensieren versuchte. Auch der Wodka, dem er gern zusprach, verbesserte seinen Gemütszustand nicht. Mitunter verkleidete er sich in seiner Selbstverliebtheit als Frau, aber öffentlich gab er nie eine Neigung zum eigenen Geschlecht zu erkennen. »Er stibitzte meine Kleider, meine Unterwäsche, meine Schuhe und Strümpfe«, berichtete seine Frau, Alberta Gay. »Ich weiß nicht, ob er insgeheim homosexuell war.« Obwohl er solche Kostümierungen liebte, hatte er Angst, als schwul – »gay« – zu gelten, und hängte deshalb ein »e« an seinen Namen.

So wuchs sein Sohn, Marvin, mit den Namen Marvin Gaye auf.

Es sollte das einzige Geschenk des Vaters an den Sohn bleiben, über den er später einmal sagen sollte: »Wenn er mich anrührt, bringe ich ihn um.«

2. Kapitel

Fluch dem Sohn

Marvin Gaye, der spätere King of Soul, begann sein Leben zwischen einem sadistischen Großvater, einem brutalen Vater, einer verängstigten Großmutter und dito Mutter, gefühlskalten Onkeln und Tanten und hilflosen Geschwistern.

»Mit meinem Vater gab es kein Auskommen«, erzählte er. »Wir gingen nur auf Zehenspitzen, in Furcht vor seinen Launen. Er war ein Tyrann, ein Despot, um jedes freundliche Wort musste man betteln. Nur ich knickte nicht vor ihm ein, obwohl mein sehnlichster Wunsch darin bestand, von ihm geliebt zu werden. Ich bot ihm die Stirn, und er bestrafte mich dafür. Wenn meine Mutter nicht gewesen wäre, die mich tröstete und aufbaute, hätte ich mich wahrscheinlich noch als Kind umgebracht.«

Aus Gründen, die ihm allein bekannt waren, hegte Marvin senior eine abgrundtiefe Abneigung gegen seinen Sohn. »Er hatte sich Marvin nicht gewünscht«, erzählte Alberta Gay, »er behauptete, das Kind wäre nicht von ihm. Ich habe nie verstanden, warum er den Jungen so hasste. Er verübelte es mir sogar, dass ich den Kleinen liebte. Marvin spürte das natürlich.«

Der tägliche Leidensweg

Bei jeder sich bietenden Gelegenheit wurde der Junge verprügelt. Der Hass des Vaters war fast greifbar, so dass Marvin junior oft das Unwetter kommen sah. Es war wie ein Geruch, eine Aura, die von dem Mann ausging, bevor die Gewalt sich Bahn brach.

Marvin war noch keine sieben Jahre alt, als der Senior ein regelrechtes Strafritual einführte. »Es genügte ihm nicht, mich zu schlagen, es bereitete ihm sogar Vergnügen«, berichtete Marvin Gaye. »Er rief mich und drohte mit sanfter Stimme: ›Mein Sohn, du wirst eine Abreibung bekommen.‹ Ich musste mich ausziehen und in meinem Zimmer warten. Ich hätte direkte Schläge oder sogar unverhoffte Prügel leichter ertragen, aber er war ein Sadist, er quälte mich. Er ließ mich eine Stunde warten, oft noch länger, und die ganze Zeit knallte er im Nebenzimmer mit seinem Gürtel, so dass ich es hörte und vor Angst zu zittern begann. Wenn er dann endlich zur Sache ging, konnte ich deutlich sehen, wie er mein Leiden genoss.«

Die Mutter und die Schwester warfen sich dann oft dem Vater zu Füßen und flehten ihn an aufzuhören – vergeblich. Von dem kleinen Marvin hörte man nichts dergleichen. Er ließ sich nicht unterkriegen, er widerstand, er wehrte sich, er rebellierte. Aber der Vater blieb stets der Stärkere.

1950 verdrängte ein anderer Kandidat Marvin senior aus dem »Haus Gottes«, und dieser gab sein Priesteramt auf. Nunmehr verwandte er seine ganze Zeit darauf, seine Kinder zu drangsalieren, allen voran Marvin junior, aber auch Jeanne, die Älteste, und die beiden jüngeren Geschwister, Frankie und Zeola.

Die Mädchen durften niemals ärmellose Kleider tragen, keine Strümpfe, keinen Lippenstift, Nagellack oder Sandalen. Zusätzlich zu den Schlägen setzte es harte Verbote von Sport, Tanz, Kino, Fernsehen und weltlicher Musik.

In ihrer Dauerpanik blieben die vier Kleinen lange Bettnässer. Das lieferte dem Alten erst recht Anlass, ihnen Vorhaltungen zu machen, sie zu prügeln und ihnen einen verlängerten Sabbat aufzuerlegen, von Samstag bis Sonntagmittag.

3. Kapitel

Der Sound der Verzweiflung

Im Esszimmer der Familie dämmerte ein altes Klavier vor sich hin. Marvin senior hatte spielen gelernt und klimperte hin und wieder darauf herum. Marvin junior erhielt die Erlaubnis zum Klavierunterricht, natürlich mit der Auflage, ausschließlich geistliche Musik zu spielen.

Marvin war musikalisch, er hatte das absolute Gehör und konnte jede Melodie nachspielen, ohne die Noten zu kennen. Immer wenn sein Vater weg war, spielte er Songs und Blues. Mit ein paar Kameraden von der Cardozo High School gründete er insgeheim eine Band, die *DC Tones*. Marvin saß am Piano und am Schlagzeug, und noch dachte er überhaupt nicht ans Singen. Niemand dachte daran, ihn dazu aufzufordern.

Den *DC Tones* gelang es, heimlich Auftritte von Rhythm and Blues-Sängern zu besuchen. Sie schwänzten die Schule und nahmen den Bus, um James Brown und Sam Cooke zu hören.

Marvin mochte besonders die samtigen Stimmen der so genannten »Crooner«, der Sänger von gefühlvollen Liedern. Oft trällerte er Songs von Frank Sinatra oder Dean Martin; seine Freunde horchten auf, als sie sein weiches Timbre vernahmen, und ermutigten ihn zum Weitermachen, wobei sie bemerkten, er singe »wie ein Weißer«. Zu der Zeit bestand die Band *DC Tones* aus Marvin Gaye, Reese Palmer, Sondra Lattisaw, James Hopps, Vernon Christian und Leon McMickens.

Rebell für die gerechte Sache

Marvins Musikbegeisterung ärgerte seinen Vater. Dieser verabscheute die »doo woop«-Musik, Boogie-Woogie, Rhythm and Blues. Vor Marvin seniors Augen fand nichts davon Gnade, geschweige denn Gefallen. Er ließ seine Kinder nicht einmal Sport treiben.

Marvin junior wuchs heran, wurde ein großer, hübscher Junge, voller Hoffnungen und Wünsche an die Zukunft. Bald hielt er es im heimatlichen Nest nicht mehr aus. So wartete er gar nicht die Volljährigkeit mit 18 ab, um sich davonzumachen: er bewarb sich bei der Luftwaffe.

Rasch erkannte Marvin seinen Irrtum. Militärischen Vorgesetzten aufs Wort zu parieren – das ähnelte zu schmerzlich seinem bisherigen Leben. Auf die Schikanen seines Vaters folgten neue Zwänge, Pflichten und Demütigungen.

Für die Grundausbildung hatte man ihn nach San Antonio, Texas, geschickt. Anschließend kam er nach Cheyenne, wo er auf eine Ausbildung zum Piloten hoffte, doch das zog sich in die Länge. Er hatte Probleme mit blinder Unterwerfung, das Gebaren der höheren Dienstgrade erinnerte ihn stark an die Tyrannei seines Vaters.

Marvin erntfernte sich des Öfteren unerlaubt von der Truppe. Bei einem dieser Ausflüge gelang es ihm immerhin, bei einer Prostituierten seine Unberührtheit zu verlieren, und er fand das echte Leben reizvoller als soldatischen Schliff. Er bekam Rüffel und Ausgangssperre, erhielt Haftstrafen und endete schließlich in der Küche beim Kartoffelschälen. »Das waren lauter selbstherrliche Idioten. Man hatte den Eindruck, dass sie nur ein Ziel in ihrem jämmerlichen Leben verfolgten: mir meines zu versauern.«

Da er nichts zu verlieren hatte, spielte Marvin den Verrückten und wurde tatsächlich entlassen.

Doo Woop!

Kaum war Marvin in Freiheit, ging er nach Washington zu seinen Musikern. Bei den Eltern blieb er nicht, sondern zog zu einer Freundin, Peasie Adams.

Im Einvernehmen mit Reese Palmer, der einen Frontsänger für die *DC Tones* suchte, änderte er den Namen der Band. Aus den *DC Tones* wurden die *Marquees* und Marvin Gaye ihr offizieller Sänger. Das Repertoire bestand aus Stücken für Teenager im Stil des Doo-woop.

Im Jahr 1957 fällt Marvins samtige Stimme Bo Diddley auf, und er bietet an, eine Platte der *Marquees* bei Columbia zu finanzieren. Marvin beißt bei seinem Vater auf Granit: er ist noch nicht volljährig, und Marvin senior will den Vertrag nicht unterzeichnen. Reese Palmer hilft seinem Freund aus der Klemme, indem er die Unterschrift fälscht, Marvin kann mit den *Marquees* ins Aufnahmestudio.

Bo Diddley leiht der Band seine eigenen Musiker. Die LP enthält die Lieder »Wyatt Earp« und »Hey Little School Girl«.

Von der Musik allein kann Marvin nicht leben. Er jobbt als Caddie auf einem Golfplatz und arbeitet mit Reese Palmer auf einem Militärstützpunkt. Erneut setzt die Armee ihn vor die Tür. Begründung: Anstatt die Quartiere zu putzen, singt er aus voller Kehle mit seinem Kollegen im Duett.

Da bekommt Marvin seine Chance. Aufgrund von Bo Diddleys Fürsprache geht er mit den *Marquees*, die nun *Moonglows* heißen, auf Tour. Und in Chicago steht er mit Etta James und Chuck Berry auf der Bühne!

Von Harvey Fuqua, dem Geschäftsführer von Chess Records, erfährt Marvin Gaye von einem neuen Sound, geboren in den Garagen von Detroit, Illinois, dem Tummelplatz vieler schwarzer Bands. Fuqua nimmt Marvin mit zu den Gordys, einer Musikerfamilie in der Tradition von Rock'n Roll, Rhythm and Blues und Gospel. Sie haben das ehrgeizige Ziel, junge Menschen jeglicher Hautfarbe zu begeistern. Die Weißen sollen zur Musik der Schwarzen tanzen.

4. Kapitel

Der Garagensound von Motown

Berry Gordy gründete die *Motown Record Corp* und holte die besten Musiker von Detroit zu diesem Label.

Kurz nach seiner Ankunft in Detroit ging Marvin zu *Motown*. Gordy mochte seine Stimme, aber Marvin wurde erst Leadsänger, nachdem er im Januar 1961 Anna Gordy geheiratet hatte. Marvin war zwanzig, Anna siebenunddreißig.

Auf Marvin wirkte das neue Leben berauschend, er sucht nach immer stärkeren Reizen. Er begann, Hasch zu rauchen, und experimentierte mit allerhand anderen Drogen. Sein Auftreten, sein Aussehen bezauberte die Frauen, und Marvin sagte zu keiner nein. Auch brachte er einige Tage im Gefängnis zu, nachdem er mitsamt seiner Band wegen Drogenbesitzes gefasst wurde. Anschließend stieß er wieder zum Gordy-Clan.

Motown war ein Familienunternehmen. Jedes Mitglied leistete seinen Beitrag.

Jazz, romantische Songs und Blues faszinierten Marvin Gaye. Er träumte davon, der nächste Nat King Cole zu werden, und stylte sich wie die weißen Crooner, Dean Martin oder Perry Como. Während er auf die Einspielung seines Albums wartete, schrieb er Songs, spielte Schlagzeug, sang im Background bei einigen Hits des Labels.

Eine stürmische Beziehung

Das Eheleben von Marvin und Anna Gordy bestand nicht nur aus eitel Sonnenschein. Sie diskutierten, sie stritten, sie trugen ihre Meinungsverschiedenheiten in aller Öffentlichkeit aus. Es kam regelmäßig zu Handgreiflichkeiten, sie gingen ohne Hemmungen fremd. Marvin genoss ausgiebig Sex und Drogen und sang. Für ihn gehörten diese Dinge zusammen, ja, sie waren untrennbar verbunden. Drogen, Sex und Musik waren angeblich der Sinn seines Lebens, den er so definierte: »Geburt, Kopulieren, Tod.«

So bewegt sein Privatleben sich gestaltete, so sanft ging er bei seiner Musik zu Werke. Melodisch, einschmeichelnd war sein Stil, er übertraf darin sogar noch seine bewunderten Crooner. Die erste 33er LP, »The Soulful Moods«, aufgenommen bei *Motown*, war ein Flop, obwohl darauf Titel waren wie »My Funny Valentine« und »Days of Wine and Roses«.

Aus seiner Militärzeit hatte Marvin sich eine Leidenschaft bewahrt – die Flucht aus der Wirklichkeit mit Hilfe von illegalen Substanzen.

Auf der Tournee »Motown Bus Tour« lernte er eine Stripperin kennen, die ihm Marihuana gab. Es war für ihn nicht das erste Mal, und bald stieg er von Gras auf härtere Drogen wie Kokain und Heroin um. Angeblich regten diese lange wirkenden Drogen seine Kreativität und seine Fantasie an.

1962 nimmt Marvin sein erstes Rhythm and Blues-Album auf. Ermutigt von Gordy, der als erster seine wahre Begabung erkannte, singt Marvin »Stubborn Kind of Fellow«, einen Super-Hit. Von nun an ist Rhythm and Blues sein Ding.

Die ruhmreichen Jahre

1964 legt Marvin ein weiteres Album mit Balladen vor, »I'll Be Around«. Keiner will es haben. Das Publikum verlangt Soul. Die jazzigen R & B-Platten des Marvin Gaye dagegen gehen wie geschmiert. Widerstrebend verabschiedet Marvin sich von dem Traum, der schwarze Frank Sinatra werden zu wollen.

1967/68 singt er im Duett mit Tammi Terrell, einem erfahrenen Chorusgirl, Hits wie »Ain't No Mountain High Enough« und »You're All I Need to Get by«. Sein größter Erfolg, »I Heard It Through the Grapevine«, von 1968 ist das Replay eines Titels, den ein Jahr zuvor Gladys Knight eingespielt hatte.

1970 trifft eine niederschmetternde Nachricht ein: Tammi Terrell ist im Alter von vierundzwanzig Jahren gestorben.

Marvin Gaye ist tief betroffen. Er hadert mit dem Schicksal, zweifelt am Sinn seiner eigenen Existenz. Von da an leidet er dermaßen unter Lampenfieber, dass er es in vier Jahren nur zweimal auf die Bühne schafft.

In seiner Umgebung finden Umwälzungen statt. Das Label *Motown*, das von Beginn an viele schwarze Musiker herausbrachte und groß machte, möchte nun auch ein weißes Publikum erreichen. Das Unternehmen kann die Emanzipation der Schwarzen nicht ignorieren. 1963 nimmt *Motown* die Rede von Martin Luther King auf, die dieser am 23. Juni in Detroit vor 125 000 Demonstranten für Bürgerrechte hält. Die Platte erscheint am 28. August, an dem Tag, an dem Martin Luther King bei dem Marsch nach Washington seinen berühmten Satz prägt »I have a dream«. Es ist die erste Sprechplatte des Labels, sie ist betitelt »The Great March of Freedom«.

Dieser Vorstoß öffnet für *Motown* den Weg zu dem Label *Black Forum*, das den Aufbruch der schwarzen Bevölkerung in eine neue Epoche der Freiheit und der gleichen Bürgerrechte an der Seite der Weißen dokumentiert. *Black Forum* veröffentlicht Martin Luther Kings Rede »Warum ich gegen den Vietnamkrieg bin«.

Marvin Gaye, dem Tammi Terrells Tod noch immer nachgeht, ist schockiert von dem Mord an Martin Luther King. Die Berichte seines Bruders, eines Vietnamveteranen, erschüttern ihn zusätzlich. Damit ist es für ihn aus mit »dämlichen Liebesliedern«. Beflügelt von seinen neuen politischen Überzeugungen macht sich Marvin Gaye an ein anspruchsvolleres Album.

Der Irrweg namens Droge

Zu jener Zeit ist Marvin Gaye ständig knapp bei Kasse. Er gibt Hunderttausende von Dollars für das weiße Pulver aus und schuldet dem Fiskus Tausende. Um der Geldnot abzuhelfen, begibt er sich auf Tournee.

Seine Ehe ist ein Desaster. Das Paar bekam keine Kinder und adoptierte einen Jungen, den sie Marvin III nannten. Aus unerfindlichen Gründen hatte Anna neun Monate lang eine Schwangerschaft vorgetäuscht und ihrem Mann zum vorgesehenen Geburtstermin das Kind offiziell präsentiert. Marvin und Anna haben reichlich Affären, trennen sich des Öfteren, versöhnen sich wieder, zerstreiten sich erneut.

Zwar schlafen sie miteinander, aber ihre Zerwürfnisse werden immer heftiger, gewalttätiger. Marvin gesteht, dass er viel von Anna gelernt hat, vor allem auf dem Gebiet »sexueller Perversionen«. Versteht er darunter auch die Schläge und Verletzungen, die er ihr zufügt? Und Annas Reaktionen, die seinen Worten zufolge »ganz schön heftig« sind?

Marvin Gaye lässt Neigungen zur Pornografie erkennen und wird zum Voyeur. Er bezahlt Mädchen dafür, dass sie es vor seinen Augen mit mehreren Männern treiben. Lauthals verkündet er seine Vorliebe für Masturbation und Gruppensex.

»What's going on?«

Im Mai 1971 spielt Marvin bei *Motown* das Album »What's Going On?« ein. Die Songs, »Mercy Mercy me« oder »Inner City Blues«, handeln von brisanten Themen wie dem Vietnamkrieg, der brutalen Polizei, Ökologie und Rassismus, Armut, Religiosität und Korruption in allen ihren Erscheinungsformen. »What's Going On?« ist, Mark Anthony Neal zufolge, »der Inbegriff des gewaltfreien zivilen Ungehorsams, wie ihn Martin Luther King kurz vor seinem Tod proklamierte.«

Allmählich erwirbt Marvin Gaye sich den Ruf eines Interpreten der Seelenregungen. Sein Erfolg ist enorm. Der Beiname »King of Soul« gehört jetzt untrennbar zu ihm. Marvin Gaye ist auf dem direkten Weg an die Spitze.

Ein Vertrag über eine Million Dollar mit *Motown* setzt seinen finanziellen Nöten ein Ende, und großzügig, wie er ist, schenkt er seinem Vater einen Cadillac.

»Hat Ihr Vater sich darüber gefreut?«, wollte ein Reporter wissen.

»Kaum«, erwiderte Marvin resigniert.

Größenwahn

Der Erfolg steigt Marvin Gaye zu Kopf, aber zufrieden ist er noch lange nicht. Sein Ehrgeiz ist maßlos, und er ist gepaart mit einer ungeheuren Eitelkeit. »Gott und ich haben denselben Weg«, teilt er dem *Time Magazine* mit. »Wir sind gut und gerecht. Wer uns liebt, soll uns nachfolgen.«

Außerdem könne er genauso schöne Symphonien schreiben wie Beethoven: »Ich werde eine Symphonie komponieren, ich kann das genausogut wie der taube Alte. Der einzige Unterschied zwischen ihm und mir ist, dass er mehr Zeit zum Komponieren hatte. Wenn ich erst damit fertig bin, werdet ihr staunen. Momentan schreibe ich eine Symphonie in zwei Sätzen.«

Gesehen hat nie jemand eine Zeile davon.

Allerdings, nachdem er die Musik zu dem Film »Trouble Man« vom Genre der »Blaxploitation« – ein Kunstwort aus »black« und »exploitation«, Ausbeutung, das Filme aus der Sicht von Schwarzen bezeichnet – komponiert hatte, prahlt Marvin Gaye: »Ich hätte locker ein Hollywoodstar werden können, aber ich habe mich zurückgehalten. Es hätte mir zwar gefallen, aber vielleicht hätte ich mich nicht immer an die Regeln gehalten.«

Dass er nicht sonderlich sportlich ist, bereitet ihm jedoch Komplexe, und so fügt er seinem selbst geschaffenen Mythos eine weitere Facette hinzu: er gibt vor, Champion sämtlicher Sportarten zu sein.

Er ist schmächtig, ziemlich unsportlich und schon ein bisschen alt dafür, aber er kündigt an, dass er bei den Lions, dem weltberühmten Football-Verein, mitspielen wird. Die Sportwelt feixt und ignoriert ihn. In den 1960er Jahren erweist er sich vor den Kollegen von *Motown*, Smokey Robinson und Berry Gordy junior, als kümmerlicher Golfspieler. Dennoch hält ihn sein Größenwahn nicht davon ab zu behaupten, er sei als Schwimmer ebensogut wie Mark Spitz.

5. Kapitel

Die Midlife-Krise

»Ich rauche Hasch seit meiner Teenagerzeit«, bekannte Marvin Gaye 1972 der Zeitschrift *Rolling Stone* gegenüber. »Ich trinke, ich rauche, ich nehme Aufputsch- und Beruhigungsmittel, von Heroin bis Kokain … Ich habe mit Dope angefangen, weil ich keinen Alkohol mochte, aber mit der Zeit wurde mir klar, dass ich lieber ein Leben im Rausch als eins mit klarem Kopf führen wollte.«

1973 litt Marvin Gaye unter schweren Depressionen. Der Autor Michael Eric Dyson sagte über ihn: »Marvin Gaye erreichte später nie wieder das Ausmaß an politischem Engagement, an begrifflicher Klarheit und musikalischer Qualität wie bei seinem Klassiker von 1971, ›What's going on?‹.«

Marvin Gayes erstickt fast in Schulden, er trägt sich mit Selbstmordgedanken, und vor einer Tournee, die ihm finanziell aus der Klemme helfen würde, hat er einen Horror. Nach einem Streit mit Anna verschanzt er sich zu Haus mit einem Revolver und droht, jeden zu erschießen, der zur Tür herein kommt, und sich anschließend selbst zu töten. Berry Gordy senior, sein Schwiegervater, bringt ihn schließlich zur Vernunft.

Marvin Gaye trennt sich von Anna Gordy und hofft, dass er die Scheidung von seinen Tantiemen bezahlen kann. In dieser bedrängten Lage nimmt er seine Mutter mit auf Tournee.

Dann, bei den Aufnahmen zu dem Album »Let's Get It On«, trifft es ihn wie ein Blitzschlag. Eine Frau betritt das Studio, »eine einzige Aufforderung zum Sex, der Inbegriff der Lust, die Verkörperung meiner erotischen Fantasien!« Diese Verführung in Person heißt Janice Hunter; sie träumt von einer Karriere als Sängerin und setzt auf ihre Reize, um ihr Idol Marvin Gaye zu becircen. Und richtig, dieser lässt das Mädchen keine Sekunde aus den Augen, während er seinen Song aufnimmt.

Janice ist sechzehn, Marvin dreiunddreißig. Er bringt sie in einem Holzhaus im Topanga Canyon unter und beeilt sich, sie zu schwängern, alles mit Zustimmung von Janices Mutter. Die Tochter, Nona, wird 1974 geboren.

Macho Man

Marvin Gaye liebt Janice aufrichtig, und doch schlägt er sie.

»Diese Lebensbereiche, die dunklen Seiten der menschlichen Psyche faszinierten ihn zu sehr«, wird Janice später berichten. »Ich wollte Sängerin werden, ich hatte eine gute Stimme, aber er blockierte mich auf der ganzen Linie.«

Als Marvin Gaye deswegen zur Rede gestellt wurde, bekannte er geradewegs: »Ich lasse mich gern von Frauen bedienen, ich bin ein echter Macho. Es ist sogar eine Fantasie von mir, die eigene Frau zu unterwerfen.« Er war noch mit Anne Gordy verheiratet, als Janice das zweite Kind von ihm bekam, Frankie – vierzehn Monate nach Nona.

Hochherrschaftlicher Lebensstil

1975 verdient Marvin Gaye 20 000 Dollar im Monat, seine letzte Tournee brachte seiner Firma 1 200 000 Dollar ein. Dennoch ächzt er unter seiner Schuldenlast, er gibt alles an seine Kokain-Dealer weiter, denn nur diese Droge kann ihn noch in eine gewisse Euphorie versetzen. »Ich weiß, das Koks macht mich fertig«, sagt er, »aber es bedeutet für mich Entspannung, es ist eine Genießerdroge.«

Er muss Janice und die Kinder versorgen, seine Luxuswagen und seine Häuser abbezahlen. Seinen Eltern hat er im Stadtteil Crenshaw in Los Angeles einen Herrensitz im Neo-Tudor-Stil gekauft. Er selbst lebt auf einem Anwesen in Hidden Hills, mit einem Basketballplatz und Pferdeställen – pure Angeberei, denn er kann gar nicht reiten.

Außerdem besitzt Marvin Gaye eine Villa am Meer auf Jamaika, vierzehn Autos, darunter einen Rolls Royce, einen Jaguar und mehrere Mercedes. Er hat ein Motorboot und eine Yacht, ein R.V. (recreational vehicle – Wohnmobil mit imposanter Motorleistung, gewaltigen Reifen mit Vierradantrieb, das typische Fahrzeug eines reichen Amerikaners vom Land), Traktoren, ein Aufnahmestudio am Sunset Boulevard in Los Angeles mit angeschlossenem Apartment und Wasserbett. Er ist Anteilseigener bei dem NBA-Franchiseunternehmen *New Orleans Jazz* und betätigt sich als Agent von zwei Boxern.

1977 lässt Marvin Gaye sich von Anna Gordy scheiden und heiratet Janice. Anna fordert eine Million Dollar auf die Hand. Es gelingt Marvin, die Summe auf 600 000 zu drücken, aber er muss seiner Ex-Frau monatlich 5500 Dollar Unterhalt zahlen.

Aufgerieben von den Exzessen, bricht er 1978 während eines Auftritts in Chattanooga auf offener Bühne zusammen. Marvin Gaye hat hohe Steuerschulden, die Behörden in Kalifornien beschlagnahmen das Aufnahmestudio. Ein früherer Agent fordert zwei Millionen rückständige Dollar, vier seiner Musiker verklagen ihn auf Zahlung von 200 000 Dollar.

6. Kapitel

Der Sexsklave

Trotz seiner großen Musikalität, seiner außergewöhnlichen Stimme und der Qualität seiner Songs ist Marvin Gayes Stern im Sinken. Gegen Ende der 1970er Jahre kommen zum Drogenmissbrauch noch Sexorgien hinzu. Janice muss mit anderen Männern schlafen, und er kommt zu seinen Höhepunkten, wenn er zuschaut.

Dabei entwickelt Marvin Gaye eine immer größere Verachtung für die Frauen und Männer, die seine Wünsche widerstandslos erfüllen und seine Fantasien konkret darstellen. Janice ist eine von ihnen. Marvin kennt keine Hemmungen, sie zu demütigen und regelmäßig zu verprügeln, wobei die Drogen seine Gewalttätigkeit noch steigern. Bald kennt er keine Grenzen mehr und greift auch seine Freunde an.

Seltsamerweise vertraut er sich allein seiner Mutter an. Sie ist überzeugt, dass ihr Sohn den Hang zur Brutalität von seinem Vater und dem Großvater geerbt hat. Gewissermaßen rechtfertigt ihn das. Er ist ihr Sohn, sie liebt ihn, sie hält zu ihm, auch wenn sie sein Verhalten missbilligt.

Depressionen ohne Ende

In den Jahren 1979 und 1980 fliegt Marvin Gaye für eine Tournee nach Hawaii. Es geht ihm nicht gut, er schlägt sich mit seinen Freunden Stevie Wonder und Smokey Robinson, er konsumiert dreißig Gramm reines Kokain, genug für eine Überdosis. Genau das ist nämlich sein Wunsch – an einer Overdose zu sterben. Es gelingt ihm nicht. »Ich kann nicht mehr, ich bin am Ende, die Probleme sind mir über den Kopf gewachsen.«

Janice tut ihr Möglichstes, um ihn aus dem Tief herauszuholen, aber damit macht sie alles nur noch schlimmer. Anstatt ihr zu danken, lässt er seinen ganzen Frust an ihr aus, droht ihr mit dem Tod, wirft ihr Untreue vor, eben die Sex-Episoden mit bekannten Sängern, die Marvin selbst angeregt und organisiert hat.

»Ich wollte sie umbringen, aber ich schaffte es nicht. Ich wollte Selbstmord begehen, aber mir fehlte der Mut.«

In seiner Niedergeschlagenheit zieht sich Marvin Gaye in einen Wohnwagen am Strand zurück. »Ich will nichts weiter, als dass man mich in Ruhe lässt, ich will mir das Gehirn mit einer kosmischen Overdose wegpusten. Das wäre ein schöner, sauberer Tod – nicht so ekelhaft wie eine Kugel.«

Er ist manisch-depressiv und unfähig, seine Probleme zu lösen. Er bestürmt seine Mutter, den Schmuck zu versetzen, den er ihr einst schenkte, damit er sich weiterhin Drogen beschaffen kann. Und wieder gelingt es Marvin Gaye, mit welchen Mitteln auch immer, innerhalb einer Stunde dreißig Gramm Kokain zu schnupfen. Er ist sicher, dass es dieses Mal die richtige Dosis zum Sterben ist. Er ruft seine Mutter an und sagt ihr Lebewohl. Aber er stirbt nicht.

Tour durch die Hölle

Marvin Gaye ist wieder in Los Angeles, aber es geht ihm nicht besser. Er ist verwirrt, vergisst Aufnahmetermine, verpasst Proben. Er schnupft Kokain, spritzt sich Heroin, schluckt Amphetamine, Betäubungsmittel, Antidepressiva, Aufputschmittel, Beruhigungsmittel. »Bei der Motown Bus Tour 1960 kam ich auf den Geschmack; Gras gibt dir einen unmittelbaren Kick, aber Coke ist ein ganz anderes Kaliber. Wenn ich schnupfe, hebe ich ab. Manchmal ist es, als wäre ich ganz woanders. Ich habe soviel geschnupft, dass ich manchmal dachte, jetzt gebe ich den Geist auf. Ich mochte die Vorstellung, dass von mir nicht weiter übrigbliebe als meine Musik.«

Sex und Drogen in Amsterdam

1981 fliegt Marvin Gaye für eine drei Jahre dauernde Tournee nach Europa. In dieser Zeit wird er wieder auf die Beine kommen und, so hofft er, das Finanzamt wird ihn vergessen. Da er Angst vorm Fliegen hat, nimmt er wiederum seine Mutter mit. »Wäre meine Mutter nicht mitgekommen, wäre ich nicht gefahren. Ich nehme unter anderem Drogen, weil ich unter Lampenfieber und Flugangst leide, weil ich einen Horror vor Tourneen habe. Ich habe überhaupt keinen Grund, mit Drogen aufzuhören, weder zu Haus, noch unterwegs.«

In London entdeckt er die Opiumpfeife und das Freebasing, also das Rauchen von Drogen in reiner Form. Nun verdreifacht er seinen Konsum. Trotzdem schreibt, komponiert und produziert Marvin Gaye so wunderbare Songs wie »Sexual Healing«.

In Amsterdam lernt er Eugénie Vis kennen, ein hübsches blondes Groupie, das ihn anhimmelt. Sie verliebt sich unsterblich in ihn und träumt von einer romantischen Beziehung. Wie gewohnt nimmt Marvin Gaye das Mädchen mit zu seinen ausschweifenden Parties, zu Orgien, bei denen er den Voyeur gibt. »Marvin war kalt und mechanisch«, erzählt sie, »er zeigte beim Sex keinerlei Gefühl. Er wollte vor allem die Kontrolle haben, einmal lief er sogar mit einer Peitsche herum. Ständig war er auf neue Erfahrungen und Gruppensex aus, aber er hat mir nie körperlich Gewalt angetan.«

1982 trennt er sich von *Motown*. Das Unternehmen will die Allüren seines Stars nicht länger hinnehmen, seine Unpünktlichkeit, seine Schulden, die geplatzten Termine, es will seine Entgleisungen in der Öffentlichkeit nicht mehr beschönigen – Marvin geht inzwischen sogar soweit, bei Fernsehinterviews dicke Joints zu rauchen.

7. Kapitel

Die eingebildete Zielscheibe

Nach der Tournee »Sexual Healing« kehrt Marvin Gaye mit einer neuen Marotte nach Los Angeles zurück: er sammelt Schusswaffen. Dabei ist es nicht die »Schönheit« der Waffen, die ihn interessiert, sondern ihre Einsatzfähigkeit. Er bildet sich ein, beobachtet und verfolgt zu werden, dass man ihm nach dem Leben trachtet. Für ihn besteht kein Zweifel: auf seinen Kopf ist eine Prämie ausgesetzt, Killer sind hinter ihm her.

Der Sänger wird wunderlich, paranoid, er umgibt sich mit Leibwächten. Wo immer er hinkommt, liegen angeblich Scharfschützen auf der Lauer, die ihn abknallen wollen. Er wagt kaum noch, etwas zu essen oder zu trinken, aus Furcht, vergiftet zu werden. Er trägt ununterbrochen eine kugelsichere Weste, außer auf der Bühne.

Die Tournee »Sexual Healing« wird ein triumphaler Erfolg. Um den Geldsegen zu feiern, lädt Marvin Gaye je sechs Frauen und Männer zu einer Orgie ein, mit ihm selbst als Voyeur. Bei ihm zu Haus stapeln sich Pornomagazine. Bei jeder sich bietenden Gelegenheit verkündet er, dass er »ein Meister der Liebe, der Erotik und des Sex« sei. Er entwickelt verschrobene Theorien über Sex, Waffen und Drogen: »Wenn alle Menschen ihre Fantasien ausleben würden, wären alle glücklicher.«

Solche Obsessionen schmälern allerdings nicht seinen Drang zum Engagement. Am 13. Februar 1983 singt er im Forum, dem Stadion des berühmten Basketballteams LA Lakers in Inglewood, die amerikanische Nationalhymne. Es ist das Jahr von »Sexual Healing«, und die Hymne, die er über vier Minuten hinzieht, ist mit Reggae-Rhythmen unterlegt. Es ist einer von Marvin Gayes letzten Auftritten.

In Los Angeles wohnt er bei seinen Eltern, er ist psychisch und körperlich erschöpft. Er fürchtet um seine Gesundheit und seine Sicherheit, er engagiert bewaffnete Leibwächter. Seine Wohnungen sind vollgestopft mit Schusswaffen jeglichen Kalibers.

Triebe und Sehnsüchte

In einem vor der restlichen Welt abgeschirmten Zimmer der Gayeschen Wohnstatt lässt Marvin Gaye senior sich mit Wodka volllaufen. In seinem eigenen Winkel sitzt Marvin Gaye junior, King of Soul, schnupft Koks, guckt Pornofilme und blättert in Magazinen mit Fotos von nackten Frauen in Aktion.

Eine lange Reihe von Menschen zieht an Marvin vorbei – leichte Mädchen, Drogendealer, ungezwungene Fans, Groupies, Schnorrer, Schmarotzer, Nymphomaninnen sowie seine Ex-Ehefrauen, Anna Gordy und Janice. Marvin teilt ihnen ein geheimes Passwort mit, als würde es um eine private Sekte gehen. Alle wollen Marvin Gaye sehen, den »Sexmeister«, den König der Kokser, der ganz vergessen hat, dass er vor allem ein großer Künstler ist, und der sich stattdessen in seinen unbewältigten Komplexen ergeht.

»Ich hatte ihn noch nie so deprimiert, erschöpft und angeschlagen erlebt«, sagt seine Mutter später unter Tränen. Sie ist oft zugegen, wenn ihr Sohn das weiße Pulver in vollen Zügen einsaugt. Aber so ausgepowert er auch ist, so bringt Marvin Gaye doch genügend Kraft auf, um seine Besucher zu verprügeln. Man könnte meinen, sie kämen nur, um sich vor dem großen Star in den Staub zu werfen.

Sex und Waffen

Marvin senior, Alberta und Marvin Gaye bewohnen aneinander grenzende Zimmer. Zwischen seinen Vollräuschen registriert Marvin senior das rege Kommen und Gehen der »Freunde« seines Sohnes, während in ihm selbst ein Gemisch aus Hass, Frust und Wut schwelt. Das ganze Haus ist mit teuren, ausgeklügelten Alarmanlagen ausgestattet.

Als sich Marvin Gayes Mutter 1983 einer Hüftoperation unterzieht, besucht Marvin senior sie nicht einmal im Krankenhaus. Er fährt heimlich nach Washington, angeblich zu einer Entziehungskur, und er verkauft hinterrücks das Heim der Familie. Sein verhasster Sohn ist ahnungslos. So groß ist die Abscheu des Alten, dass er einmal seiner Tochter Jenna gegenüber bekennt: »Wenn er versuchen sollte, mich anzufassen, mache ich ihn kalt.«

Im selben Jahr feiert man den Verkauf des millionsten »Midnight Love«-Albums. Marvin verbringt den Abend auf der Toilette, die Nase tief in Kokain. »Midnight Love« wollte die Kluft ziwschen Sex und Liebe überbrücken, zwischen Sex und Seelenheil. »Noch ist nichts besiegelt«, versichert Marvin Gaye gegenüber Nelson George. »Ich weiß nicht, wie lange ich es noch ertrage, als Sexsymbol zu gelten, bestimmt nicht mehr lange. Mein Zugang zu Sexualität und Erotik hat etwas von Exhibitionismus an sich. Ich kann nicht spontan auf eine Frau zugehen, sie muss die Initiative ergreifen.«

Marvin Gaye hatte auch eine Theorie über seine Drogenabhängigkeit: »Es ist meine Pflicht als Künstler, alle menschlichen Tiefen zu durchmessen, um zu spirituellen Höhen zu gelangen.«

Mit immer mehr Waffen versucht Marvin Gaye, hundertprozentige Sicherheit zu erreichen. Pistolen, Revolver, Pumpguns,

Jagdgewehre – sein Haus ist zu zu einem wahren Arsenal geworden. In seinem Schlafzimmer hat er ein Maschinengewehr, mit dem er sämtliche Bewohner terrorisiert. Seine Mutter bittet ihn wiederholt, es abzuschaffen.

In seiner grenzenlosen Naivität schenkt Marvin seinem Vater zu Weihnachten eine nicht angemeldete 38er Smith and Wesson.

8. Kapitel

Ein Mann sieht rot

31. März 1984. Marvin senior schäumt vor Wut. Er kann einen Versicherungsschein nicht finden. Er stellt das ganze Haus auf den Kopf, leert Schubladen aus, brüllt, tobt, zertrümmert Gegenstände. Er ruft nach seiner Frau Alberta und überhäuft sie mit Vorwürfen, befiehlt ihr, das Papier sofort herbeizuschaffen, er schubst sie herum, nennt sie eine Schlampe. Übellaunig geht er zu Bett. Das Zimmer von Marvin senior ist auf demselben Stockwerk wie das seines Sohnes, zwischen beiden das von Alberta, die schon lange nicht mehr bei ihrem Mann schläft. Marvin Vater, missgünstig und eifersüchtig, wie er ist, nennt ihre Gefühle für den Sohn Affenliebe.

Am selben Tag irrt Marvin Gaye verwirrt und ziellos auf der Schnellstraße in der Nähe des Hauses seiner Eltern umher. Eine Autofahrerin erkennt ihn, hält an und bietet an, ihn nach Haus zu bringen. Marvin bittet sie, ihn zur Rennbahn im Hollywood Park zu bringen. Nach einer langen Spazierfahrt liefert sie ihn zu Haus ab.

Home sweet Home

Der nächste Tag ist Sonntag, der 1. April, der Vortag von Marvin Gayes 45. Geburtstag. Marvin senior, jetzt 70jährig, wacht wie gewöhnlich bereits mit Wut im Bauch auf. Sein Sohn bleibt in seinem Zimmer, antriebslos, deprimiert. Irene Gaye, die Frau von Marvins Bruder Frankie, bereitet in ihrer Wohnung über der Garage das Frühstück. Da es reichlich ausfällt, will sie den Rest der Familie daran teilhaben lassen. Sie häuft Würstchen, Maiskolben, Porridge, Toast, Rührei und Spiegeleier auf eine Platte und geht hinunter.

In der Kücher der Gayes trifft sie auf ihre Schwiegermutter, Alberta. Sie hat keinen Appetit und schlägt vor, dass Irene das Essen zu Marvin junior bringt. Marvin senior hat das Gespräch mit angehört und regt sich auf: »Warum soll Marvin das alles kriegen? Ich bin das Familienoberhaupt, ich habe das Recht, als Erster bedient zu werden.«

Trotzdem geht Irene zu Marvin hinauf und findet ihn teilnahmslos auf dem Bett liegend vor.

Sie geht wieder nach unten, serviert Marvin Vater ein Frühstück und kehrt in ihre Wohnung zurück.

Wie eine antike Tragödie

Um elf Uhr steht Marvin senior am Fuß der Treppe, die zum Zimmer seines Sohnes führt. Alberta ist dort oben, sie redet auf Marvin junior ein. Dieser hört seinen Vater brüllen, kommt aus dem Zimmer und ruft von oben herunter: »Lass das Geschrei! Wenn du Mom etwas zu sagen hast, komm rauf und rede direkt mit ihr.« Dann geht er wieder zu seiner Mutter und setzt sich auf das Bett.

Marvin senior rennt die Treppe hoch und stürmt in Albertas Zimmer. Vom Bad aus verlangt er von ihr den Versicherungsschein, den er seit dem Vortag sucht. Alberta versteht ihn nur schlecht, und Marvin ruft seinem Vater zu, er soll doch in sein Zimmer kommen. Marvin Vater tut nichts dergleichen. Entnervt schreit Marvin junior: »Wenn du nicht sofort hier erscheinst, brauchst du nie wieder einen Fuß in mein Zimmer zu setzen!« Im selben Moment steht der alte Marvin vor ihm. Erbost springt der junge Marvin auf und packt seinen Vater grob, versetzt ihm Fausthiebe und Fußtritte und treibt ihn auf den Flur hinaus. »Verzieh dich, oder ich breche dir die Knochen!«

Alberta versucht dazwischenzugehen. Marvin beschimpft seinen Vater und schubst ihn in Albertas Zimmer. Alberta eilt hinterher. Im Zimmer sieht sie, wie dieser am Boden liegt, Marvin steht drohend über ihm. Sie nimmt ihren Sohn am Arm und fordert in auf, in sein Zimmer zurückzugehen.

Unter erneuten Flüchen geht dieser mit seiner Mutter hinaus und legt sich wieder ins Bett. »Ich halte das nicht mehr aus, Mom«, sagte er. »Ich packe meine Sachen und ziehe aus diesem Irrenhaus aus. Mein Vater hasst mich einfach, ich wüsste nicht, weshalb ich hierbleiben sollte. Ich gehe für immer.«

Tödliche Rache

Marvin senior zählt seine blauen Flecken und ist fürs Erste sprachlos. Dann steht er auf, humpelt die Treppe hinunter und durch das Wohnzimmer. Wenige Minuten darauf kommt er wieder heraus und geht hinauf zu Marvin.

Alberta ist noch bei ihrem Sohn. Als sie aufblickt, sieht sie zu ihrem Entsetzen in der Hand ihres Mannes die Waffe, die Marvin junior ihm geschenkt hat. »Ich stand zwei oder drei Meter von Marvin entfernt, da tauchte plötzlich mein Mann mit dem Revolver in der Tür auf. Es ist eine silberfarbene

Waffe. Er besitzt sie seit ungefähr einem Jahr. Schon oft hatte er gedroht, damit auf Menschen zu schießen. Er sprach kein Wort, richtete den Revolver nur auf Marvin.«

Ohne Vorwarnung drückt der Alte ab. Alberta schreit auf. Marvin stößt einen Laut der Überraschung aus. Die Kugel geht ihm mitten ins Herz.

Ganz langsam rutscht Marvin auf den Boden.

Marvin Vater geht auf ihn zu und schießt noch einmal. Zweimal, wird Alberta später aussagen, aber da ist sie schon halbwegs in Frankies und Irenes Wohnung.

Der letzte Atemzug

Alarmiert von dem Lärm, stürzt Marvins Bruder Frankie aus der Garage. Weinend fällt ihm seine Mutter um den Hals. Frankie rennt ins Haus, die Treppe hinauf. Zusammengekrümmt wie ein Embryo liegt Marvin neben seinem Bett am Boden.
Irene wählt den Notruf 911.

Als die Polizei eintrifft, sitzt Marvin senior auf der Veranda. Die Sanitäter trauen sich nicht ins Haus, bevor nicht die Waffe sichergestellt ist. Irene macht sich auf die Suche. Sie schaut in alle Schubladen und findet sie schließlich unter dem Kopfkissen ihres Schwiegervaters. Sie tritt aus der Haustür und wirft die Waffe auf Geheiß der Polizei auf den Rasen.

Jetzt betreten die Sanitäter das Haus. Sie fragen Irene, wer das Opfer ist. Als sie erwidert: »Marvin Gaye«, sind sie wie vor den Kopf geschlagen. Einer bricht in Tränen aus.

Marvin wird mit Blaulicht ins California Hospital gebracht. Irene erzählt, dass der schwer verletzte Marvin noch ein paar Worte mit seinem Bruder Frankie gewechselt haben soll.

Die Ärzte unternehmen alles, um das Opfer zu retten. Vergeblich. Um 1.01 Uhr wird Marvin Gaye für tot erklärt.

9. Kapitel

Ein angeforderter Selbstmord

Bei der Vernehmung äußerten Zeugen: »Marvin senior hat mehrfach öffentlich gedroht, seinen Sohn umzubringen.« Die Anwälte der Verteidigung rechtfertigten den Mord des Vaters an seinem Sohn: »Marvin senior hatte am ganzen Körper blaue Flecken und Prellungen, verursacht durch Schläge seines Sohns.« »Marvin senior wurde von seinem Sohn verachtet und gedemütigt und er ertrug dessen Lebenswandel – die Drogen, die Sittenlosigkeit, die Gewalttaten – nicht länger.« »In Wahrheit war der Tod des Marvin Gaye junior ein Selbstmord, sein Vater war lediglich das Werkzeug seiner Selbsttötung.« »Marvin Gaye hat seinen Vater aufgefordert, ihn zu töten, indem er ihn zu diesem letzten Schritt aufstachelte.«

Also war alles einvernehmlich.

Eine Woche nach seiner Verhaftung teilte Marvin senior dem *Herald Examiner* in Los Angeles mit: »Ich drückte ab, aber die erste Kugel traf Marvin offenbar nicht, er hielt sich nur die Hand vors Gesicht. Da schoss ich noch einmal und ging wieder in mein Zimmer. Dort wollte ich mich verbarrikadieren, aber ich hörte, wie Marvin ›Oh‹ machte. Ich sah ihn zu Boden fallen. Ich weiß wohl, dass ich ihn erschossen habe, ich wollte ihn nur von mir fernhalten. Das war alles, was ich wollte.«

Auf die Frage: »Haben Sie Ihren Sohn geliebt?« antwortete Marvin senior: »Sagen wir so: Ich habe ihn nicht gehasst.«

Bei der Autopsie fand man in Marvin Gayes Körper Spuren von Kokain und PCP – Angel Dust.

Marvin senior wurde am 20. September 1984 wegen Mordes angeklagt. Falls er sich schuldig erklärte, sollte er wegen seines hohen Alters – siebzig Jahre – mildernde Umstände bekommen. Außerdem hatte Marvin Gaye junior seinen Vater zuvor geschlagen, und er stand unter Drogen.

Richter: »Zwar ist es furchtbar, einen jungen Mann so brutal sterben zu sehen, aber es scheint erwiesen, dass er der Vorfall herausgefordert hat.«

Marvin senior, sichtlich angetan von solchen Reden: »Wenn ich meinen Sohn wieder lebendig machen könnte, würde ich es tun. Er machte mir Angst. Ich dachte, er würde mir etwas antun. Ich wusste nicht, was als nächstes passieren würde. Das, was geschehen ist, tut mir schrecklich leid.«

Und Frankie Gaye gab den letzten Wortwechsel mit seinem Bruder Marvin zu Protokoll:

»Ich habe bekommen, was ich wollte.«

»Sag doch nicht sowas«, entgegnete Frankie.

»Doch, ich habe es nicht allein geschafft, deshalb habe ich mich so aufgeführt, dass er es tun musste.«

»Oh, Marvin, es hätte doch nicht soweit kommen müssen.«

»Es ist gut so, meine Zeit ist abgelaufen. Für mich ist alles vorbei.«

Frankie Gaye führte die letzten Worte von Marvin Gaye auf dessen Drogenkonsum zurück.

Am 2. November verlas Richter Gordon Ringer das Urteil für Marvin Gaye senior: Sechs Jahre auf Bewährung und fünf Jahre mit Auflagen, etwa dem Verbot, eine Waffe zu erwerben oder zu tragen und dem Verbot von Alkoholgenuss.

Marvin senior zog sich in ein Altersheim in Inglewood zurück. Nach neunundvierzig Ehejahren reichte Alberta Gaye die Scheidung ein. Drei Jahre nach dem Tod ihres Sohns Marvin starb sie an Lungenentzündung.

Leben ohne Marvin

Marvin Gaye starb ohne ein Testament. Seine Hinterlassenschaft reichte aus zur Begleichung seiner Schulden: 293 000 Dollar für Anna Gordy, 1 600 000 Dollar für den Fiskus. Seine Kinder erbten nichts. *Motown* und *CBS* stritten sich um die Rechte an seinen Aufnahmen. Marvin Gaye hatte 200 Songs geschrieben, von denen 60 in die Charts kamen. 1987 wurde er offiziell in die Rock'n Roll Hall of Fame aufgenommen.

Marvin Gayes Sarg folgten zehntausend Menschen. Die Begräbniszeremonie hielt der Priester des House of God, der früheren Kirche von Marvins Vater. Stevie Wonder und Smokey Robinson erwiesen ihm die letzte Ehre.

Auf seinem letzten Weg trug Marvin Gaye das Kostüm seiner letzten Tournee: eine weiß-goldene militärische Paradeuniform mit einem schneeweißen Hermelinumhang – der Angel of Soul.

Teil 2
Sid Vicious

Das wunde Herz der Sex Pistols

1. Kapitel

Der psychedelische Hippie

London, 10. Mai 1957. Mit geballten Fäusten stößt ein kleiner Kerl seinen ersten Schrei aus. Er wird auf den Namen John Simon getauft.

Seine Mutter, Anne Randall, arbeitet bei der Royal Air Force, sein Vater, John Ritchie, ist Infanterist. Sie wohnen in Lee Green, südwestlich von London. Da Anne hofft, eines Tages Mrs. Ritchie zu werden, besteht sie auf dem Nachnamen Ritchie für das Baby. Und das ist auch schon alles, was der Junge von seinem Vater bekommt. Kaum regt der Knabe seine Gliedmaßen, sucht John Ritchie das Weite. Kindergeschrei, Windelwechseln, Verantwortung für Frau und Kind sind nichts für ihn.

Die ersten drei Lebensjahre verbrachte der spätere Sid Vicious bei seiner drogenabhängigen, mittellosen, lebensuntüchtigen Mutter. Das Kind erhielt umfassende Einblicke in das Leben der Erwachsenen, denn Anne nahm es überallhin mit. Sie brachte ihm Jazzmusik zu Gehör und griff der Hippiezeit ein wenig vor, indem sie zur Stimmungsaufhellung Marihuana rauchte. John Simon verliebte sich in Melodie und Rhythmus und lebte dies an diversen Haushaltsgeräten aus.

In ihrer psychedelischen Parallelwelt träumte die junge Mutter von einer besseren Zukunft. Sie hatte von einem Paradies gehört, in dem die Drogen regierten. Dazu gab es Sonne und freundliche Menschen. Das Paradies hieß Ibiza.

Bald hielt es sie nicht mehr in England, sie wollte weg, zur Sonne, zur Freiheit, ins Paradies.

Auf den Balearen lebte Anne Randall in den Tag hinein, den dreijährigen Sohn immer am Rockzipfel. Sie vergötterte den Jungen, verwöhnte ihn, ließ ihn an allem teilhaben, auch an der Hoffnung, eines Tages seinen Vater wiederzusehen. Anne schrieb Briefe an John Ritchie, wartete auf seine Rückkehr, reumütigen Herzens und den Trauring in der Tasche. Für ihren kümmerlichen Lebensunterhalt handelte sie mit Marihuana und konsumierte für dieselbe Summe Gras. Die Unterhaltszahlungen des Kindsvaters ließen mehr und mehr auf sich warten.

Dann kann Anne ihre Miete nicht mehr zahlen. Die flüchtigen Freunde wollen sie nicht länger mit durchfüttern. Mit großen Schulden, geschwächt vom Dope, ohne feste Adresse, von der Darlehensnehmerin zur Bettlerin abgesunken – Anne Randall ist am Ende.

Nach zwei Jahren gibt sie die Hoffnung auf John Ritchies Ankunft auf und packt ihre Habseligkeiten zusammen. Mit dem Sohn an der Hand fährt sie niedergeschlagen nach England zurück.

Nomadenkind

Der kleine John Simon hat auf Ibiza gut aufgepasst und alles in sich aufgenommen. Er hat Künstlerbohème gesehen und Armut, Luxus und Not und das Leben in der Gosse. Er war umgeben von unterschiedlichsten Menschen, armen und reichen und drogenabhängigen. Zu letzteren gehörte seine Mutter. Vor seinen Augen setzte sie sich Spritzen, sie rauchte Hasch und ließ den Jungen durchaus auch mal ziehen. Zudem hat John Simon gewisse Vokabeln gelernt sowie fest umrissene Vorstellungen von Freiheit.

In London ziehen Mutter und Sohn in ein altes Haus in Balham. Anne findet Arbeit in Soho, in Ronnie Scotts Jazzclub. John Simon wird derweil von der Vermieterin gehütet, einer nachsichtigen alten Dame, die ihn auf der Straße spielen lässt.

Die Nächte sind lang, die Tage noch länger, wenn Anne versucht, sich wachzuhalten und sich mit ihrem Sohn zu beschäftigen. Zwischen dem Waldorf-Kindergarten und der abgestumpften Mutter, einen zerknautschten Teddy im Arm, entwickelt John Simon sich zur Persönlichkeit. Er ist ein aufgewecktes, zutrauliches Kind. Kaum hat er ein paar Freunde gewonnen, muss er schon wieder umziehen. Bye-bye Balham, hello Drury Lane in Covent Garden. Eine hübsche Adresse für ein Loch ohne fließend Wasser und Strom, die Toilette im Treppenhaus. Anne hat einen Gang zugelegt, sie spritzt sich jetzt Heroin.

John Simon wird in der Grundschule in Soho angemeldet. Da er erwartet, hier nicht länger als anderswo zu bleiben, geht er keine Bindungen ein. Schlimmer ist, dass er nun unter nervösen Ticks leidet und deshalb von den anderen Kindern abgelehnt und gehänselt wird. Die Erwachsenen machen sich ebenfalls über seinen Kummer, seine Hilflosigkeit lustig. Die häufigen Schulwechsel lassen bei ihm keine Lust zum Lernen aufkommen. Seine Zensuren sind mittelmäßig, seine Motivation geht gegen Null. Der Junge spielt meistens allein, vernachlässigt seine Hausaufgaben, lässt sich von anderen Schülern verprügeln, rappelt sich wieder auf und gibt die Schläge mehr schlecht als recht zurück. Er wird immer mürrischer, isoliert sich noch mehr.

Anne ist empört über die herablassende Einstellung der Lehrer, das harte Los der alleinstehenden Mutter zehrt an ihren Kräften, sie will wieder weg. Jetzt wohnen sie am Grosvenor Square, in der Nähe der amerikanischen Botschaft. Der kleine John Simon wechselt erneut die Schule.

Dieses Mal trägt der Junge eine Schuluniform, Blazer, Krawatte, kurze Hose. Inmitten der herausgeputzten kleinen Snobs fühlt er sich fehl am Platz, seine Mutter ebenso. Sie packt die Koffer und zieht nach Oxford.

2. Kapitel

Hoffnung auf ein besseres Leben

Zum ersten Mal gab es für Anne und John Simon Sicherheit und Zufriedenheit. Dafür sorgte, liebevoll und großzügig, ein Mann: Christopher Beverley. Er verliebt sich in Anne und nimmt den Jungen, der ihm ein wenig ähnelt, mit offenen Armen auf. Endlich hat John einen Vater und ein Heim, Anne hat einen treuen Partner und ein Haus in Kent. Die Adoption ihres Sohns wird in die Wege geleitet. 1965 heiratet Anne Christopher Beverley.

Ein halbes Jahr später stirbt Christopher Beverley. Damit sind Annes Hoffnungen auf eine geordnete Existenz als Ehefrau und Mutter zunichte gemacht. Ihrem Mann blieb nicht einmal die Zeit, die Adoption aktenkundig zu machen. Aber seine Eltern, die von den Plänen wussten, kümmern sich um die Ausbildung des Knaben.

Anne findet Arbeit in Tunbridge Wells und zieht dorthin, während John in die Privatschule Sandown Court geht, das Schulgeld zahlen Chris Beverleys Eltern. Der Junge besucht sie jedes Wochenende. Unter der Woche herrscht strenge Disziplin, gegen die John Simon mehr als einmal rebelliert. Mit vierzehn beschließt er urplötzlich, nicht mehr an Gott zu glauben. Und er schockiert seine Umgebung, indem er sich als Mädchen kleidet und die Reaktionen seiner Kameraden und der Lehrer testet.

Seine Mutter Anne hat zwar von ihren Junkie-Gewohnheiten nicht abgelassen, doch John Simon hat keinen Grund zur Klage. Sie liebt ihn und lässt ihm alles durchgehen. Und er kennt sich bestens mit Drogen aus, obwohl er selbst keine harten konsumiert.

Hackney – letzter Versuch

Nach Tunbridge Wells wechselt John Simon von einer Schule zur anderen, von Sandown nach Bristol, von Stamford Hill nach Stoke Newington. Schließlich macht der Junge einen Abschluss in englischer Literatur und einen in englischer Sprachwissenschaft. Jetzt hat er genug von Schule, er will arbeiten. Er wird Zuschneiderlehrling bei Simpson, einer Textilfabrik in der Kingsland Road im Osten der Stadt. Seine Aufgabe besteht im Zuschneiden von Hosentaschen für die Marke Daks. Der spätere Sid Vicious hegt keine Liebe zum Schneiderhandwerk, zur Fertigung schon gar nicht. Der Job missfällt ihm, und da er schlampig arbeitet, wird er schnell entlassen.

1971 wohnen Anne Beverley und John Simon in Ostlondon, im Stadtteil Hackney. John Simon möchte studieren und meldet sich am College an, wo er zwei Trimester verweilen wird. Es ist eine wichtige Station für den Jungen. Zum ersten Mal legt er Interesse für bestimmte Fächer an den Tag: Bildende Kunst, Kunstgeschichte und Fotografie.

Er ist in die Höhe geschossen, hat seine Schüchternheit

überwunden und die Musik von T. Rex und David Bowie entdeckt. Im Jahr 1972 schwärmt er für Ziggie Stardust mit seinen prachtvollen Kostümen. Er bewundert Glam Rock, die *New York Dolls*, ihre glamourhafte Kleidung, das Make up, die Plateauschuhe, den ganzen provozierenden Stil. Daraufhin beschließt John Simon, sich nicht länger Ritchie zu nennen, sondern Beverley wie sein verstorbener Stiefvater.

Zu jener Zeit lernt John Simon Beverley einen gewissen John Joseph Lydon kennen, einen ein Jahr älteren Studienkollegen am Technischen College in Hackney.

3. Kapitel

John, noch nicht Rotten

Anne Beverley findet John Lydon niedlich, mit seinem langen Haar und den strahlenden Augen, mit dem lustigen Gesicht und dem schmalen Körper. Sobald sie ihn anredet, wird er rot und fängt an zu stottern. »Ich war ein stilles Kind, stumm wie ein Fisch.«

In den 1950er Jahren zog John Lydon mit einer Kinderbande herum, die die Gegend um Finsbury Park in Nordlondon, ein Industriegebiet, unsicher machte. Sie lieferten sich Backsteinschlachten mit anderen Banden, und ihre Idole waren die Kray-Brüder, zwei junge Killerdandys mit blauen Augen.

»Mit zehn Jahren«, berichtete John London, »nahm ich die alten amerikanischen Gangsterfilme im Fernsehen für bare Münze. Ich stellte es mir großartig vor, den ganzen Tag Leute umzubringen und dabei nie selbst erschossen zu werden.« Lydon wohnte mit seinen Eltern unweit der Queensland Road. »Das übelste Viertel von ganz London.«

Vater Lydon, ein Ire, war Kranfahrer. John Lydon beschrieb seine Tätigkeit: »Als Ire findest du so am leichtesten dein Auskommen – indem du Dreck schaufelst. Das war ich also, John Lydon, Sohn eines Dreckschauflers. Und das ist keine Schande.«

Mit sieben Jahren bekommt John Lydon eine Gehirnhautentzündung und liegt ein Jahr lang in der Klinik Saint Anne in Algate. Er hat Halluzinationen, fällt mehrfach ins Koma, erhält reichlich Penicillin, muss ungezählte Spritzen über sich ergehen lassen. Bei seiner Entlassung hat er das Gedächtnis verloren. Er ist weit in der Entwicklung zurück und lernt mit seiner Mutter lesen. Mit ihr hört er Alice Cooper, T. Rex, Heavy Metal. Auch Reggae mag er sehr, den Rhythmus, von dem das von vielen Jamaikanern bewohnte Viertel nur so vibriert.

No future

Mit fünfzehn mag John Lydon nicht mehr brav sein.

In dem England seiner Umgebung gärt es. Arbeitslosigkeit, Streiks, Armut erwarten jene, die Labour gewählt haben. In diesen unruhigen Zeiten keimen Sozialneid, Rassismus, Gewalt. Besonders junge Leute fühlen ihre Ohnmacht, sie wollen sich eine menschenwürdige Existenz aufbauen.

Für John Lydon wie für John Beverley stellt sich die Zukunft als Sackgasse dar. Das Schlagwort lautet: No future.

Die beiden Johns halten nichts von der Schule. »Ich las gern und war wissbegierig, aber was sie uns in der Schule beibrachten, fand ich blöd und unwichtig … Bildung ist Betrug. Die Menschen klammern sich an ihr Wissen aus Angst vor Gott und dem Teufel … Es ist traurig zu sehen, dass alle Religionen sich um alte Götzenbilder und überholte Lieder drehen …«

Lydon trägt langes Haar und ärgert die Lehrer. »Wenn Sie

einen, der Fragen stellt, als Aufrührer betrachten, dann will ich einer sein. Es waren in erster Linie meine Lehrer, die mich in diese Richtung geschubst haben. Meine Fragen wurden immer aufsässiger, ich verweigerte mich einer Gehirnwäsche.«

Um ihm das wahre Leben zu zeigen, nahm John Lydons Vater seinen Sohn mit zu den Rieselfeldern. »Sein Job war es, die Ratten zu vernichten«, erzählte John Christopher Lydon. »Ich fuhr den Bagger, und Johnny ging voraus … Es gab Hunderte von Ratten, sie kamen aus allen Löchern. Johnny hackte sie mit einer Sichel in Stücke … Wenn die Baggerschaufel den Boden berührte, kletterten die Ratten an den Kabeln hoch. Sie kamen durch die Fenster in die Führerkabine, und Johnny musste sie massakrieren, damit sie mich nicht anfielen …« Ein lustiger Ferienjob.

Mit fünfzehn wird John Lydon aus dem katholischen Gymnasium verwiesen und wechselt zum öffentlichen Gymnasium in Hackney. John Simon Beverley und sein Freund John Wardle sind dort Schüler.

Die drei Johns, Simon Beverley, Lydon und Wardle, verstehen sich so gut, dass sie in der Nähe des Bahnhofs Hampstead zusammen eine Wohnung nehmen.

4. Kapitel

Sid, ab jetzt Vicious

John Simon Ritchie Beverley beschloss eine weitere Namensänderung.

»Ich nannte ihn Sid«, berichtete John Lydon, »nach meinem Haustier, dem reizendsten, dem scheusten, dem knuddeligsten Wesen auf Erden, meinem weißen Hamster. Er wohnte in einem Käfig auf einer Tischecke im Wohnzimmer meiner Eltern.« Als das Tier einmal Lydons Vater gebissen hatte, bezeichnete dieser es als »vicious« – bösartig. Lydon fand, dass auch Sid diese Auszeichnung verdiente. Somit wurde John Simon Ritchie Beverley zu Sid Vicious.

Böse Zungen behaupteten, dass er sich danach alle Mühe gab, dem Spitznamen Ehre zu machen. Doch zu dem Zeitpunkt war er für seinen Freund John Lydon vor allem dies: »Sid war ein Wichser. Ein Vollidiot mit diesem Haarschnitt à la David Bowie. Er lachte über alles und jeden, bloß nicht über sich selbst. Das faszinierte mich an ihm, denn ich war eher ein ernster Typ.«

Der Johns-Clan

Zusammen mit einem vierten Burschen, John Gray, wurde der »Johns-Clan« in Chelsea bald zum Begriff.

Zum Entsetzen seiner Eltern färbte John Lydon sich das Haar blau, aber mit der blonden Grundlage wurde das Ganze grün. Da er die Strähnen nicht mehr zähmen konnte, standen sie ab wie Igelstacheln. »Anfangs kam ich mir vor wie ein Salatkopf.«

Sid ist beeindruckt und färbt sich die Haare rot, toupiert sie, bestreicht sie mit Vaseline und pudert sie mit Talkum. Da es noch kein Gel gibt, lässt er sich eine eigene Technik einfallen, um sie senkrecht zu halten wie David Bowie als Ziggie Stardust: er macht einen Kopfstand. Der Kollege John Gray hat das Haar lila.

John Lydon ist längst nicht mehr der schüchterne Knabe, denn Anne Randall so goldig fand. Er gibt sich nunmehr gelangweilt, zynisch, beleidigend. Er stänkert gegen das Bürgertum, zerfetzt seine T-Shirts, trägt schmutzige Sachen, schmückt seine Kleidung mit Sicherheitsnadeln. Ihren Ursprung hat diese Mode tatsächlich in der extremen Armut seiner Familie. »Zerrissene Klamotten, Sicherheitsnadeln, Reißverschlüsse, Schmudellook – wir waren eben arm, wir hatten kein Geld. Wenn dein Hosenknopf abgerissen ist, nimmst du eine Sicherheitsnadel.«

Während des Streiks der Müllarbeiter durchsuchen die Johns die Mülltonnen. Die zukünftigen Punks suchen vor allem nach löchriger Kleidung, die sie mit Sicherheitsnadeln notdürftig zusammenhalten. John Lydon setzt seine Baseballkappe verkehrt herum auf und läuft in Militärhosen herum anstatt in Jeans. Das sollte zu seiner Uniform werden.

»Wir arbeiteten an unserem Prä-Punk-Stil«, erklärte John Lydon. »Sid war ein richtiger Modekasper. Direkt erschreckend. Er kaufte sich alberne Modemagazine wie *Vogue*, er studierte sie aufmerksam und kopierte die Schnitte.«

Um ein wenig Geld zu verdienen, steht Sid am St Martin's College in Zeichenkursen Modell. »Das lieferte ihm eine Ausrede«, meinte John Lydon, »um sich auf seinen Föhn zu stürzen, sich das Haar à la Bowie zu stylen und sich in seinen neuen Klamotten zu produzieren.«

Für seinen Vater, John Christopher Lydon, war Sid »ein armer Idiot, obwohl er clever war. Er wollte Aufmerksamkeit um jeden Preis, er hätte sich die Hand abgehackt, bloß, um nicht ignoriert zu werden. Mehr brachte Sid nicht zuwege, er war ein Dummkopf, ein echter Dummkopf.« John Lydons Mutter mutmaßte gar, dass er »leicht zurückgeblieben« war. Wie Eltern nun mal so sind.

5. Kapitel

Der Punk-Alltag

John Lydons Vater hatte die Kapriolen seines Sohns bald satt und setzte ihn vor die Tür. Und die Mutter von Sid Vicious bat ihren Sohn, seine neue Sozialwohnung aufzugeben.

Sid Vicious und John Lydon sind ein Herz und eine Seele. Sie hängen in der Freizeit gemeinsam herum, suchen zu zweit Arbeit, werden überall abgelehnt. Anstatt zur Schule zu gehen, schlagen sie ihr Hauptquartier in dem Pub auf, den die Lehrerschaft ihres Gymnasiums besucht. »In den Diskussionen mit ihnen lernten wir mehr als im Unterricht. Wenn die Lehrer angesäuselt waren, gaben sie uns jede Menge Infos über den Lehrstoff. Mir gefiel besonders Macbeth, das pure Böse, dass es so einfach war, die Probleme der Welt durch Mord zu lösen.«

John Lydon hatte die Sommerferien über auf Rieselfeldern in Guilford gearbeitet und seine wahre Berufung entdeckt: Er wollte Betreuer in einem Ferienlager für Kinder in Finsbury Park werden. Obwohl er erstklassige Arbeit leistete und die Kinder ihn liebten, schickte ihn der engstirnige Leiter wieder weg, weil ihm Johns Aufzug nicht passte.

John Lydon betreut den Haushalt alter Damen, aber auch da stehen ihm seine magere Figur, seine abgerissene Kleidung, sein unkonventioneller Stil und sein starrer Blick im Weg.

Sid und Dope

Sid Vicious zieht von einer Wohnung zur anderen, besetzt auch die eine andere, aber er hat das Nichtstun satt. Seit geraumer Zeit probiert er gewisse Substanzen seiner Mutter, Hasch und Amphetamine. Für seinen Lebensunterhalt beginnt Sid, Speed zu verkaufen. »Davon konnten wir existieren«, berichtet John

Lydon. »Wir lebten sparsam, wir hatten keine besonderen Ziele, wir wollten uns nur die Nächte angenehm um die Ohren schlagen.«

Das besetzte Haus in Hampstead gefällt ihnen, weil es in einem »Millionärsviertel« liegt. Inmitten von Alt-Hippies und blutarmen Drogenfreaks fühlen sich Sid, John Lydon und John Wardle, der sich nun Jah Wobble nennt, zu Haus. Eine Frau namens Mad Jane hat sich ihnen angeschlossen, sie wird Sid Vicious' erste Liebe.

Der vierte John, John Gray, erzählt: »Die Zustände in dem Haus waren ziemlich krass, ich hätte da nicht mit wohnen mögen. Außerdem erwürgte Sid Katzen und ritzte sich gern die Haut mit dem Deckel einer Konservendose, das war schwer zu ertragen.«

Die wohlhabenden Nachbarn verachten die Unterschicht-Jungen aus dem besetzten Haus. Im Haus selbst bilden sich Parteien. Die Alt-Hippies lehnen Sid und »die Johns« ab.

»Ich liebe Tote.«

Sid und John Lydon lassen sich keineswegs entmutigen. Sie spielen in der U-Bahn Gitarre und Tamburin und singen dazu. Sid klampft irgendwie auf der Gitarre herum, er kann keine Note von der anderen unterscheiden, Lydon quält die Saiten einer Geige. Geld gibt ihnen keiner. Es sei denn, um sie zum Schweigen zu bringen.

Ihr Repertoire besteht aus einem einzigen Song von Alice Cooper, *I love the dead* – Ich liebe Tote. Wenn die zwei es spielen, ist es jedoch unkenntlich. John Lydon liebt Reggae, den er von Kind an in seinem Stadtteil Finsbury Park gehört hat, wo Iren und Jamaikaner wohnen. Er liebt auch Alice Cooper, Hawkwind, T. Rex.

Sid Vicious schwärmt für David Bowie, Slade und Marc Bolan, dessen Stil er kopiert, so gut es geht.

Zum Tanzen gehen die Johns ins Lacey Lady. John Gray: »Wir hatten Haare wie Igelstacheln, voller Gel und Spray, damit sie hochstanden, wir trugen Jeans mit um die Beine geschlungenen Krawatten, Baseballschuhe und löchrige T-Shirts. Der DJ spricht noch heute von uns.«

Zusammen mit einem Dutzend anderer Jungs bilden die Johns die Keimzelle der Punk-Bewegung. John Lydon hat die Bezeichnung übrigens nie gemocht: »Wir haben uns nie als Punks betrachtet, wir waren einfach die *Sex Pistols*, und alles, was man da hineininterpretierte, stimmt nicht.«

6. Kapitel

Drogen und »Sex«

Als Sid John Lydon und John Gray kennen lernte, wusste er bereits mit Spritzen umzugehen. »Ich habe gesehen, wie er die Spritzen in einem Topf voll Wasser sterilisierte und sich anschließend Speed und Amphetamine spritzte. Ich war entsetzt. Er sagte, das Gerät gehörte seiner Mutter.« (John Gray)

Später entdeckte Sid alkoholische Getränke, und da tat er sich erst recht keinen Zwang an. »Er gab mir einen Mix aus Southern Comfort, weißem Cinzano und rotem Martini in einem großen Punschglas. Wir schluckten alles ganz schnell. Danach konnte ich keinen von den Bestandteilen je wieder trinken.« (John Lydon)

Die Johns und ihre Jünger guckten sich ein Oberbekleidungsgeschäft aus, das dem Paar Malcolm McLaren und Vivienne Westwood gehörte. Dort gab es Sachen aus Gummi und Bondage-Accessoires, Outfits im Stil der Teddy Boys, ausgefallene Hemden à la David Bowie. Es war eine Fundgrube für Kleidung der 1950er Jahre, mit Hilfe von Neonfarben auf zeitgemäß getrimmt.

Das Geschäft in der King's Road Nr. 430 nannte sich zunächst »Let it rock«, und 1971 konnte man da Rocker wie Gene Vincent und Eddie Cochran antreffen. Der Laden wechselte mehrfach den Namen, von »Too fast to live« zu »Too young to die«, und hieß schließlich kurz und bündig »Sex«.

In diesem Geschäft fand John Lydon ein T-Shirt aus Gummi, aus dem er auf Höhe der Brust zwei Kreise ausschnitt. Sid entdeckte voll Entzücken ein T-Shirt mit Hakenkreuz – ein Symbol, dessen Bedeutung ihm nur vage bekannt war. Ihm ging es allein darum, Bürger zu schockieren und Chaos zu hinterlassen.

Die ersten Sex Pistols

Der Inhaber des Geschäfts, Malcolm McLaren, kümmerte sich um eine Rock-Band, die *Wally Nightingale* mit seinen Kameraden vom College, Paul Cook und Steve Jones, gegründet hatte. McLaren stellte den Kontakt zu dem Bassisten Glen Matlock her, der samstags im Laden jobbte. Die Gruppe nannte sich *The Swankers* und gab ihr erstes Konzert Anfang 1975. Im Repertoire hatten sie Titel der *Who*, der *Kinks* und anderer Gruppen aus jener Zeit wie die *Stooges* und die *Small Faces*.

Malcolm McLaren, der Mode-Fan, war in USA gewesen und hatte die *New York Dolls* begleitet, bevor diese sich auflösten. Dee Dee Ramone, der Schlagzeuger der *Ramones*, erinnert sich: »Malcolm wollte die *New York Dolls* retten, also zog er ihnen rotes Vinyl an und ließ sie im Hippodrome auftreten, einem Club mitten in Manhattan … Es war zu spät. Sie hatten zuviel getrunken, zuviel gevögelt, sie hatten keine Chance, sie waren out.«

Als Malcolm McLaren nach London zurückkehrte, hatte er noch immer die schrillen Unisex-Kostüme der Gruppe im Kopf. Er versuchte, die *Swankers* in diesem Stil zu relaunchen. Auch diese Band änderte ihren Namen in *Kid Gladlove* und *The Strand*, bis sie letztlich *Kutie Jones and the Sex Pistols* wurde, kurz: die *Sex Pistols*.

McLaren schaffte es, Wally Nightingale loszuwerden, obwohl dieser die Band gegründet hatte, aber er hatte seiner Meinung nach »keine Arbeitsmoral«, man suchte nach einem neuen Leader. Chrissie Hynde, Stammkundin und gelegentliche Verkäuferin im Sexladen, wurde ins Auge gefasst. Sie spielte perfekt Gitarre und hatte die harte, ideale Stimme eines Rockstars. Sie gründete die berühmte Gruppe *The Pretenders*.

McLaren dachte auch an Richard Hell von der Band *Television*. »Ich hatte da einen total kaputten Typ vor mir, er wirkte, als käme er gerade aus der Kloake, verdreckt, als hätte er seit Tagen nicht geschlafen und sich seit Jahren nicht gewaschen – ein Typ, den man nichts zutraute. Und der seinerseits von niemandem etwas wollte. Ein versiffter Kerl, voller Narben, ausgemergelt, angeödet, ein großartiger Anblick in seinem zerfetzten T-Shirt, so war er.« (Aus: *Please kill me* von Legs McNeil und Gillian McCain)

Nieder mit Pink Floyd!

Im Sommer 1975 trug John Lydon ein T-Shirt mit dem Slogan »I hate Pink Floyd« sowie eine umfassende Weltverachtung zur Schau. So betrat er die Sex-Boutique. Zu jener Zeit fand man dort vor allem ein breites Angebot an Sadomaso-Spielzeug und Gummikleidung, darunter das berühmte, später von Lydon entworfene T-Shirt. »Es war eine radikale Adresse in London, ein exzentrischer Laden … Er zog Perverse an, Monster, Spinner und lauter Leute mit einer seltsamen Persönlichkeit. Irgendwie passte ich da gut rein.«

Der spätere Manager der *Clash*, Bernie Rhodes, entdeckt John Lydon in seinem »I hate Pink Floyd«-T-Shirt auf der King's Road. »Er bat mich, am selben Abend in den Pub Roebuck in der King's Road zu kommen und Malcolm, Steve Jones und Paul Cook kennen zu lernen. In meinem Leben war nichts los. Ich hatte Schule, Arbeit, Familie hingeschmissen. Was hatte ich groß vor, außer *Pink Floyd* zu hassen? Ich ging mit John Gray mit. Malcolm bot mir an, Leadsänger der *Sex Pistols* zu werden, nachdem Wally Nightingale weg war. Die anderen Musiker wirkten eher reserviert.«

Für seine erste Probe im August wählte John Lydon einen Song von Alice Cooper, »Eighteen«. Dabei wirbelte er um sich selbst, und die abgedrehte Darbietung begeisterte McLaren sofort. »Ich weiß nicht, warum sie mich genommen haben, vielleicht weil ich passte wie die Faust aufs Auge. Ich fand mich immer hässlich, eine Art Quasimodo. Paul Cook machte sich darüber lustig und Steve Jones hasste mich sofort, so nervös und gehetzt, wie ich war …«

Von der Meningitis, die er als Kind hatte, blieben John Lydon Nachwirkungen: krummer Rücken, extreme Magerkeit, starrer Blick. Rotes Licht bereitete ihm Schmerzen, machte ihn nervös und übellaunig und löste mitunter etwas aus, das er »epileptische Anfälle« nannte.

Rotten wie »verdorben«

Während Sid Vicious von einem besetzten Haus zum nächsten zieht, geht John Lydon ins Haus seiner Eltern in Finsbury Park zurück. Mit seiner Mutter hört er »Fun House« von den *Stooges*, »Space Ritual« von *Hawkwind*. Und unablässig Reggae.

Der Eintritt bei den *Sex Pistols* bringt ihm einen Künstlernamen ein. »Ich nahm den Namen Johnny Rotten an, weil ich so schlechte Zähne hatte. Steve Jones fand das Pseudonym für mich. Er sagte die ganze Zeit: ›You're fucking rotten!‹ Es war eine Beleidigung, aber liebevoll gemeint, und in beiden Richtungen extrem.«

Die ersten Proben sind eine Katastrophe. Steve Jones erinnert sich: »Ich war grauenhaft und Paul hatte null Rhythmusgefühl, John konnte keinen Ton halten, es war zum Davonlaufen, einfach bloß Krach.«

John Lydon sagt: »Wir haben uns von Anfang bis Ende beschimpft. Wir nannten uns gegenseitig Versager, es konnte überhaupt nicht klappen, aber es hat geklappt.«

7. Kapitel

»Wir erschaffen keine Musik, wir erschaffen Chaos.«

Diese Worte von Steve Jones waren typisch für die britische Gesellschaft in jenen Jahren. England steckte in der Krise. Die Regierung hätte etwas gegen die Arbeitslosigkeit, die Inflation, die Attentate der IRA unternehmen müssen. Das Volk war wütend. Die Jugend suchte in der Punkmusik ein Ventil. »Rotten war die globale Verachtung in Person, Jones der zurückgebliebene Kleinkriminelle und Cook der melancholische, trunksüchtige Poet«, urteilt Malcolm Butt, Verfasser einer Biographie von Sid Vicious. »Glen Matlock war der einzige echte Musiker.« Matlock schrieb fast alle Songs der *Sex Pistols*.

1975 trat John Lydon alias Johnny Rotten in der St Martin's Art School mit den *Sex Pistols* auf.

An dieser Kunstakademie hatte Sid Vicious durch Chrissie Hyndes Vermittlung einen kleinen Job gefunden: Er stand Modell für die Studierenden der Bildenden Kunst.

Zu der Zeit sind die *Sex Pistols* noch eine »Underground-Band«, aber durch Mundpropaganda bekommen sie immer mehr Zulauf von Fans in ihrem Alter. Es sind Rebellen, Penner, wohlhabende Müßiggänger, Arbeitslose, kleine Ganoven, Studenten, Arme – aus allen Schichten strömen sie ihnen zu.

Der glühendste Fan

Was treibt Sid Vicious zu jener Zeit? Er lässt John Lydon alias Johnny Rotten nicht aus den Augen. Er ist der glühendste Fan der *Sex Pistols*. Bei den Konzerten befindet er sich oft in einer Reihe mit dem »Bromley Contingent«, diesen privilegierten Groupies, darunter spätere Punk-Prominenz wie *Siouxsie and the Banshees*, Shane McGowan, Billy Idol.

Sid ist bei allen Konzerten der *Sex Pistols* zugegen und drückt seine Begeisterung hemmungslos aus. Seine Anhänglichkeit beweist er vor allem damit, dass er Streit mit anderen Besuchern sucht, sich mit Zuhörern prügelt, herumbrüllt und Verwüstungen anrichtet. »Ich war verrückt nach dieser Band«, wird Sid Vicious später erklären. »Ich war ihr glühendster Fan, zusammen mit ein, zwei Freunden von John. Johnny Rotten war anders, er war der totale Antistar, er watschelte nicht auf der Bühne herum, seine Bewegungen waren roboterhaft, er machte lauter Scheiß und scherte sich einen Dreck um die anderen, er war ein echtes Arschloch. John war schlicht unglaublich, Steve [Jones] war genial und Glen [Matlock] war wie immer.«

Um seine Freunde besser sehen zu können, gewöhnte Sid

sich an, auf der Stelle zu hüpfen und seine Nachbarn zu boxen, und dieser vertikale »Tanz« wurde alsbald *Pogo* getauft. »Ich hasste die Bande vom Bromley Contingent«, berichtet Sid, »also erfand ich einen Tanzstil, um sie im Hundred Club ordentlich knuffen zu können, und das tat ich mit vollem Einsatz. Ich sprang vor und neben ihnen herum, boing, boing, boing, ich warf sie um, machte sie platt.«

Mörderspucke

1976 beginnt die Presse, sich für die *Sex Pistols* zu interessieren, aber mehr für ihr Auftreten als für die Stücke, die sie spielen – meistens Remakes der *Who* und der *Small Faces*, angereichert mit persönlichen Zutaten. Die Journalisten sprechen zudem ebenso oft über Sid Vicious, ihren glühendsten Fan, wie über die Viererbande selbst.

Das ganze Jahr über sind die *Sex Pistols* auf Tournee im Vereinigten Königreich, und Sid ist immer mit von der Partie. Er hat angefangen zu trinken, und zusammen mit den Amphetaminen und dem Hasch macht ihn das noch aggressiver und unberechenbarer. Überlicherweise enden die Konzerte mit einer Massenschlägerei, die Band steigt herunter ins Publikum, das Publikum klettert hinauf auf die Bühne, die Inhaber der Lokale werfen die ganze Gesellschaft hinaus.

Es wird berichtet, dass die *Sex Pistols* ins Publikum spuckten, aber Johnny Rotten erklärt das Phänomen so: »Ich glaube, das Publikum spuckte meinetwegen auf die Bühne. Wegen meinen entzündeten Nasennebenhöhlen musste ich auf der Bühne ausspucken, aber ich spuckte zur Seite, nie in Richtung Zuhörer. Aber in der Woche darauf stürzte sich die Presse auf dieses Detail, und alle Welt dachte, man müsste unbedingt mit und auf die *Sex Pistols* spucken.«

Von da an müssen alle Punk-Bands mit diesem Übel leben, ganze Spuckefluten landen auf der Bühne, einige auch auf den Instrumenten, an den Wänden. Einmal bekommt sogar die Sängerin von *Siouxsie and the Banshees* etwas aufs Auge.

Sid Vicious nutzt auch dies, um Schlägereien anzuzetteln. Es fließt Blut, es setzt Beulen und blaue Flecken. Für Sid, den Oberfan und Meisteraufmischer, ist Punkmusik die heißeste Droge von allen.

Fürstliche Abende

Als hingebungsvoller Modefreak hat Sid Vicious neue Idole gefunden, die *Ramones*. Der Bassist der *Ramones*, Dee Dee Ramone, begegnet seinem Fan zum ersten Mal im Dingwalls, einem kleinen Club am Camden Market. »Durch meinen gewohnten Alkoholnebel hindurch sah ich Sid kommen, ganz allein mitten auf dem Gehweg, er wirkte leicht weggetreten. Sid zu sehen gab mir gleich einen Kick. Er war eine One-man-Show da vor dem Roundhouse, in seinen roten Hosen, dem Top aus schwarzen Netz, mit geschminkten Augen, schwarz lackierten Fingernägeln und blauschwarzem, kurzem Haar, noch nicht dem Igel von später.«

An einem Abend im Nashville Club nimmt der entfesselte Sid sich einen Gast vor, der ihm etwas zu nahe gekommen ist. Er holt eine Fahrradkette aus der Jackentasche und lässt sie kreisen. Sein Nachbar bekommt sie voll an den Kopf, eine allgemeine Prügelei beginnt, die Kämpfenden verwüsten die Bühne. Mit diesem blutigen Konzert machen die *Sex Pistols* Schlagzeilen.

Bei einer anderen Gelegenheit bedroht er den DJ von der BBC und Moderator der beliebten Unterhaltungssendung »Old Grey Whistle«, Bob Harris, in einem Londoner Nachtclub.

Am 11. Mai 1976 treten die *Pistols* im 100 Club von Ron Watts auf. Obwohl Steve Jones erfindungsreich ist im Beschaffen notwendiger Dinge und obwohl sie die Kulissen besser betuchter Bands wie David Bowie benutzen, fehlt es an so manchem, und sie müssen andere Gruppen um Hilfe bitten. Doch da Johnny Rotten am Ende von Konzerten gern die geborgten Instrumente vernichtet, weigern sich die Kollegen. Sid bringt auch hier den vollen Einsatz. Aus Rache zerstört er die Instrumente der anderen.

Die *Pistols* lassen sich gern bar bezahlen, und hier setzt sich Sid Vicious ebenfalls ein. Sobald er einen Scheck sieht, zeigt er die Zähne. Sid schreckt vor nichts zurück. Seine angeborene Kühnheit wird durch den Konsum von Acid, Amphetaminen und Alkohol noch gesteigert, und so legt er sich mit Kerlen an, die weit größer und schwerer sind als er. Oft handelt er sich dabei Beulen und Schrammen ein, trotzdem hat er einen Riesenspaß an der Sache. »Meine schönste Erinnerung an Sid«, teilte der Filmemacher Julien Temple mit, »stammt aus der Zeit, als er noch zum Publikum gehörte … Betrunkene Bierfreunde warfen mit Gläsern nach den Crash und riefen nach Led Zeppelin. Sid erschien auf der Bühne hinter dem Schlagzeuger. Er rannte nach vorn, sprang ins Publikum und landete auf einem Stier von Kerl. Er wusste, dass er Prügel einstecken würde, aber es war ihm egal. Das war seine große Stärke. Er war unerschrocken und besaß diese absolute Hingabe, die ihm Bärenkräfte verlieh.«

In der Tasche seiner Lederjacke transportierte Sid die berüchtigte rostige Fahrradkette, mit der er sich Freiräume schuf. Er hatte alle möglichen Waffen bei sich, Vorhangschlösser, Messer, modische Accessoires aus Metall. Am Hals trug er stets ein Vorhangschloss, das Geschenk von Chrissie Hynde, der

Sängerin der *Pretenders*, die er fast geheiratet hätte, um ihr eine Aufenthaltserlaubnis zu verschaffen. Zudem schmückt sich Sid gern mit Outfits, die Vivienne Westwood, die Frau von Malcolm McLaren, kreiert und für ihn ausgewählt hat.

Ein Feind fürs Leben

Im Juni 1976 geschieht etwas, das noch lange für Gesprächsstoff sorgen wird: Im 100 Club diskutiert Johnny Rotten mit dem Rock-Journalisten Nick Kent vom *New York Musical Express*. Dieser hatte die *Sex Pistols* gehört, bevor Johnny Rotten dazustieß. Er hatte sogar gehofft, wie er erklärte, eines Tages selbst aufgenommen zu werden, aber das hatte Rotten vereitelt. »Nick Kent war zu einer Probe gekommen und hatte ein paar Nummern gespielt, ein frustrierter Musiker eben«, erzählt der Drummer Paul Cook.

An diesem Abend diskutiert also Johnny Rotten mit Nick Kent. »Er hörte nicht auf, mich in der Presse fertigzumachen. Er fand, ich hätte nicht zu den *Sex Pistols* gehen dürfen. Wenn er zu unseren Konzerten kam, hatte ich immer ein paar Bemerkungen für ihn in petto, über seine Artikel.«

Sid stolpert über Kent und entschuldigt sich, aber Kent fährt ihn an, er soll sich gefälligst verziehen. »Sid und Wobble lieferten sich einen erregten Wortwechsel mit Kent«, berichtet Johnny Rotten. »Aber die beiden waren ihm unterlegen. Nick Kent war damals sehr versnobt.«

Mehr braucht es nicht, um Sid Vicious in Rage zu bringen. Nick Kent kann es bis heute kaum fassen. In dem Film »The Filth and The Fury« bekennt er Julien Temple gegenüber: »Ich war ihm zuvor erst einmal begegnet, ich kannte ihn nicht wirklich. Er stand eindeutig unter Speed oder sonst einer Droge, die Adrenalin absonderte. Sid Vicious suchte Streit, er sagte:

›Sieh dich vor, Mann, oder ich schlitz dir den Bauch auf.‹ Er schlug mir mit seiner Fahrradkette auf den Kopf, ich war völlig blutüberströmt, ich bewundere deren Einstellung wirklich, ich finde sie sehr mutig. Kurz vor dieser Attacke hatte Johnny Rotten ein langes Gespräch mit Sid, ich denke, Johnny hat die Sache geplant.«

Nick Kent hatte keine Hemmungen, Sid Vicious in seinen Memoiren, »The Dark Stuff, Selected Writings on Rock Music«, zu beschuldigen: »Zusammen mit einem Komplizen, der ebenso durchgeknallt war und der mir in fünf Zentimeter Entfernung mit einem Messer vor dem Gesicht herumfuchtelte, schlug Sid mit einer rostigen Fahrradkette fünf Mal nach mir. Nur einer dieser Schläge traf mich am Kopf, es gab eine Menge Blut, aber keine schweren Verletzungen … Er war ein bösartiger Streithammel … Vicious überfiel einen förmlich, seine Glieder schlenkerten in alle Richtungen, und dabei grinste er wie ein Idiot … Trotzdem konnte er sehr gefährlich sein, denn körperliche Schmerzen machten ihm nichts aus.«

Erneut behauptete Nick Kent, dass Johnny Rotten hinter diesem Ausbruch von Gewalt des Sid Vicious stand: »Sid und seine Freunde wurden sehr bald die feixende Gestapo des Diktators Lydon.«

In dem Fanzine *Sniffin' Glue* – Leimschnüffler – stand zu lesen: »Punks scheren sich um nichts und niemand … Ein Punk ist wie ein Hooligan, der jemanden in den Kopf schießt, und es ist ihm total egal.«

8. Kapitel

Auftritt Sid

Am 20. und 21. September 1976 waren die *Sex Pistols* die Stars beim »100 Club Punk Festival«, das Ron Watts in London in der Oxford Street organisierte. »Ron Watts, ein alter Mod, machte die Werbung für Lord Sutch und den 100 Club in der Oxford Street, er liebte Chaos und fand den ganzen Wahnsinn großartig«, sagte der Drummer Paul Cook.

Auf dem Programm standen *Clash, Subway Sect, Siouxsie and the Banshees*. Letztere Gruppe bestand unter anderem aus Steve Havoc, Marc Pirroni und Janet Susan Ballion alias Susie Sioux alias Siouxsie. Es war ihr erstes richtiges Konzert. Siouxsie begleitete die *Sex Pistols* seit ihren Anfängen. Sie gehörte von der ersten Stunde an zum Bromley Contingent.

Obwohl das Bromley Contingent Sid ein Dorn im Auge ist, mag Siouxsie ihn. Sie bittet ihn, mit ihr und ihrer Band für eine Jam Session am Schlagzeug auf die Bühne zu kommen. Sid legt sich schwer ins Zeug und haut begeistert auf die Pauke, obwohl er keine Ahnung vom Schlagzeug hat. Musikalisch ist das Ergebnis befremdlich, aber Sid schwebt im siebten Himmel.

Die *Sex Pistols* sind noch immer knapp bei Kasse, obwohl sie inzwischen ziemlich bekannt sind. Ihr Material ist ebenso verlottert, wie es der Künstlername ihres Sängers nahelegt. Sie verlassen sich darauf, dass die *Clash* ihnen Instrumente leihen. Aber wieder einmal fällt Sid aus der Rolle. Er läuft mit seinem T-Shirt mit dem Hakenkreuz auf der Brust herum und schockiert alle. Der Manager der *Clash* ist so wütend und entsetzt, dass er sich weigert, den *Pistols* auszuhelfen. Vor einer Million Zuschauern versuchen die *Sex Pistols*, irgendwie über die Runden zu kommen, und sie sind noch zorniger und hasserfüllter als sonst.

Sid rastet aus

Sid Vicious ist nicht im Geringsten entmutigt von dem chaotischen Gig mit *Siouxsie and the Banshees*. Am nächsten Abend hat er bereits den nächsten Auftritt bei einem Konzert der *Damned*. Er wirft ein Glas in Richtung Band, aber er trifft einen Stützpfeiler. Das Glas zersplittert und verletzt ein Mädchen am Auge. Gerüchten zufolge verlor sie das Auge, nachdem man sie in die Klinik gebracht hatte.

John Lydon äußerte dazu: »Ich habe nie herausbekommen, was da wirklich gelaufen ist … Nirgends war ein Mädchen zu sehen. Die ganze Geschichte könnte erfunden sein, und falls ein Glas geflogen ist, könnte es ein Fan geworfen haben, nicht zwangsläufig Sid. Die waren alle schon ziemlich von der Rolle.«

Sid Vicious kam nach Ashford in Untersuchungshaft. Später behauptete er, die Polizei hätte ihn auf dem Weg dahin verprügelt und nach der Ankunft misshandelt.

Am nächsten Tag fällt die gesamte Presse über ihn her. Die Punk-Bewegung und ihre Musik wird verteufelt. Im Gefängnis geht es Sid schlecht, der plötzliche Entzug macht ihn fertig. Aus ungeklärten Gründen schickt Vivienne Westwood ihm angeblich ein Buch von Charles Manson, dem Mörder von Sharon Tate und ihren Freunden. Das Gerücht wurde nie bestätigt, aber erstaunlich ist es doch. Johnny Rotten zufolge hatte Vivienne Westwood keine Ahnung von Punk, von den *Sex Pistols* und erst recht nicht von Sid Vicious. »Sid war ein prima Kerl und im Grunde gutmütig.«

Dennis Morris, Fotograf diverser Rock-Formationen, beschreibt Sid so: »Ein zurückhaltender, schüchterner Mensch.«

Und für John Lydons Vater steht fest: »Sid ist so dämlich wie ein Koffer ohne Griff.«

Sid in seinem jämmerlichen Zustand hat indessen andere Sorgen, als sich auf die Ergüsse eines psychopathischen Mörders einzulassen. Man lässt ihn frei, aus Mangel an Beweisen.

Die Schikanen beginnen

Nach dieser Geschichte will Ron Watts die *Sex Pistols* in seinem 100 Club nicht mehr sehen.

Der Agent der Gruppe, Malcolm McLaren, handelt mit der EMI einen Plattenvertrag für die *Sex Pistols* aus.

Augenblicklich treten die Mitarbeiter des Unternehmens in Streik. Für sie kommt es überhaupt nicht in Frage, eine Platte aufzunehmen, auf der sich Titel befinden wie »God Save the Queen« oder »Anarchy in the UK«.

Bis die Lage sich beruhigt, gehen die *Sex Pistols* auf Tournee nach Holland, zumal viele ihrer Konzerte daheim von den Organisatoren abgesagt wurden.

Sid Vicious fühlt sich nicht ausgelastet. Er beschließt, eine eigene Band zu gründen, die *Flowers of Romance*, so genannt nach einem Song der *Sex Pistols*. Viv Albertine an der Gitarre, Palmolive (später *Slits*) Percussion und Sarah Hall, Sid als Sänger. Keith Levine, später Mitglied von *Public Image Limited*, der Gruppe, die John Lydon gründen sollte, gesellt sich ebenfalls dazu.

Sids Begeisterung für die *Ramones* hat sich noch nicht gelegt, und er schreibt Lieder für sie: »Piece of Garbage«, »Brains on Vacation«, »Belsen Was a Gas«. Sid und seine Freunde schuften wie verrückt, doch bald sollte ein Ereignis ihr Leben verändern.

9. Kapitel

Der fünfte Sex Pistol

Zum Erscheinen der Single »Anarchy in the UK« organisiert EMI für die *Sex Pistols* am Mittwoch, dem 1. Dezember 1976, einen Auftritt in der Fernsehsendung von Bill Grundy.

Die *Sex Pistols* kommen in Begleitung ihrer Fans vom Bromley Contingent. *Siouxsie and the Banshees* haben hier ihre Fernsehpremiere. Die Stimmung ist fröhlich, es wird getanzt.

Bill Grundy: »Das sind Rocker, Helden, nicht so normal wie die netten *Rolling Stones*. Sie sind genauso trunksüchtig wie ich, im Vergleich sogar eher vernünftig. Sie heißen *Sex Pistols*.«

Dann wendet er sich an die *Sex Pistols*. »Ich habe gehört, dass diese Band von einem Plattenlabel 40 000 Pfund bekommen hat. Steht das nicht im Widerspruch zu eurer antikapitalistischen Einstellung?«

Antwort: »Umso besser.«

Bill Grundy: »Trotzdem ...?«

Steve Jones: »Shit, wir haben alles ausgegeben.«

Grundy: »Ich meine, Beethoven, Mozart, Bach ...«

Johnny Rotten: »Das sind großartige Leute, Helden für uns.«

Grundy: »Echt?«

Johnny: »Sie machen uns an.«

Grundy: »Ach ja? Aber sie sind längst tot. Und sie sprechen eine ganze Reihe von Menschen an.«

Johnny, murmelnd: »Jedem seine eigene Scheiße.«

Grundy: »Wie bitte?

Johhny: »Nichts, hab nur geflucht. Nächste Frage.«

Grundy: »Nein, nein, was war das für ein Wort?

Johnny: »Scheiße.«

Grundy: »War das wirklich Scheiße? Himmel, ich sterbe vor

Angst. (Wendet sich an Siouxsie und ihre Freundinnen, die hinter der Band stehen) Und ihr Mädels da hinten, seid ihr nervös oder habt ihr Spaß?«

Siouxsie, ironisch: »Ich habe schon immer davon geträumt, Sie mal kennen zu lernen.«

Grundy: »Dann sehen wir uns anschließend noch, okay?«

Glen Matlock: »Sie sind ein altes Ferkel.«

Steve Jones: »Geiler Bock! Lustgreis!«

Grundy: »Weiter so, Boss, du hast noch zehn Sekunden. Los, schockier uns.«

Steve Jones: »Blöder Sack.«

Grundy: »Nein, diese Intelligenz!«

Jones: »Dreckskerl.«

Später äußerte Steve Jones: »Bill Grundy war ein fetter Sexist und ein Biertrinker, der von nichts eine Ahnung hatte und der uns nie hätte interviewen dürfen … Der interessierte sich ausschließlich für Möpse.«

Während diesem anregenden Wortwechsel machte der Manager der *Sex Pistols*, Malcolm McLaren, »sich ins Hemd«, wie John Lydon sich ausrückte. Am nächsten Tag erregte sich die Presse erneut über die *Sex Pistols* und kommentierte den »Fernseh-Skandal« ausgiebig. Es war eine Revolution, die Sensation des Jahrhunderts! Aber wenn man sich anschaut, was heute alles über den Bildschirm läuft, kommen einem solche Zeiten geradezu paradiesisch vor. Die Welt hat sich seitdem ziemlich verändert.

Anarchy in the United Kingdom

Mit ihrem Bus mit dem Namen »Nowhere« – Nirgendwo – gehen die *Sex Pistols* auf ihre Tour »Anarchy«, gemeinsam mit *The Clash*, den *Heartbreakers* und den *Damned*. Die Stadt Derby hat ihnen den Auftritt verboten, ebenso Caerpilly, Newcastle, Cardiff und Liverpool. Die guten Christen verfluchen und verbannen die *Sex Pistols*.

Ein gefährlicher Narr, dessen Name hier verschwiegen werden soll, um nicht auch noch sein Andenken zu wahren, erklärte im Fernsehen: »Das Beste für solche Bands wäre ein schneller Tod. Am schlimmsten sind die *Sex Pistols*, sie sind die Antithese zur menschlichen Rasse. Die Welt wäre ohne sie besser dran.« Kaum weniger borniert urteilte ein anderer alter Knacker, der sich brüstete, der Manager der *Rolling Stones* zu sein: »Die Welt wäre besser dran ohne die Platten der *Sex Pistols*.«

Innerhalb der *Sex Pistols* gab es durchaus auch Spannungen. Johnny Rotten hasste Glen Matlock, den Bassisten. Er mochte dessen Zurückhaltung und gesunden Menschenverstand nicht und beschimpfte ihn als Spießbürger. Aber Glen Matlock war in einem Arbeiterviertel in einer eher armen Familie aufgewachsen. Er, der exzellente Musiker, hatte die meisten der 25 Songs im Repertoire der *Sex Pistols* geschrieben, und er besaß ein versöhnliches Wesen. Rotten fand ihn zu sauber, zu stark an seine Mutter gebunden, zu normal. Einfach zu gut für einen Punk.

Am 22. Januar 1977 löst die *EMI* den Vertrag mit den *Sex Pistols* auf. Johnny Rotten schreibt den Song »EMI«, der dem Unternehmen, der »Gesellschaft mit unbegrenzter Illegitimität«, wenig Ehre macht.

Ende Februar 1977 tritt Sid Vicious' Band, *Flowers of Romance*, ab.

Glen Matlock und Johnny Rotten geraten in Streit. Malcolm McLaren glättet die Wogen, immer im Hinblick auf skandalträchtige Publicity für die *Pistols*. Während der Holland-Tournee verbündet sich die Gruppe gegen den armen Glen. Sie werfen ihm vor, die *Beatles* zu mögen, was laut Malcolm McLaren eine Schande ist. Anfang 1977 wird Glen Matlock aus der Band entfernt.

Nun sucht die Gruppe nach einem neuen Bass-Player.

Johnny Rotten steht den beiden dicken Freunden Paul Cook und Steve Jones diametral gegenüber, als er Sid Vicious vorschlägt, den Freund und glühenden Fan, der oft bei den Proben der Band anwesend ist. »Ich wollte, dass Sid dazugehörte, damit hätte ich einen Verbündeten in der Gruppe gehabt. Sid war ein Kumpel, mein bester Freund, ihm war alles egal, darin war er einfach genial. Außerdem hieß er auch John.«

Überglücklich stürmt Sid ins Probestudio der *Pistols*, ein Dachboden in Denmark Street Nr. 6, und spielt vor seinen Kameraden und Malcolm McLaren. »Plötzlich ging alles Hals über Kopf«, berichtete Sid später. »Ich war gerade dabei, die *Flowers of Romance* aufzulösen, als Johnny mich fragte, ob ich bei den *Sex Pistols* mitmachen wollte. Malcolm traf sich heimlich mit uns, ich dachte, ich würde eine Abreibung kriegen, weil ich nicht zu einer Party bei Rotten gegangen war, denn Malcolm konnte da sehr eigen sein, aber als ich hinkam, boten sie mir den Job am Bass an.«

Und der Autor Malcolm Butt erzählt: »Seine Performance am Bass war grauenvoll und machte ihm alle Ehre, und er nahm das offizielle Angebot an, das ihm eine Woche darauf gemacht wurde.«

Sid ist neunzehn Jahre alt, er kann keine Note richtig spielen, als er in die Gruppe eintritt. »Sie fingen an, ohne mich zu proben, schon bevor sie mich rauswarfen«, berichtet Glen Matlock.

Anfangs versucht Sid noch, Gitarre zu lernen. Der gutmütige Glen Matlock bietet ihm sogar Unterricht an, bevor er seine eigene Band gründet, die *Rich Kids*. Malcolm McLaren: »Sid war komplett verrückt, und das wollten die *Sex Pistols* – nicht einen, der den Bass spielen konnte.« Johnny Rotten: »Sid konnte nicht spielen, na und? Er nahm Unterrricht und lernte rasch die Grundbegriffe. Und bei Songs mit drei Akkorden war er nicht schlecht. Es war schließlich nur der Bass, wer hört bei einer Rockgruppe auf den Bass? Das ist doch bloß tiefer Hintergrundlärm.«

Steve Jones: »Es war nie besser als nach Sids Aufnahme. Er wollte wirklich Bass lernen und sich in die Gruppe einfügen. Er hatte Power, dieser Sid, und eine freche Schnauze, wir hatte eine Menge Spaß, und Rotten beeindruckte ihn nicht.«

Dee Dee Ramone erinnert sich: »Nach unserer ersten Begegnung trafen wir uns wieder, und wir verstanden uns sofort. Sid war begeistert von den *Ramones*, und er folgte mir überallhin. Als er bei den *Sex Pistols* anfing, zog er sofort zerrissene Jeans an wie Joey Ramone und eine schwarze Perfecto-Lederjacke wie die *Ramones*.«

Überfall auf Buckingham Palace

Die Plattenfirma *A&M Records* nimmt die *Pistols* unter Vertrag. Es ist die Premiere für Sid Vicious.

Am 9. März 1977 treffen sich die *Sex Pistols* in aller Frühe vor dem Buckingham Palast. Sie haben die ganze Nacht die Aufnahme von Sid Vicious in die Band gefeiert. Sie haben sich mit verschiedenen Leuten angelegt, und da ihnen allmählich die Gegner ausgingen, haben sie sich in der Limousine, mit der *A&M* sie abholen ließ, gegenseitig verprügelt. »Malcolm hatte keine Kontrolle über die *Sex Pistols*«, erzählt Johnny Rotten. »Also hatte eine ordentliche Rauferei im Auto nichts Überraschendes. Wir haben uns beschimpft ›Arschloch‹, ›selber Arschloch‹, ›Nein, du‹, usw. Ich hatte allerdings nur den Wunsch, Malcolm eins auf die Rübe zu geben.«

Die *Pistols* sind in bester Stimmung, mit Beulen und blauen Flecken übersät, und völlig überdreht. Bevor sie bei *A&M* Halt machen, bitten sie den Chauffeur, ein paar Runden um den Buckingham Palast zu drehen. Im Vorbeifahren schneiden sie Grimassen und machen obszöne Gesten in Richtung der Reporter und Fotografen.

Vor dem imposanten Palast steht ein kleiner Tisch. Darauf liegt der Vertrag, gut zu sehen für die Presse, die Fans, neugierige Passanten und die Polizei. Ein Detail, das dem Ganzen die Würze gibt: der Vater von Sid Vicious ist Grenadier. Er geht hinter dem Gitterzaun des Buckingham Palasts seine Runde, während sein Sohn öffentlich einen Plattenvertrag unterzeichnet.

Die vier *Sex Pistols* unterschreiben die Dokumente mit viel Pathos, begleitet von vielen unständigen Wörtern und viel Herumgealber. Danach werden sie ins Regent Palace Hotel gefahren, wo die Pressekonferenz stattfindet.

Die vier Rabauken sind dermaßen aufgedreht, dass sie die Fragen nur mit Rülpsern und Fürzen beantworten. Sid Vicious trinkt Wodka aus der Flasche und stößt grässliche Flüche aus. Der Manager von *A&M* versucht, die Journalisten zu besänftigen, und der Frontmann der *Sex Pistols*, Johnny Rotten, liefert ein paar Informationen über ihre Konzerte und die Tourneedaten. Aber Sid stiehlt ihm die Schau. Zwischen seinen Magen- und Darmgeräuschen beleidigt er eine Reporterin vom *Daily Express*. Um nicht ins Hintertreffen zu geraten, begießen seine Kollegen die Pressevertreter mit Sodawasser. Den Journalisten bleibt nichts anderes übrig, als ihre Taschentücher herauszuholen.

Nick Kent: »Die Einstellung der *Sex Pistols* zur Presse war *fuck you*, und nichts anderes als *fuck you*, es war großartig, das perfekte Gegenteil von 99% hirnlosen Rockern, die der Presse den Arsch küssten, und es funktionierte. Die meisten Reporter sind Masochisten, alles Wichser.«

Der schönste Tag im Leben des Sid Vicious

In dieser Hochstimmung begeben sich die *Sex Pistols* in die Essex Studios, um das Mischen ihrer erster 45er zu begutachten, bevor sie zum Firmensitz von *A&M* fahren.

Die Fahrt verläuft chaotisch. Sid Vicious, Johnny Rotten, Steve Jones und Paul Cook raufen sich unablässig, mit den absurdesten Begründungen. Cook bekommt Nasenbluten, Sid verliert einen Schuh, Rotten die Uhr seiner Mutter.

Die Besprechung bei *A&M* ist denkwürdig. Paul Cook: »Das Chaos war perfekt, die Sekretärinnen waren verängstigt, Sid blutete. Ich hatte ein blaues Auge, Malcolm lief in der Gegend herum, Steve machte die Tippsen an ...«

Übermüdet, überdreht, verkatert und unter Schmerzen machen die *Sex Pistols* ihrem Ruf alle Ehre: Steve Jones, der Sexualprotz, flirtet mit den Sekretärinnen, Johnny Rotten ist sturzbetrunken, brüllt das Personal an und kotzt auf die Plastikpflanzen in einem Chefbüro, Sid Vicious, über und über mit Rotwein bekleckert, speit auf den Teppichboden, die Schreibtische und die Wände und verunreinigt anschließend die Toiletten mit dem Blut, das aus einer Wunde am Bein strömt. Zur Krönung der Party zerbricht er vor Wut eine Fensterscheibe und zertrümmert mit Stiefeltritten eine Toilettenschüssel. Als er endlich in das von Erbrochenem und Rotwein verwüstete Büro zurückkehrt, sinkt er auf ein Sofa und schläft ein, blutüberströmt.

»Als er zu den *Pistols* zurückkam, wirkte er wie verklärt«, berichtet Johnny Rotten.

Da dies ein großer Tag ist, wollen die *Sex Pistols* ihn ebenso schön beenden, wie er begonnen hat. Nunmehr sind sie in ihrem Studio in Denmark Street, noch immer umringt von fassungslosen, doch sensationslüsternen Reportern. Paul Cook: »Wir stiegen wieder ins Auto, um ins Studio zu fahren und *God Save the Queen* aufzunehmen. Das hat den Kindern in der Schule nebenan einen Schrecken eingejagt, und die Polizei kam. Ein sagenhafter Tag!« Entzückt von seinem hingerissenen Publikum, erklärte Sid Vicious: »Dies ist der schönste Tag meines Lebens. Es ist mein erster Tag bei den *Sex Pistols*, und etwas Besseres hätte mir nicht passieren können.«

Glück ohne Ende

Zum Abschluss des schönsten Tags seines Lebens geht Sid mit den drei anderen *Sex Pistols* ins Speakeasy, eine angesagte Bar am Oxford Circus. Jah Wobble, ein durchgeknallter Fan der Band, pflaumt einen Fernsehmoderator an, so dass dieser verkündet, er werde die *Sex Pistols* nie in seine Sendung einladen. Sofort entsteht allgemeines Handgemenge, ein Messer taucht auf, Bob Harris wird mehrfach am Rücken verwundet. Sid Vicious zerschmettert eine Flasche auf dem Kopf von George Nicholson, einem Freund von Harris. Beide Opfer müssen ins Krankenhaus und genäht werden. Bob Harris zieht sich traumatisiert aufs Land zurück und strengt einen Prozess gegen die *Sex Pistols* an.

Die Geschäftsführung bei *A&M* ist so entsetzt, dass sie den Vertrag mit den *Pistols* auflöst und die Band mit einem Scheck über 125 000 Pfund abfindet. Malcolm teilt den *Sex Pistols* mit, dass sie nicht länger bei *A&M* sind.

Für Sid beginnt ein neues Leben. »Wir waren nicht die braven Knaben, mit denen sie gerechnet hatten, wir sind nicht nett, wir waren fiese Schweinehunde, und das sind wir noch.«

Zum Glück nimmt der Boss von *Virgin Records*, Richard Branson, die *Sex Pistols* auf. Johnny Rotten spielt sein Lied »God Save the Queen« zum Thronjubiläum von Königin Elizabeth ein. Ein weiterer Skandal zeichnet sich ab.

Johnny Rotten verteidigt sich: »Wir haben »God Save the Queen« nicht geschrieben, weil wir die Engländer hassen. Wir haben es geschrieben, weil wir sie lieben und wollen, dass sie nicht länger so schlecht behandelt werden.«

God save the queen
The fascist regime
They made you a moron
Potential H-bomb

God save the queen
She ain't no human being
There is no future
In England's dreaming

Don't be told what you want
Don't be told what you need
There's no future, no future,
No future for you

God save the queen
We mean it man
We love our queen
God save us

Gott schütze die Königin,
das faschistische Regime,
das einen Idioten aus dir macht,
eine starke H-Bombe.

Gott schütze die Königin.
Sie ist kein menschliches Wesen.
Es gibt keine Zukunft
in Englands Träumen.

Lass dir deine Wünsche nicht befehlen,
lass dir deine Bedürfnisse nicht befehlen.
Es gibt keine Zukunft, keine Zukunft,
keine Zukunft für dich.
Gott schütze die Königin,
das ist unser Ernst, Mann.
Wir lieben unsere Königin,
Gott schütze uns.

Steve Jones: »Es war eigentlich nicht boshaft. Wir sagten ja nicht: ›Bringt sie um, vergewaltigt sie.‹ Wir beschrieben nur die Realität.«

Johnny Rotten: »Das ganze Land fiel über uns her. Hätte man uns gehängt, hätten 56 Millionen Engländer applaudiert.«

»God Save the Queen« wurde die Nationalhymne der Protestbewegung.

Um das Erscheinen der Platte zu feiern, bestiegen die *Sex Pistols* am Tag des Jubiläums der Königin, dem 17. Juni 1977, ein Schiff, von dem aus sie vor dem Parlamentsgebäude »God Save the Queen« und »Anarchy« singen wollten.

Auf der Themse herrschte Hochbetrieb, und Johnny kam sich umringt vor wie ein Clown bei einem Kindergeburtstag. »Es war ein Riesenspaß«, erzählte Johnny Rotten. »Ich war sternhagelvoll, ich war gar nicht ich selbst. Sid und ich hätten fast nicht gespielt, weil Malcolm uns das Hotelzimmer nicht bezahlen wollte.«

Am Abend schmetterten die *Sex Pistols* jedoch wie geplant ihre Songs. Richard Branson, Geschäftsführer von *Virgin Records*, war anwesend. Die Polizei ebenfalls. Eine gewaltige Menschenmenge lauert auf Sensationen. »Wir hatten unbeabsichtigt England den Krieg erklärt.«

Der Titel wird die Nr. 1 in der Hitparade, erscheint jedoch nicht auf der Liste, die das Zweite Programm scheinheilig aufstellt. Kein Radiosender wagt es, »God Save the Queen« zu spielen.

Johnny Rotten und seine Komplizen trauen sich kaum mehr auf die Straße, allzu oft werden sie ohne Vorwarnung angegriffen. »Ich fühlte mich verfolgt, als wäre ich ein Werwolf, ich hatte dauernd Angst um mein Leben.« Als Waffen dienten Messer, Flaschenscherben. Noch schlimmer war: wenn ein *Sex Pistol*-Mitglied dann zur Behandlung zum Arzt kam, holte das Personal die Polizei, als hätten sie einen Verbrecher vor sich.

10. Kapitel

Die tödliche Invasion

Ein kurzer Rückblick: Im Dezember 1976, als der »Bill Grundy-Skandal« die britische Presse beschäftigte, traf die amerikanische Punk-Band *The Heartbreakers* in London ein. Sie wollten mit den *Sex Pistols* auf die Anarchy-Tournee gehen. Gleich nach ihrer Ankunft entdeckten die *Heartbreakers* die empörten Artikel in den Zeitungen, die sich über die Sendung mit Bill Grundy und die »Fäkalsprache« der bösen *Sex Pistols* aufregten. Das stachelte die *Heartbreakers*, vor allem aber ihren Anführer, Johnny Thunder, geradezu auf.

Ebenso wie die *Sex Pistols, Clash* und *Damned* erlebten die *Heartbreakers* in den kleineren Städten des Vereinigten Königreichs einen Boykott. Sämtliche Auftritte der *Sex Pistols* waren gestrichen worden, wie auf Anordnung von oben.

In der Vereinigten Staaten von Amerika griff die Punk-Bewegung rasch um sich, zusammen mit dem Konsum harter Drogen. Bei seinem Aufenthalt in den USA hatte Malcolm McLaren, der Agent der *Sex Pistols*, die *New York Dolls* auf die englischen Punks neugierig gemacht. Daher landeten nicht viel später die *Heartbreakers* mit ihrem Leader Johnny Thunders in London, im Gepäck Unmengen von Dope sowie ein Gift, das noch viel wirksamer war als alle harten Drogen: Nancy Spungen.

Die verrückte Nancy

Nancy Spungen war in einem Vorort von Philadelphia aufgewachsen. Wie ihre Mutter, Deborah, mitteilte, stieß das Baby bereits am Tag seiner Geburt, dem 27. Februar 1958, die fürchterlichsten Schreie aus. Nancy war so unruhig, ja unbändig, dass ihre Eltern ihr nach drei Monaten Beruhigungsmittel verschreiben ließen.

Mit vier Jahren ging Nancy zum ersten Mal zum Psychiater. Mit elf hatte sie alle möglichen Therapien hinter sich, ohne Erfolg. Das Ergebnis war nur noch mehr Wut, sie schrie: »Ich will sterben!« Während eines solchen Ausbruchs griff sie zum Messer und ging auf ihre Mutter los, die es gewagt hatte, ihr etwas zu verweigern. Lange vor den Rockstars mit einschlägigen Neigungen war Nancy in der Lage, die Möblierung eines ganzen Zimmers zu zerlegen.

Ich, Nancy S., drogenabhängig, Prostituierte …

Nancy Spungen ist erst dreizehn, als sie zum erstenmal Drogen nimmt. Zwei Jahre darauf ist sie heroinsüchtig. Ihre Eltern, die Ärzte und die Lehrer werden nicht mehr mit ihr fertig. Niemand will die Verantwortung für sie übernehmen. Diagnose: Schizophrenie. Die erschöpften Eltern fordern sie auf, das Haus zu verlassen. Nancy Spungen ist siebzehn Jahre alt.

Da das Mädchen nun auf sich allein gestellt ist, sieht sie nur einen Weg, um sich das Geld für ihre Droge zu beschaffen: Prostitution. Sie färbt sich das Haar platinblond und strippt in einem New Yorker Nachtclub. »Ich tanzte nackt vor den Kerlen, und sie gaben mir Trinkgeld. Ich wichste sie für zehn Dollar oder wir fickten, das war nichts Besonderes. Ich kann gut blasen.«

Nancy Spungen schließt sich Rockbands an. Dee Dee Ramone: »Nancy war Gogo-Tänzerin und Groupie der *Heartbreakers*. Alle hatten schon mit ihr geschlafen und sie anschließend ignoriert. Keiner wollte danach noch etwas mit ihr zu tun haben, sie konnte einem sehr auf die Nerven gehen.«

Eine Freundin von Sid Vicious, Pamela Rooke, behauptete:

»Nancy kam nach London mit der festen Absicht, die *Sex Pistols* flachzulegen.« Nancy selbst sagte: »Ich hatte so einiges über die *Sex Pistols* gelesen, und ich wollte mir selbst ein Bild machen. Sie mussten eine geile Truppe sein.«

Bevor sie sich auf die *Sex Pistols* warf, hatte Nancy Spungen ihr Herz Jerry Nolan geschenkt, dem Drummer der *Heartbreakers*. »Ich hing viel mit Nancy herum«, berichtete Jerry Nolan. »In New York hatte sie genug Geld für Drogen, und ich nicht. Sie strippte und ging auf den Strich, und sie war sehr in mich verliebt.« Und Dee Dee Ramone: »Nancy hing sehr an Jerry Nolan, aber Jerry achtete überhaupt nicht auf sie. Er ließ sich hin und wieder von ihr Dope besorgen, mehr nicht. Sie machte zuviel Ärger. Man bekam einen schlechten Ruf, wenn man sich nur mit ihr sehen ließ.« Nicht nur Männer, auch Frauen kamen mit Nancy Spungen nicht klar: »Die Toilettenwände waren voll mit Schweinigeleien über sie. Das hatten die anderen Mädchen geschrieben, denn alle hassten sie.«

Um Jerry Nolans Aufmerksamkeit zu erringen, unternahm Nancy Spungen einen Selbstmordversuch, indem sie sich die Pulsadern aufschlitzte. Ein Freund, Philippe Marcade, rettete sie. Auf Nancys Gejammer hin schlug er ihr eine Luftveränderung vor. Sie sollte nach England fahren und die Punks kennen lernen, mit denen sie sich bestimmt gut verstehen würde.

Nancy und die Anarchie

Nancy Spungen landet nach der Tournee »Anarchy« der *Sex Pistols* in London, noch immer auf den Spuren von Jerry Nolan. Sie hat eine Gitarre dabei, die er versetzt hatte, und die sie ihm zurückgeben will. Nancy fühlt sich wohl in London, hier ist es so leicht, an Drogen aller Art zu kommen.

John Lydon berichtet: »Nancy Spungen kam mit Johnny

Thunders und den *Heartbreakers*, den Nachfolgern der *New York Dolls*, nach England. Wir wussten, auf was die *Heartbreakers* aus waren.« Im Gegegsatz zu den USA war es damals in England ein Leichtes, sich Drogen zu beschaffen. Nancy war nicht die Einzige, die sich das zunutze machte.

Zu der Zeit wohnte Johnny Rotten bei Linda Ashby, einer jungen Frau, die ein Bordell leitete, in dem sie selbst Domina spielte.

Nachdem man Nancy Spungen aus dem Hotel der *Heartbreakers* hinausgeworfen hatte – sie hatte sich schlecht benommen und nervte alle –, kam sie bei Linda Ashby unter. Da Nancy Geld brauchte, stellte Linda einen Kontakt zu einem Hostessenservice her. Die wasserstoffblonde junge Frau blieb nicht lange dort, ihr trashiger Stil schreckte die Kunden ab. Sie kehrte in Lindas Bordell zurück, um dort Freier anzumachen und ein paar Masos auszupeitschen, darunter einige Parlamentsmitglieder.

In dieser Zeit bei Linda Ashby versucht Nancy, Johnny Rotten zu verführen, fasziniert von dessen Vulgarität und dem Schmutz.

Gleichzeitig kommt Sid Vicious, derzeit ohne festen Wohnsitz, seinen Freund Johnny Rotten bei Linda besuchen und bleibt über Nacht.

»Sid war bei sich zu Haus rausgeflogen und wollte bei uns übernachten. Also habe ich ihm Nancy aufs Auge gedrückt. Von Anfang an hielt ich sie für eine unglaublich blöde Kuh, aber Sid schien sie zu mögen. Da ich sie dermaßen verabscheute, sie hasste, sie verachtete, stürzte sich Sid natürlich erst recht auf sie.«

Steve Jones: »Als ich Nancy begegnete, dachte ich: ›Wer ist denn die Tusse? Die ist ja schlimm.‹ Es ist seltsam, aber ich bin nie jemandem begegnet, der eine so negative Energie ausstrahlte, die Braut war übel, ich hasste sie.«

Paul Cook: »Als ich Nancy zum ersten Mal sah, besprang Steve sie im Klo, und ich konnte sie überhaupt nicht ausstehen.«

Für Lee Childers, den Manager der *Heartbreakers*, war Nancy ein Alptraum: »Für mich gab es nichts Schlimmeres, als wenn Nancy Spungen auftauchte. Es war, als wäre der Teufel persönlich in Carnaby Street erschienen … Sie war süchtig, handelte mit Drogen und war komplett verrückt … Sie hatte einen sehr, sehr, sehr schlechten Einfluss auf Menschen mit Problemen. Sie machte immer nur Ärger und außerdem taugte sie nichts im Bett.«

Einen Rockstar im Bett

Nancy besaß so unkonventionelle Umgangsformen, sie war so extrem und selbstmörderisch veranlagt, dass sogar ihre neuen Freunde in England vor ihr erschraken.

Lee Childers: »Nancy wollte nicht unbedingt Jerry Nolan, sie wollte einfach irgendeinen Rockstar ins Bett kriegen, dem sie Drogen beschaffen und mit dem sie sich zudröhnen konnte. Als sie Sid Vicios herumgekriegt hatte, war ihr Ziel erreicht.«

Malcolm McLaren, Manager der *Sex Pistols*: »Als Nancy Spungen meinen Laden betrat, war es, als hätte Dr. Strangelove uns seine tödliche Seuche direkt nach England geschickt, und direkt in mein Geschäft … Am liebsten hätte ich alle Räume ausgeräuchert. Ich sagte zu den *Sex Pistols*: ›Das Mädchen verheißt nichts Gutes, Leute, die ist ein Vorbote des Unheils.‹«

John Lydon: »Nancy war eine Hure, die sich an die *New York Dolls* klammerte. Ich kann es mir nicht verzeihen, dass ich sie mit Sid Vicious bekannt gemacht habe.« Dee Dee Ramone erzählt, wie er 1977 auf einer Tournee der *Ramones* durch England bei einem Konzert der *Clash* Nancy Spungen begegnete: »Sie laberte mir die Ohren voll, dass Sid der Star der *Sex Pistols* war; sie schrie so laut, dass ich nichts von den *Clash* mitbekam, ich hatte nicht übel Lust, sie über die Balkonbrüstung zu werfen. Schließlich kaufte Nancy mir eine Flasche Cognac.«

Von da an hatte sie den Spitznamen »Nauseating Nancy« – Nancy, das Brechmittel – weg.

11. Kapitel

Brechmittel Nancy

Sid und Nancy blieben zusammen. Sid, der nie ein nennenswertes Sexualleben gehabt hatte, fand hier eine Partnerin, die vor nichts zurückschreckte. Mit ihr konnte er sich hemmungslos zudröhnen. Und Nancy hatte in Sid Vicious einen treuen Freund und gelehrigen Untertan, der ihre sämtlichen Laster teilte. Nancy sollte für Sid wichtiger werden als die *Sex Pistols*.

Johnny Rotten war entsetzt. Er bat Sid, sich von ihr zu trennen – vergeblich. Sid ist von Nancy geradezu besessen, und ebenso von dem Heroin, das sie kameradschaftlich teilen. »Damals trank Sid viel. Er war leicht zu lenken. Tat ich das? Ja, aber nur zu seinem Besten. Ich brachte ihn zu den *Sex Pistols* und ich fand eine Freundin für ihn. Anfangs lief alles gut, dann lief alles schlecht. Sie war mehr seine Heroindealerin als seine Freundin. Sie spritzte sich, wann immer sie konnte.«

Nancy Spungen: »Johnny Rotten versuchte viele, viele Monate lang, uns auseinander zu bringen, weil ich Drogen nahm.«

Steve Jones: »Wenn in einer Rockgruppe eine Frau auftaucht, ist es das Ende. In dem Moment drehte Sid durch, er wollte nicht mal mehr spielen.«

Nach der Sache mit dem Thronjubiläum der Königin hatten die *Sex Pistols* eine schwierige Phase, die herrschenden Mächte verwehrten ihnen vielerorts den Zutritt. Am 17. August 1977 starb Elvis Presley. Das war eine völlig andere Welt.

Nach der Anarchy-Tour wussten die *Sex Pistols* nicht, wo sie noch auftreten konnten. Die erzwungene Untätigkeit drückte Sid Vicious aufs Gemüt. Johnny Rotten fand an der Sutherland Road eine Wohnung, die er mit Sid teilte, und der zog mit der unvermeidlichen Nancy ein.

Sid langweilt sich. »Woran sollte ich mich halten, mit meinen Neigungen?« An Nancy Spungen und ihre Spritzen.

»Um Nancy loszuwerden«, berichtet John Lydon, »unternahmen wir alles Menschenmögliche. Ich hielt sie aus dem Fenster, an den Füßen, den Kopf nach unten …« In seinen Memoiren, »Sex Pistols, Rotten by Lydon«, erzählt John Lydon sogar – unüberprüfbar, denn die Anekdote wird auch Chrissie Hynde zugeschrieben –, dass er sich mit Nancys Spritzen die Fingernägel säuberte, damit sie sich infizierte und stürbe und Sid dabei gleich mitnähme.

Offenbar mieden aber selbst die Bazillen die *Sex Pistols*, wie folgende Anekdote belegt, die Dee Dee Ramone in seinen Memoiren, »Mort aux Ramones!«, festhielt. Er hatte sich mit Sid auf die Toilette des Country Cousin begeben, um das Speed zu spritzen, das Captain Sensible, der Bassist von den *Damned* ihnen geschenkt hatte. »Sid holte eine Horror-Spritze heraus, mit einem Kranz aus geronnenem Blut an der Nadel. Er zog den Stoff auf, dann tauchte er die Kanüle ins Klobecken, um das Speed im Zylinder mit Wasser zu verdünnen. In dem Wasser war Erbrochenes, Urin, Rotz. Sid fand überhaupt nichts dabei … Ich dachte, das ist jetzt wirklich das Letzte.«

Pokneifen beim Hochadel

Ein einziges Mal war Johnny Rotten froh über Nancy Spungens Anwesenheit.

Johnny war zu einem eleganten Empfang bei einer »Debütantin« eingeladen, die ihr Universitätsexamen feierte. Zusammen mit Sid und Nancy ging er in den Snob-Club Wedgies, »wo sie nur die Superreichen hineinließen. Da waren Mitglieder des Königshauses, Prinz Andrew und David Frost, inmitten von dicken, alten Frauen mit Tiaras auf dem Kopf.« Johnny, Sid und Nancy sahen aus wie Penner, angetan mit Second hand-Klamotten, Sid in einer Lederjacke mit nur einem Ärmel. »Nancy hatte Urinflecken an den Strumpfhosen. Sie machte sich nie die Mühe, sich zu waschen, und ihre Beine waren so schmutzig, dass man die weißen Stellen sah, wo der Urin hingespritzt war.«

Die drei schrägen Vögel benahmen sich, wie man es von Punks erwartete. Sie aßen mit den Fingern, fielen über das Buffet her, betranken sich, belästigten Töchter aus gutem Hause und verbreiteten vier Stunden lang Angst und Schrecken, bevor sie die gute Gesellschaft wieder sich selbst überließen.

»Das war das einzige Mal, dass ich Nancys Gegenwart genoss, denn sie war an dem Abend einfach abstoßend«, sagte Johnny Rotten.

Anhaltender Ekel

Meistens jedoch versuchen die *Sex Pistols* und ihre Freunde, Nancy Spungen davonzutreiben. Johnny Rotten, Malcolm McLaren, Steve Jones und Paul Cook beschließen gemeinsam, ihr ein Flugticket zu kaufen. Als Sid einmal nicht da ist, setzen sie Nancy in ein Taxi und bringen sie zum Flughafen. Johnny Rotten: »Sie musste weg. Sie brachte Sid um. Ich war der festen Überzeugung, dass diese Frau Selbstmord auf Raten beging, was Heroin nun einmal ist. Und sie wollte nicht allein sterben, sondern Sid mitnehmen. Sie war so kaputt, so dämonisch.«

Malcolm McLaren: »Ich habe alles versucht, sie zum Verschwinden zu bewegen, sie zu vergiften, zu kidnappen oder sie nach New York zurückzuschicken.« Ob das nun stimmt oder nicht – Nancy kam jedenfalls nicht zu Schaden, und sie zog weiterhin Sid mit sich herunter.

Obwohl die *Sex Pistols* ihr nach Kräften aus dem Weg gehen, stöbert Nancy sie immer wieder in den Hotels, wo sie absteigen, auf. »Sie hassten mich alle miteinander«, erzählt Nancy, »denn ich war bei den *New York Dolls* gewesen, und die *Dolls* waren Junkies.«

Steve Jones: »Sie waren mit Tonnen von Heroin angekommen, und Sid war ganz versessen auf die *New York Dolls*.«

Sid Vicious: »Ich liebe die *New York Dolls*, denn sie sind bösartig und gemein, sie schminken sich, sie scheißen auf alles und sie spielen einen verdammt guten Rock. Ich mag ihre Namen, ihren Haarstil.«

Johnny Rotten: »Mit dem Heroin kamen die Lederjacken und der Gothic-Look, Sid ging fast einer ab. Er war das typische fashion victim. Er wurde zu dem hirnlosen Rocker aus unseren schlimmsten Alpträumen. Er hat nicht begriffen, was wir machten. Das war unsere Kultur, unser Leben.«

Johnny Rotten verabscheute Heroinsüchtige. Jerry Nolan von den *Heartbreakers* behauptet, der erste gewesen zu sein, der ihm eine Heroinspritze setzte, und er sagt dazu: »Ich bin nicht stolz darauf, ich hatte kein gutes Gefühl dabei, und ich habe meine Meinung geändert, was das Missionieren vor Leuten für Drogen angeht, ich habe es seitdem nicht mehr getan. Nancy, die ich mit Sid bekannt gemacht habe, hat ihn als erste mit Heroin in Berührung gebracht …« Ob sie nun von

Jerry Nolan oder von Johnny Rotten mit Sid bekannt gemacht wurde – Nancy Spungen erreichte ihr Ziel jedenfalls ohne Unterstützung von anderen.

Bevor Heroin unter Rockern zirkulierte, waren es Acid, Speed und Benzedrin.

Johnny Rotten: »Schnaps war in England billig, Amphetamine auch. Trinken war wichtig für die *Pistols*, denn große Teile den Publikums waren harte Trinker. Es gab immer viel Alkohol und Speed, das bildete damals eine Einheit.«

Das Shit-System

Mit dem amerikanischen Punk und der Punkmode wandelt sich die Bewegung, wird kommerzieller.

Johnny Rotten: »Wir hätten mehr zusammenhalten sollen. Die reichen Söhnchen verkleideten sich als Punks. Sie zahlten viel Geld für Maßklamotten, während wir sie früher aus dem Müll gezogen hatten, weil wir kein Geld hatten.«

Sid bestätigt: »Ich bin nicht schick und werde es nie sein.«

Die Punk-Uniform, die ganze Einstellung, die Punkbewegung wird Allgemeingut, der Irokesenschnitt, die Lederjacken für fünfzig Pfund, Punk wird vom »shit system« vereinnahmt, stellt Johnny Rotten fest. »Mich hat niemand zu dem gemacht, was ich bin, ich bin ich, und basta, ich schulde der Mode nichts und nichts McLaren …«

Im September 1977, frustriert von den Auftrittsverboten, unternehmen die *Sex Pistols* die S. P. O. T. S. Tour, »Sex Pistols on Tour«. Sie spielen in kleinen Clubs und unter Pseudonymen und ziehen dennoch ein enormes Publikum an. Im Nu spricht sich herum, dass es die *Sex Pistols* sind, und das ist Balsam für ihre Seelen.

»Es machte mich krank, dass ich mich unter einem Pseudonym verstecken musste, um auftreten zu können. Ich bin ein *Sex Pistol*, und fertig.«

Steve Jones meint: »Das waren die besten Konzerte, die wir je gemacht haben.«

Dee Dee Ramone: »Ich sah die *Pistols* in einem öden Schulsaal außerhalb von London spielen. Ich fragte Sid: ›Ihr habt ja weder Licht, noch Verstärker!‹ Sid gab zurück: ›Richtig.‹ Ich war perplex. Da unten waren Tausende von Zuhörern, wie sollten die überhaupt etwas hören? Die Stimmung war aufgeheizt, aber die *Pistols* in den Kulissen waren ziemlich niedergeschlagen.«

Das verlorene Paradies

Huddersfiels, Weihnachten 1977. Während einem besonders langen Streik geben die *Sex Pistols* zwei Matinee-Konzerte auf einem Fest für Kinder von Feuerwehrmännern. Für Johnny Rotten war es »... paradiesisch. Die Kinder warfen mit Kuchen um sich, und am Abend spielten wir für die Streikenden.« Johnny: »Der Saal war voller Liebe. Sid war an dem Tag genial, alles lief wie am Schnürchen, es war wunderbar.«

Alle sind in bester Laune, und die *Sex Pistols* werden folgendermaßen angekündigt: »Diese Party ist vollkommen umsonst, die *Sex Pistols* schenken sie euch, also applaudiert ganz laut!« Johnny singt:

BODIES

She was a girl from Birmingham
She just had an abortion
She was case of insanity
Her name was Pauline she lived in a tree

She was a no one who killed her baby
She sent her letter from the country
She was an animal
She was a bloody disgrase

Body I'm not an animal
Body I'm not an animal

Dragged on a table in factory
Illegitimate place to be
In a packet in a lavatory
Die little baby screaming
Body screaming fucking bloody mess
Not an animal
It's an abortion

Body I'm not animal
Mummy I'm not an abortion

Throbbing squirm,
gurgling bloody mess
I'm not an discharge
I'm not a loss in protein
I'm not a throbbing squirm

Fuck this and fuck that
Fuck it all and fuck the fucking brat
She don't wanna baby that looks like that
I don't wanna baby that looks like that
Body I'm not an animal
Body an abortion

Body I'm not an animal
An animal
I'm not an animal ....
I'm not an abortion ....

Mummy! UGH!

Alle tanzen. Die Atmosphäre ist außergewöhnlich ausgelassen und brav.

Huddersfield sollte das letzte Konzert der *Sex Pistols* in England sein.

12. Kapitel

Amerika, wir kommen

Es musste ja so kommen: Die *Sex Pistols* flogen in die Vereinigten Staaten von Amerika, wo es, so versicherte man ihnen, »keine Zensur gibt.« Sid Vicious war nicht überzeugt. Für ihn waren alle Amerikaner »verklemmt«.

Bevor sie ins Flugzeug steigen, haben die *Sex Pistols* noch ein paar kleine Probleme zu lösen. »Wir hatten Schwierigkeiten, Visa zu bekommen, weil wir alle vorbestraft waren«, erzählt Johnny Rotten. »Am Flughafen sollten wir alle eine Leibesvisitation bekommen. Zum Glück begannen sie bei Sid, denn sobald sie ihn in der Unterhose sahen, ließen sie uns laufen. Danach war ihnen die Lust, uns zu befummeln, vergangen.«

In den USA werden die *Sex Pistols* keineswegs mit offenen Armen empfangen. »Extremisten der Gegenkultur«, bezeichnet sie eine Ansagerin. Die Firma *Warner* hatte die Presse wegen der Aggressivität der Band vorgewarnt, aber auf die

Fragen der Medien haben die *Sex Pistols* nur eins zu sagen: nichts.

Johnny Rotten, Sid Vicious, Paul Cook und Steve Jones sind gekommen, um Musik zu machen und zu singen. Man verordnet ihnen Leibwächter mit Walkie Talkies, man lässt sie vom FBI, der CIA und fünfzig Reportern begleiten. Das ganze Theater verwirrt sie und schüchtert sie ein.

Bei einem besonders dummen, vorurteilsvollen Interview in Atlanta, das sie als Monster und Spinner hinstellen will, rastet Sid aus und sagt »Fuck you.« Ein alter, konservativer Reporter empört sich: »Sie hinterließen Zigarettenkippen und Spuckeflecken auf dem Teppich, Bierlachen und halb ausgetrunkene Schnapsgläser sowie ausgedrückte Clearasil-Tuben. Vor ihrem ersten Konzert verließen sie das Hotel, um in einen Sexshop zu gehen.« Man fragt sich, welche Geheimwaffe sich wohl in den Clearasiltuben verbarg, falls sie nicht doch gegen Pickel eingesetzt wurden.

Die *Sex Pistols* sind konsterniert. »Wir verstanden die Amerikaner nicht, und sie konnten uns nicht verstehen«, stellte Steve Jones fest.

Sid Vicious: »Ich schimpfte sie verdammte schwule Cowboys, und sie bewarfen uns mit Getränkedosen, während wir spielten, mit Schweineschnauzen und was weiß ich. Ich kriegte eine Dose ins Gesicht, davon ist mir die Lippe aufgeplatzt, alles war voll Blut.«

Vorausgegangen war eine aggressive Werbekampagne, das Publikum ist begierig auf die *Sex Pistols*. »Kotzen, auf die Bühne kacken, sich prügeln, sich gegenseitig umbringen«, meinte Paul Cook, »so verkehrt war das ja nicht.«

Plötzlich singen die *Sex Pistols* »Anarchy in the USA«, nicht mehr »in the UK«, Johnny Rotten legt noch nach mit »I am an

Antichrist, I am an Anarchist …« Die Menge tobt, protestiert, es kommt zu Schlägereien.

Johnny Rotten: »Sid liebte die *Pistols* als Fan, aber auf der Bühne brachte er es nicht mehr. Er war nicht mehr er selbst, er versuchte sogar, Johnny Rotten an meiner Stelle zu werden, und durch die Drogen fiel das grausam auf, glaube ich.«

13. Kapitel

Malcolm McLaren, der böse Geist

Als Sid und Johnny in Amerika ankamen, fühlten sie sich wie Kinder. »Ich war zum ersten Mal in Amerika«, erinnert sich Johnny Rotten. »Sid saß neben mir, wir sahen die Landschaft vorbeiziehen, wir stellten uns John Wayne und die Indianer vor, wir schliefen nicht, wir wollten keine Sekunde verpassen, weil es unser erstes Mal war.«

Johnny Rottens Beziehung zu dem Manager der *Sex Pistols*, Malcolm McLaren, ist mehr als gespannt. Er wirft McLaren vor, dass dieser sich ungerechtfertigt bereichert, dass er Johnny von Interviews und Parties fernhält, angeblich, um »das Geheimnis um den Frontsänger zu wahren«.

Steve Jones und Paul Cook reisen getrennt, und zwar im selben Flieger wie McLaren. Sie wollen nicht mit demselben Tourbus wie Johnny Rotten und Sid Vicious fahren, da die beiden den ganzen Tag lang Reggae hören.

»Steve und Paul waren wie Schafe«, stellte Sid fest, »sie gehorchten Malcolm aufs Wort.« Woraufhin Steve zurückgab: »Sid war die ganze Zeit auf der Suche nach Heroin, er führte sich auf wie ein Idiot. Rotten hielt sich aus allem raus, bald war das Ganze nur noch deprimierend.«

Johnny Rotten steht treu zu seinem Freund: »Malcolm wollte, dass Sid Skandale anzettelte, auch wenn das der Gruppe schadete. Sid war mein Freund, ich konnte ihn nicht hängenlassen, ich wollte nicht, dass er sich zudröhnte, deshalb fuhren wir im selben Bus, Sid sollte bei mir sein, damit ich auf ihn aufpassen konnte. Er war noch zu jung, um sich die Scheiße reinzutun, und nicht amerikanisch genug, um sich ganz darauf einzulassen.«

Sid Vicious: »Die anderen verstanden mich nicht. Sie sagten, ›du kommst da raus‹, aber sie kennen den Entzug nicht, da kommt man nicht so einfach raus, das ist die schrecklichste aller Krankheiten.« Zu dem Zeitpunkt weiß Sid sehr wohl, wie es um ihn steht: »Wenn du einen Schuss brauchst, geht es dir schlecht, du bist schweißgebadet, dir ist heiß, du triefst vor Schweiß, deine Nase läuft, dann hast du plötzlich Gänsehaut, der Schweiß wird kalt auf deiner Haut, du ziehst einen Pullover an, dir wird wieder heiß, du ziehst ihn aus, du frierst, das hört überhaupt nicht auf. Wenn du dich hinlegst, wird dir schlecht, wenn du dich hinsetzt, ist dir schlecht, das macht einen wahnsinnig. Ich will nicht mein Leben lang Junkie bleiben, wirklich kein Junkie.«

Es gab Versuche, sich von der Sucht zu befreien. Das Methadon-Programm »Flower and Fifth«, vierundzwanzig Tage auf Entzug in New York. Sid Vicious, Nancy Spungen, Johnny Thunders, Dee Dee Ramone versuchten, sich zu entwöhnen. Sid wurde immer wieder rückfällig, und Nancy versorgte ihn mit Stoff.

Am Ende spielt Sid nicht einmal mehr. Wenn er mit den *Sex Pistols* auf der Bühne steht, tut er nur so, oder aber er spielt etwas ganz anderes als die *Pistols*. »Oft war er nicht einmal angeschlossen, es war total sinnlos.«

Malcolm McLaren unternahm nichts, um Sid vom Heroin wegzubringen. Im Gegenteil. Paul Cook erzählt: »Am 14. Januar 1978 ging Sid mit Malcolm weg, und als er wiederkam, war er komplett zugedröhnt.«

Winterland – der Winter der Verzweiflung

»Winterland war das Ende. Das war kein Rock-Konzert mehr, das war ein lahmer Gaul, dem man den Gnadenschuss geben musste.«

Am 14. Januar 1978 in San Francisco im Winterland Ballroom ist das Publikum hasserfüllt und zügellos. Fünftausend Zuschauer bombardieren die *Sex Pistols* mit allerhand Geschossen, junge Punks oder solche, die es sein wollen, springen auf die Bühne. Sie werden von starken Armen entfernt.

Johhny Rotten ist erbost und niedergeschlagen zugleich. Der Sound ist erbärmlich. »Würden sie endlich eine vernünftige Aussteuerung hinkriegen? Was ist mit der Balance? Nein. Malcolm hatte alles getan, um uns zur Lachnummer zu machen. Wir sind voll reingefallen, das Publikum und der Sänger und die *Pistols*.« Die Band hat nicht einmal einen professionellen Soundmaster am Mischpult, es ist ihr Road Manager, Boogie, der sich um die Balance bemühte. Steve Jones' Gitarre ist verstimmt, er hat keinen Sound, alle spielen falsch. Sid ist voll auf dem Trip. Am Ende des Konzerts ruft Johnny Rotten dem Publikum zu: »Ihr habt das Gefühl, dass man euch verarscht hat? Wir auch!«

Johnny Rotten hat endgültig die Nase voll. Für ihn ist Schluss. »Malcolm machte mich zum Narren, ich hatte keine Kreditkarte und keinen Cent in der Tasche, er wollte alles zerstören, was die *Sex Pistols* interessant machte, und an dem Abend ist ihm das gelungen.« Das Honorar für das Konzert beträgt 67

Dollar. Nach dem Auftritt soll im Winterland ein Fest für die *Sex Pistols* steigen. Johnny Rotten und Sid Vicious sind nicht einmal eingeladen. Man wirft sie sogar aus dem Saal.

Johnny Rotten ist so blank, dass er und Sid mit den Roadies in einem Motel in San José übernachten müssen, acht Kilometer außerhalb von San Francisco, während McLaren und die beiden *Pistols* Jones und Cook es sich im Hotel Miyako gutgehen lassen. McLaren geht nicht einmal ans Telefon. Johnny fährt zu ihm, fest entschlossen, die Abrechnung zu verlangen. McLaren weigert sich, sein Zimmer zu verlassen. Rotten ruft mit seinen letzten zwanzig Dollar bei *Warner* an. Er braucht ein Flugticket, er will nach Haus, nach London, bloß weg aus diesem unguten Amerika. Bei *Warner* glaubt man an einen dummen Scherz und legt auf. Die *Sex Pistols* sollten auf Tour nach Schweden gehen; nach der Blamage im Winterland ist keine Rede mehr davon. Malcolm McLaren fährt mit Paul Cook und Steve Jones nach Rio de Janeiro, Brasilien, angeblich, um einen Film zu drehen und eine Platte einzuspielen; ohne Johnny Rotten und ohne Sid Vicious. Sid und Rotten sind ihrem eigenen Schicksal überlassen.

Sid hat eine Lösung für die Probleme: Heroin, und Nancy Spungen, die es ihm verschafft.

Sid steht dermaßen unter Drogen, dass es selbst Johnny Rotten zuviel wird. »Ich verachte Sid dafür, dass er sich so gehen lässt, und ich verachte jeden, der Heroin nimmt, es ist die einzige Droge, die jegliche Kreativität vernichtet, es ist Selbstmitleid, Selbstzerstörung, nichts im Leben ist erniedrigender. Sid hat sich von Malcolm bestechen lassen … Er ist Malcolm in die Falle gegangen. Er hat sich sogar eifrig hineingestürzt. Zu dem Zeitpunkt hätte ich nicht gezögert, Sid zum Wohl der Gruppe fallen zu lassen, ich sah, dass er total durchdrehte. Ich wusste, wenn Sid sich wieder spritzte, wäre er am Ende.« Johnny Rotten wäre noch saurer gewesen, wenn er geahnt hätte, was Malcolm McLaren wirklich dachte und was er mit seiner gewohnten Selbstgefälligkeit auch anschließend verkündete: »Mein Plan war von Anfang an, die *Sex Pistols* keine einzige Platte einspielen zu lassen. Ich würde sie zu Stars machen, aber unter Auslassung der Etappe Album.«

Johnny Rotten kann sich das Geld für ein Rückflugticket von Joe Stevens leihen. Seit dem Konzert im Winterland hat er Sid nicht mehr gesehen. Im Flugzeug auf dem Weg nach London erinnert sich Johnny Rotten daran, dass er einst John Lydon hieß. Das ist er, John Lydon, Künstler und Musiker. Die *Sex Pistols* sind Vergangenheit. Zwar haben sie sich noch nicht darüber verständigt, aber ihre Geschichte ist zuende. John Lydon und Malcolm McLaren sollten sich nie mehr aussöhnen. Sid Vicious und John Lydon würden nie mehr Freunde sein.

14. Kapitel

Tour durch die Hölle

Sid schließt sich immer enger an die widerliche Nancy an. In New York flüchten die beiden ins Chelsea Hotel, die bekannte Absteige für Künstler und Musiker. Das Chelsea hat seine Ruhmeszeit längst hinter sich, es ist eine heruntergekommene Adresse für Junkies, weniger für illustre Geister.

Sid und Nancy kümmern sich nicht um bürgerliche Gepflogenheiten und hinterlassen Chaos in ihrem Zimmer, sie legen unbeabsichtigt einen Brand und werden bald in das berühmte Zimmer Nr. 100 verlegt.

Es ähnelt einer Rumpellkammer, so vollgestopft mit Plastiktüten von Harrod's, Kleidung, Müll, schmutziger Wäsche. Der Teppichboden dient als Abfallkorb, auf dem Bett wird gegessen, getrunken, Heroin gespritzt und mit der restlichen verbleibenden Energie werden Körperflüssigkeiten ausgetauscht.

Mit zehntausend Dollar in der Tasche können Sid und Nancy es locker angehen und sich ihrer Lieblingsbeschäftigung widmen: abheben. Sid stirbt fast an einer Überdosis. Nancy wacht in der Klinik Tag und Nacht bei ihm, und er überlebt. Sie haben inzwischen ihre feste Routine. Von Straßendealern kaufen sie Heroin, und wenn sie keins bekommen können, weichen sie auf Barbiturate wie Tuinal und Dilaudid aus, eine synthetische Form des Morphiums.

Weg mit Johnny Rotten

Nancy Spungen hat sich in den Kopf gesetzt, Sid Vicious berühmt zu machen. »Du brauchst die *Sex Pistols* nicht«, redet sie ihm ein. »Das einzige interessante Mitglied der Band bist du, du bist der Star, nicht die.« Sie nennt sich Sids Agentin und verschafft ihm kleine Engagements in einem Rock-Club in Manhattan, dem Max's Kansas City. Die Fans von Sid Vicious kommen auf ihre Kosten: der Bassist der *Sex Pistols* schläft im Stehen ein, fällt auf der Bühne um oder stürzt ins Publikum. Nancy richtet ihn wieder auf und bringt ihn zum Weiterspielen. Eine bemitleidenswerte Nummer, die Pfiffe und Schlägereien auslöst.

In einem lichten Moment beschließen Sid und Nancy, eine Entziehungskur zu machen.

Sie bekommen einen Platz in der Klinik Spring Street Methadone, aber Sid gibt rasch wieder auf: die anderen Patienten gehen auf das ehemalige *Sex-Pistol*-Mitglied los. Sid fühlt sich zurückversetzt in seine Schulzeit, als die anderen ihn ständig verprügelten. Er schlägt um sich, spuckt Gift und Galle, wehrt sich, so gut er kann – es hilft nichts, die Gewalt geht weiter. Gemeinsam mit Nancy verlässt Sid die Anstalt. Alles, was ihm von der Episode bleibt, ist der zusätzliche Konsum von Methadon zu seinen gewohnten Drogen.

Geschwächt durch die Schocktherapie, wenden Sid und Nancy ihre Aggressionen gegen sich selbst und gegen einander. Nancy leidet unter heftigen Nierenschmerzen, entsprechend ist ihre Laune. Sie prügelt auf Sid ein, er schlägt zurück, sie versöhnen sich gefühlvoll und schenken sich gegenseitig alles, was sie haben: Heroin, Methadon, Tabak, Hasch, Alkohol. In ihren Räuschen verletzen sie sich, Sid mit einem Messer, Nancy mit brennenden Zigaretten, beide tragen sie bleibende Narben und Brandwunden davon. Auf diesen Gebieten ist Nancy Sid haushoch überlegen.

Johnny Rotten: »Nancy war eine echte Horrorvision. Sie war selbstzerstörerisch und wild entschlossen, soviele Menschen wie möglich mit in den Abgrund zu reißen.«

Sid Vicious, mein Verlobter

Hin und wieder taucht das Paar aus seinem Rausch auf. Nancy erinnert sich an ihre Eltern und will ihnen Sid vorstellen. Mühsam raffen die beiden sich auf und fahren von New York in den Vorort von Philadelphia, wo Nancys Eltern noch immer wohnen.

Deborah und Frank Spungen empfangen ihre Tochter und deren Freund herzlich. Sie finden Sid nett und bescheiden, vielleicht ein bisschen »zurückgeblieben«, aber Nancy ist für sie nun einmal das hysterische, zerstörerische Mädchen, das sie immer war. Sie spielt ihnen eine rührselige Szene vor, die allerdings bald ins Gehässige umschlägt. Nach einem Essen mit

Steaks und Maiskolben und einigen Wortwechseln bitten die Eltern das junge Paar, das Haus zu verlassen.

Auf dem Rückweg nach New York bemerkt Sid: »Deine Eltern leben ja in einem verdammten Palast! So verdammt gut habe ich in meinem ganzen Leben nicht gegessen.«

No future at all

Die Geschichte wiederholt sich: Sid und Nancy nehmen Drogen und prügeln sich. Sid schnappt sich seine Gitarre, zieht sie Nancy über den Schädel. Diese ist so abgestumpft, dass sie nicht einmal Schmerzen verspürt, und ihre Gegenwehr ist dementsprechend schlaff.

Sid wird paranoid, er fühlt sich verfolgt. Sobald er vor die Tür tritt, wird er angegriffen, verbal und körperlich. Sein Verhalten wirkt auch nicht gerade besänftigend. Er beginnt, Messer zu sammeln, um gegen die Nachstellungen seiner Feinde gewappnet zu sein.

Am 11. Oktober 1978 stöbert Nancy für ihn in einem Waffengeschäft am Times Square ein Springmesser auf, es hat eine zwölf Zentimeter lange Klinge und ist am Griff mit dem Bild eines Jaguars geschmückt.

Am selben Abend um 21.45 Uhr besuchen Sid und Nancy ihre Freunde Neon Leon Webster und Cathi O'Rourke, die das Zimmer 119 im Chelsea Hotel bewohnen.

Nach Neon Leons Aussage ist Sid im Delirium. Er fuchtelt mit seinem Messer herum und wiederholt unablässig: »Ich bin in Gefahr. Mir geht es nicht gut, ich habe kein Selbstvertrauen mehr, ich bin hässlich, ich bin ein Versager, ich kann nicht mal Bassgitarre spielen.«

Aus unbekannten Gründen hat Nancy einen ihrer Schätze mitgebracht, die Sammlung von Zeitungsausschnitten über die *Sex Pistols*, sowie Sids Lieblingslederjacke. Sie übergibt beides Neon Leon und bittet ihn, die Sachen für sie zu hüten. Sid jammert weiter: »Ich sah in der Jacke so gut aus, ich habe einen ganzen Modestil geprägt, und jetzt bin ich ein Niemand. Ich habe keine Zukunft.«

Nancy erwidert: »Tu das Messer weg, Sid, du hast nichts zu befürchten. Schau dir meine Muskeln an, du weißt doch, ich kann dich tragen, wenn du hinfällst, ich habe das schon gemacht. Du weißt genau, ich kann dich verteidigen, wenn dich jemand angreift, das habe ich auch schon getan.«

Um Mitternacht verlassen Sid und Nancy Zimmer 119. Sid hat das Messer auf dem Bett liegen gelassen. Nancy kommt zurück, um es zu holen.

Um 2.30 Uhr früh telefoniert Nancy mit Rockets Redglare, einem Friseur, der sich auf Punk-Igel spezialisiert hat. »Du musst kommen, bring uns sofort D-4s (Dilaudid)! Und Spritzen! Beeil dich!« Rocks Redglare verlässt seine Wohnung in Queens und macht sich auf zum Chelsea Hotel. Um 3 Uhr früh klopft er vernehmlich an die Tür von Zimmer 100.

Der Lärm weckt die Bewohnerin von Zimmer 103. Sie tritt heraus auf den Flur. Sie sieht einen Mann, der an die Tür von Nr. 100 trommmelt und brüllt: »Lasst mich rein! Aufmachen! Das ist mein Ernst!« Die Frau zieht sich sofort zurück und legt sich wieder hin.

Eine Viertelstunde später steht Rocks Redglare vor der Tür von Sid und Nancy, mit leeren Händen. »Ich habe nichts aufgetrieben«, erklärt er. »Ich habe getan, was ich konnte.«

Nancy trägt ein Hemd und einen schwarzen Slip, Sid hockt auf dem Bett, in einer schwarzen Hose und einem Pullover. Beide haben Tuinal geschluckt. Ihre Bewegungen sind verlangsamt, ihr Blick verschleiert, sie können nicht mehr stehen.

Die Dosis war ihnen nicht stark genug, sie brauchen mehr. Sie wollen sich Dilaudid intravenös spritzen.

»Hilf uns«, bittet Nancy. »Da, nimm meine Tasche, ich habe 150 Dollar, ich gebe dir noch mehr, wenn du mir vierzig Dilaudid bringst. Ich habe genug Geld, ich gebe auf der Stelle 1400 Dollar aus für den, der mir Dope bringt.«

Der Krach ist auf dem ganzen Stockwerk zu hören.

Neon Leon in Zimmer 119 gibt an, gegen 4.15 Uhr auf dem Korridor Schläge gehört zu haben, er hörte deutlich etwas zu Boden fallen. »Es war ein metallisches, hartes Geräusch, nicht sehr laut. Vielleicht etwas wie ein Messer.«

Kurz vor 5 Uhr früh kommt Rockets Redglare aus dem Zimmer von Sid und Nancy.

In der Lobby sieht er, wie Steven C., der übliche Dealer der beiden, in den Lift steigt. Er verschafft ihnen alles von Quaalude bis Tuinal.

Ungefähr zur selben Zeit ruft ein Gast aus Zimmer 228 bei der Rezeption an, um sich über den Radau aus den unteren Stockwerken zu beschweren. Der Mann am Empfang schickt einen Boy mit Namen Kenny zum Nachsehen hoch. Kenny trifft auf Sid, der brüllend durch die Korridore tobt. Sid ist komplett weggetreten und macht sich über Kennys schwarze Hautfarbe lustig. Der lässt sich das nicht bieten und wirft Sid zu Boden, das Gesicht nach unten. Sid motzt: »Behandelt man hier Betrunkene so?« Kenny geht nicht auf ihn ein und lässt ihn liegen.

Um 5.15 Uhr ist Kenny wieder in der Lobby des Hotels.

Um 7.30 Uhr hört die Bewohnerin von Nr. 102, die 48jährige Bildhauerin Vera Mendelssohn, im Nachbarzimmer, Nr. 100, eine Frau stöhnen. »Es klang so Angst erregend, dass ich mich nicht aus meinem Bett bewegen konnte; ich war wie erstarrt.«

Zwei Stunden später erhält der Mann an der Rezeption, Herman Ramos, einen anonymen Anruf von außerhalb des Hauses. »In Zimmer 100 gehen schlimme Dinge vor.«

Ramos schickt Charlie, der Kenny abgelöst hat, auf die Etage, wo Sid und Nancy wohnen.

Sid ruft an der Rezeption an und stammelt in den Hörer: »Hier geht es jemandem schlecht … Wir brauchen Hilfe …«

Herman Ramos ruft den Notarzt.

Um 10.30 Uhr läuft Sid auf dem Flur vor seinem Zimmer auf und ab. Eine Viertelstunde später treffen Polizei und Sanitäter ein.

Der 11. Oktober 1978

Nancy Spungen liegt im Badezimmer am Boden. Sie ist tot.

Überall im Zimmer ist Blut, auf der Bettwäsche, der Matratze, eine Blutspur zieht sich ins Bad. Die Leiche von Nancy liegt unter dem Waschbecken. Sie weist Messerstiche am Bauch auf.

Rasch ist die Kriminalpolizei zur Stelle. Sid Vicious, der auf dem Korridor umherirrt, wird von einem Inspektor angesprochen. Sid steht so stark unter Drogen, dass er keinen vernünftigen Satz herausbringt, er kann die Fragen nicht beantworten. Er erinnert sich an nichts.

Die Bewohnerin von Zimmer 102, Vera Mendelssohn, tritt heraus. Auf dem Flur erblickt sie Sid Vicious. »Er war leichenblass, er war niedergeschmettert, er wiederholte unablässig: ›Baby, Baby, Baby …‹.«

Bei der späteren Vernehmung äußerte sie: »Er erkannte mich, sah mir in die Augen und sagte: ›Ich habe sie umgebracht, ich kann nicht ohne sie leben.‹«

Mrs. Mendelssohn gibt an, sie war so verblüfft, dass sie sich nicht mehr erinnert, ob Sid gesagt hatte: »Ich bin ins Messer gefallen«, oder »Sie muss ins Messer gefallen sein.«

Niemand in ihrer und Sids Umgebung erinnerte sich, diese Sätze gehört zu haben.

Sid Vicious wird in die 52. Straße gebracht, auf das Revier 3, Abteilung Mord. Im Polizeigewahrsam gibt er ohne Weiteres zu, seine Freundin ermordet zu haben. »Ich habe es getan, weil ich ein Straßenköter bin.«

Am frühen Nachmittag wird gegen Sid Vicious Anklage wegen Mordes erhoben.

Am 12. Oktober 1978 um 17.20 Uhr verlässt Nancy Spungens Leiche in einem grünen Plastiksack das Chelsea Hotel.

Sids Verzweiflung

Am Tag darauf, dem 13. Oktober 1978, wird Sid vernommen. Er ist von Kopf bis Fuß schwarz gekleidet, die nackten Beine in schwarzen Schuhen, und er hat Mühe, während des Verhörs wach zu bleiben. Vollgepumpt mit den Barbituraten und anderen Drogen vom Tag zuvor, droht ihn immer wieder der Schlaf zu übermannen. Zehn Minuten, nachdem er seine Aussage gemacht hat, wird seine Kaution auf 50 000 Dollar festgesetzt.

Die Große Jury muss über die Anklage wegen Mordes entscheiden. In dem Fall würde das Verfahren vor den Obersten Gerichtshof gelangen. Sid Vicious hätte eine Strafe von fünfzehn Jahren Gefängnis bis lebenslänglich zu gewärtigen.

Zur Presse sagt Sid Vicious: »Ich habe Nancy nicht erstochen.« Er lässt sich fotografieren, aber Mikrofone lehnt er ab. Ein besonders dummer Mensch erkundigt sich: »Amüsieren Sie sich momentan?« Schockiert gibt Sid zurück: »Soll das ein Witz sein? Ich amüsiere mich keineswegs.« Nächste Frage:

»Wo wären Sie jetzt am liebsten?« Sid: »Sechs Fuß unter der Erde.« Rückfrage: »Ist das Ihr Ernst?« Sid: »Oh ja.«

Sid Vicious kommt in die Strafanstalt Riker's Island und dort in die Entzugsabteilung.

In seiner traurigen Situation hat Sid nur einen Wunsch: er möchte zu Nancys Beerdigung gehen. Doch Nancys Angehörige wollen nichts davon wissen. Die Eltern haben ihrer Tochter die Punk-Kleidung ausgezogen und sie in das grüne Kleid vom Abschlussball der Schule gehüllt. Sie haben ihr auch das Haar wieder braun gefärbt, Nancys natürliche Farbe. Sid hätte sich grün und blau geärgert.

Währenddessen setzt Malcolm McLaren alles daran, die Kaution für Sid aufzubringen und ihn aus der Haft zu befreien.

Bei *Virgin* kann er die verstörte Geschäftsleitung überreden, das Geld vorzustrecken, indem er verspricht, dass Sid eine neue Platte machen wird. Tatsächlich treibt er die 50 000 Dollar auf. In der Folge engagiert McLaren die Kanzlei Prior, Cashman, Sherman and Flynn für Sids Verteidigung.

Sids Mutter, Anne Beverley, hat in London nicht das Geld für ein Flugticket, um zu ihrem Sohn zu fahren. Sie vereinbart mit der *New York Post*, dass sie ihre und Sids Geschichte erzählt. Als sie in New York eintrifft, bezieht sie ein Zimmer im Hotel Seville in der Madison Avenue und bereitet sich auf das Wiedersehen mit ihrem Sohn vor.

Ohne Nancy Spungen hat Sid Vicious keinen Lebenswillen mehr. Kaum ist er gegen Kaution aus der Haft entlassen und bei seiner Mutter, nimmt er eine große Dosis Methadon und schneidet sich die Pulsadern auf. Anne kommt gerade noch rechtzeitig, um Hilfe zu rufen.

Als Sid das Krankenhaus verlässt, willigt er in eine Entziehungskur ein. Doch anstatt die ärztliche Empfehlung zu befolgen und die vorgeschriebenen Dosen Methadon zu nehmen, schluckt er alles auf einmal. An den folgenden Tagen hat er dann nichts mehr und leidet schreckliche Qualen.

Am 28. Oktober versucht er erneut sich umzubringen, indem er sich die Adern mit einer Rasierklinge und den Splittern einer Ampulle aufschneidet. Laut Aussagen von Zeugen wiederholt er dauernd: »Ich muss zu Nancy, ich habe meine Hälfte des Vertrags nicht erfüllt.«

Um seinem Leben endgültig ein Ende zu setzen, will Sid aus dem Fenster springen. Doch Malcolm McLaren und Sanitäter können ihn überwältigen und in die Klinik Bellevue bringen.

Die Geschichte wiederholt sich nach ein paar Tagen des Entzugs. Dann wird Sid in die Obhut seiner Mutter gegeben.

Der große Sprung

Im Dezember hat Sid Vicious eine neue Freundin gefunden, die Schauspielerin Michelle Robinson. Sie ist für ihn nur eine nette Bekanntschaft, auf keinen Fall ein Ersatz für Nancy Spungen. Allerdings bestürmt Michelle ihn, genau wie Nancy, wieder öffentlich aufzutreten. Widerstrebend, ja widerborstig, aggressiv spielt Sid in einem Club in Manhattan.

Am 9. Dezember ergreift ein entfesselter Sid Vicious im Club Hurrah's eine Flasche, zerbricht sie, geht auf den Bruder der Sängerin Patti Smith, Ted Smith, los und zerschneidet ihm das Gesicht.

Nun ist er wieder in Haft. Während sieben furchtbaren Wochen auf der Entzugsstation in Riker's Island wird Sid Vicious von den Drogen entwöhnt. Abgemagert, erschöpft, verzweifelt bittet er nach der Entlassung seine Mutter, ihn wieder aufzunehmen.

Er hat noch ein weitere Bitte an sie: er braucht Heroin. Seine

Freundin, die Schauspielerin Michelle Robinson, gibt in ihrer Wohnung im Greenwich Village für ihn eine Party. Ein Lichtblick für Sid, denn dort findet er augenblicklich einen Dealer. Die Dosis reicht ihm allerdings nicht. Er fleht seine Mutter an, ihm noch einen Schuss zu spendieren.

Anne Beverley hat eine Dosis in der Handtasche dabei. Zwanzig Minuten später wird Sid ohnmächtig. Um ihn herum ist alles in heller Aufregung. Man will ihn aus dem Bett holen und ihn in die Notaufnahme bringen. In einem lichten Moment lehnt Sid das ab. Er bleibt allein in seinem Zimmer, verloren in seinem künstlichen Paradies.

Wenige Stunden darauf treibt ihn die Sucht aber wieder hoch. Er durchwühlt die Handtasche seiner Mutter und gibt sich das restliche Heroin.

Am nächsten Morgen, dem 2. Februar 1979, liegt Sid Vicious in Michelle Robinsons Bett, allein, leblos.

15. Kapitel

Der erste Punk-Mord

Es gibt drei Hypothesen:

1. Sid hat Nancy in einem Anfall von Irresein erstochen. Sie prügelten sich häufig. In so einer Situation wäre der Stich ein Unfall gewesen, wie ein schlecht gezielter Boxhieb. Die Legende will, dass Nancy sich nach dem Stich auf das Bett gelegt hat und einschlief, ohne zu merken, wie ihr das Blut aus dem Leib strömte. Als sie beim Aufwachen den bewusstlosen Sid neben sich sah, erschrak sie und schleppte sich ins Bad. Dort verblutete sie dann unter dem Waschbecken.

2. Sid und Nancy hatten eine Abmachung getroffen: Sie würden gemeinsam Selbstmord begehen. Nancy machte den Anfang. Vielleicht hat sie sich selbst erdolcht, oder sie hat Sid dazu aufgefordert. Als Sid ihr in die Hölle oder anderswohin folgen wollte, war er so benommen von den Drogen, dass er es nicht schaffte, oder aber er merkte gar nicht, dass Nancy im Sterben lag. Hat er sich dann anders besonnen? Hat er vergessen, warum Nancy tödlich verletzt war? Jedenfalls rief er um Hilfe.

3. Sid und Nancy fielen einem geplanten Anschlag zum Opfer.

Laut Rockets Redglare hatte Nancy am 12. Oktober frühmorgens viel Geld in ihrer Handtasche. Am nächsten Tag fand die Polizei nichts davon.

Als Redglare um 5 Uhr früh das Chelsea Hotel verließ, sah er Steve C, den psychotischen Dealer in der Lobby. Steve C litt bekanntermaßen regelmäßig an mentalen Schüben.

Steve C oder jemand anderes wäre in Zimmer 100 gegangen und hätte Sid Vicious' Bewusstlosigkeit oder eine kurze Abwesenheit genutzt, um Nancy Spungens Geld zu stehlen. Nancy könnte aufgewacht sein, sie hätte ihr Eigentum verteidigen wollen, indem sie den Dieb angriff. Dieser hätte sie mit Sids Messer erstochen.

Eine noch gewagtere, aber ebenso wahrscheinliche Hypothese ist diese: Nancy wurde von allen außer Sid gehasst. Sie hatte demnach auch sehr gefährliche Feinde, nämlich eine puertorikanische Drogengang. Nancy hat sich einen Tag vor ihrem Tod mit einem der Mitgleider heftig gestritten. Die Dealer kamen zu ihr, um sich Bargeld abzuholen und ihr gleichzeitig eine bleibende Lektion zu erteilen.

16. Kapitel

Leben ohne Sid

Im Oktober 1978 beteuerte Johnny Rotten dem *Melody Maker* gegenüber: »Sid ist nicht fähig zum Mord, er konnte Nancy gar nicht umbringen, das ist unmöglich.«

Für den Sänger der *Sex Pistols* war die Band nach der traurigen Vorstellung im Winterland in San Francisco gestorben, und er hat den Verlust seines Freundes nie verwunden. »Wenn ich an Sid denke, fühle ich nur Kummer und Leid, das geht sogar soweit, dass ich, wenn jemand von ihm spricht, in Tränen ausbreche. Er war mir sehr wichtig, er gehörte zur Johns-Bande, und alle Johns sind mir wichtig. Die hätten die Band sein müsse. Ja, die *Sex Pistols* hätten aus den Johns bestehen sollen.« John Lydon, John Beverley, John Gray, John Wardle.

»Viele Menschen assoziieren Sid nur mit seiner Heroin-Phase. Bevor er endgültig in die Sucht abrutschte, war er ein lustiger Knabe. Er hatte einen unglaublichen Sinn für Humor, ein bisschen schräg, aber sehr sanft und richtig lieb. Er war wie eine Figur aus einem Trickfilm. Immer sehr ruhig, bevor er mit Nancy loszog, mit dieser üblen Zicke. Sie kam mit ihrem Heroin wie eine Naturkatastrophe über ihn.«

Bei den Dreharbeiten zu »The Filth and The Fury. Die Wahre Geschichte der Sex Pistols« gestand John Lydon dem Regisseur Julien Temple: »Ich habe meinen Freund verloren, ich konnte nichts dagegen tun, ich war zu jung. Gott, ich wünschte, ich wäre klüger gewesen. Rückblickend sagt man sich, ich hätte irgendwas machen sollen. Er ist tot, for fuck's sake! Für *die* war es wieder nur eine Chance, Kohle zu machen. *Die* haben sich wahrscheinlich ins Fäustchen gelacht. *Die* können sich alles herausnehmen. Ich werde *die* ewig hassen dafür, dass sie das getan haben. Noch schändlicher geht's wirklich nicht. Die haben keinerlei Respekt. Der arme, alte Vicious …«

Ashes to ashes
Nach Nancys Tod schrieb Sid dieses Gedicht für sie:

You were my little baby girl,
And I shared all your fears.
Such joy to hold you in my arms
and kiss away your tears.
But now you're gone, there's only pain
and nothing I can do.
And I don't want to live this life,
If I can't live for you.
To my beautiful baby girl.
Our love will never die.

Du warst mein Baby, ich hatte dieselben Ängste wie du. Dieses Glück, dich in den Armen zu halten, deine Tränen wegzuküssen. Aber jetzt bist du weg, es gibt nur noch Schmerz, und ich kann nichts tun. Und ich möchte nicht so leben, wenn ich nicht für dich leben kann, für mein schönes Mädchen. Unsere Liebe wird nie sterben.

Nach Sids Tod rief Anne Beverley, seine Mutter, Deborah Spungen an und bat sie um die Erlaubnis, ihren Sohn neben Nancy begraben zu dürfen. Nancys Mutter lehnte ab.

Es wird erzählt, dass die Urne mit Sids Asche beim Transport aus den USA am Flughafen Heathrow heruntergefallen und zerbrochen ist. Anne Beverley hat sie angeblich fallen gelassen. Seitdem weht der Geist des Sid Vicious durch die Belüftungsrohre und umfächelt die Reisenden.

Oder noch trauriger: Die Asche wurde zusammengekehrt und in die Mülltonne geschüttet. Als John Lydon diese makabre »Anekdote« hörte – die übrigens nirgendwo belegt ist –, sagte er: »Ich war erstaunt, als ich erfuhr, dass die dämliche Urne mit Sids Asche im Flughafen Heathrow am Boden zerschellt ist … Was für ein köstliche, ironische Art dahinzugehen, es ist urkomisch. Der arme Idiot. Er findet keinen Frieden, nicht mal im Tod.«

Es gibt noch eine schönere Geschichte um die sterblichen Überreste des Sid Vicious. Demnach hatte Anne Beverley beschlossen, das unglückliche Liebespaar doch noch zu vereinen. Sie nahm Sids Asche und ging eines nachts heimlich auf den Friedhof, wo Nancy begraben lag. Sie kletterte über die Mauer und streute Sids Asche aufs Nancys Grab.

Als Anne Beverley aus dem Leben schied, allein in dem kleinen, freistehenden Haus und mit einer Spritze im Arm, fand man in einem Glasschrank auf einem bestickten Kissen Sids Vorhangschloss und seine Fahrradkette.

Teil 3

Tupac Shakur und Notorious BIG

Der Bandenkrieg

Die Firma *Death Row Records*, wörtlich übersetzt »Aufnahmen aus der Todeszelle«, hat zum Markenzeichen einen schwarzen Mann mit Kapuze, der an einen elektrischen Stuhl gefesselt ist und bereits von den Zuckungen des Todeskampfes erfasst ist. Das kalifornische Label zählt zu seinen Stars Snoop »Doggy« Dog, Dr. Dre und Tupac Shakur. Von Beginn an pflegten Tupac Shakur und seine Freunde ihr befremdliches, bedrohliches Image. Sie trugen auffällige Narben im Gesicht zur Schau und traten nur in der Gruppe auf, damit alle Welt glaubte, sie gehörten zu einer gefährlichen Bande.

Mit der Zeit wuchsen sie immer mehr in ihre Rolle hinein. Sie bildeten echte, bewaffnete Gangs und lieferten sich gnadenlose Schlachten mit der Konkurrenz von der Ostküste. Auf diese Weise machte *Death Row Records* aus Südkalifornien sich das Label *Bad Boy Entertainment* aus New York zum erklärten Feind.

Ein gewisser Notorious BIG stand bei *Bad Boy Entertainment* unter Vertrag. Tupac Shakur und Notorious BIG waren Freunde. Mit dem »gangsta rap« kam ein neuer Lebensstil auf, in dem für Toleranz kein Platz mehr war. Rapper beleidigten einander, provozierten sich gegenseitig in aller Öffentlichkeit. Dann wurden sie handgreiflich, schließlich waren auch Waffen im Spiel. Der Rap der Westküste konnte den Rap der Ostküste nicht ausstehen. Tupac Shakur und Notorious BIG wurden Rivalen, und irgendwann Todfeinde.

1. Kapitel

Tupac Shakur, die gottesfürchtige, glänzende Schlange

Bevor er mit dem Namen des letzen Inkakönigs plus dem eines peruanischen Herrschers geschmückt wurde, verkündete Tupac Amaru Shakur seine ersten Proteste unter dem Namen Lesane Parish Crooks am 16. Juni 1971 auf einer New Yorker Gebärstation.

Verniedlichungen und Pseudonyme sollte es in seinem Leben zur Genüge geben, angefangen beim »Schwarzen Prinzen«, dem liebevollen Spitznamen seiner Kindheit.

Tupacs Mutter, Afeni alias Alice Faye Williams, war ein bedeutendes Mitglied der Black Panther. Sie schrieb in der *Panther Post* und machte dem FBI weis, dass die Bewegung am Absterben war, während die Panther massenhaft Zulauf hatten. 1968 setzte sich J. Edgar Hoover, der Chef des FBI, zum Ziel, alles zu bekämpfen, was er als »hasserfüllte Gruppierungen schwarzer Nationalisten« bezeichnete, wie die *Nation of Islam* und die *Black Panther*.

J. Edgar Hoover war überzeugt, dass die *Panther* sich verschworen hatten, an Ostern in mehreren New Yorker Vierteln Bomben hochgehen zu lassen. Mit Unterstützung der Polizei nahm er 348 Mitglieder der *Black Panther* vor Ort fest. Die *Panther* kamen hinter Gitter und wurden der Verschwörung zu einem Attentat angeklagt. Unter den 21 in New York inhaftierten *Panthern* befand sich Afeni Shakur. Von der Zelle aus schrieb sie einen Brief: »Wir wissen, dass ihr uns zerschlagen wollt, weil ihr uns nicht kontrollieren könnt … Die Geschichte zeigt, dass Kriege gegen Unterdrückung immer siegreich endeten. Und es wird einen revolutionären Krieg geben, ein blutigen Krieg … Und wir werden siegen.«

Die 21 Angeklagten blieben zwei Jahre in Haft, dann ließ man sie aus Mangel an Beweisen frei. Afeni war während der Gefängniszeit schwanger mit Tupac Amaru.

Nach ihrer Freilassung heiratete sie Mutulu Shakur, einen *Black Panther* reinsten Wassers, und trat zum Islam über. Sie bekamen zwei Jahre nach Tupacs Geburt eine Tochter, Sekyiwa. Mutulu Shakur verursachte den Tod zweier Polizisten und eines Wärters, als er versuchte, ein gepanzertes Fahrzeug zu stehlen, und landete hinter Gittern.

Afeni musste ihre Kinder allein großziehen. Mit Tupac und Sekyiwa zog sie immer wieder um, von der Bronx nach Harlem, von öffentlichen Einrichtungen in Behelfsunterkünfte. Es waren unsichere Verhältnisse für Tupac, der sich als Autist erwies. Er wurde von einer Situation in die nächste geworfen, hatte kaum jemals Zeit, sich einzugewöhnen und Freunde zu finden, und so weinte er fast unablässig. Er litt unter einer schweren frühkindlichen Depression.

Gott zeigt sich

Mit zwölf Jahren legte Tupac ein gewisses Interesse für das Theater an den Tag und begann, kurze Texte zu schreiben, voller Hilferufe, Hoffnung und Wut.

An der Kunstakademie in Baltimore belegt Tupac Shakur Theater und Tanz. Der Heranwachsende ist begabt, er erwirbt ein Diplom in Kunst. Tupac träumt von einer Zukunft in einem künstlerischen Beruf, als er erneut nach Kalifornien umziehen muss.

In Marin City, im Viertel »The Jungle«, verabschiedet Tupac sich von seinen Illusionen. Seine Mutter Afeni hat sich den Drogen ergeben. Tupac ist sich selbst überlassen.

Die Familie zieht nach Oakland, Kalifornien. Tupac ist desorientiert und frustriert, er gerät in schlechte Gesellschaft. Die meiste Zeit verbringt er auf der Straße und fängt an, mit Drogen zu dealen.

Eine dankbare Schlange

Mit fünfzehn entdeckt Tupac den Hip Hop und setzt wieder da an, wo er als Kind aufgehört hat: beim Verfassen von wütenden, rachsüchtigen, aufsässigen und traurigen Texten. Um mehr Eindruck zu machen, sucht er sich ein wirkungsvolles Pseudonym: MC New York. Seiner Meinung nach sollte ein Rapper aus New York in kleineren Städten Angst und Respekt einflößen; Tupac will als hartgesotten gelten. Sein erstes bekanntes Lied, »When Will You Learn«, ist Darren Berret gewidmet, einem seiner Freunde, der in der Nachbarschaft getötet wurde; der Text ist grob und hart.

Noch während Tupac bei der Rap-Gruppe *Digital Underground* spielt, nimmt er sein erstes Solo-Album auf, »2Pacalypse Now«. Es wird ein schöner Erfolg und macht Tupac Mut, weiter an seiner neuen Karriere zu arbeiten.

Mit seiner Single »Brenda's Got A Baby« ist Tupac Shakur ein bekannter Mann.

Suge Knight, der schwergewichtige Manager

Tupac Shakurs Karriere ist untrennbar mit seinem Manager Marion »Suge« Knight verbunden, geboren in Compton, Kalifornien. Aus dieser Stadt stammt ebenfalls eine Gang mit einem unheilvollen Ruf, die *Mob Piru Bloods*.

Marion Knight war ein so liebes Kind, dass seine Eltern ihm den Beinamen »Sugar« gaben. Im Lauf der Zeit verkürzten seine Freunde das zu Suge. Er war keiner, der mit bösen Buben herumzog. Von großer, imposanter Statur, war er eher dem Sport zugeneigt. Auf der Highschool tat er sich im Football hervor und spielte sogar 1988/89 als Profi bei den *Rams* in Los Angeles.

Sein Gewicht und seine Körpergröße brachten ihm einen Job als Leibwächter bei dem Sänger Bobby Brown ein. Ab 1990 interessierte Suge Knight sich für Rap und gründete 1992 *Death Row Records*, in Partnerschaft mit *Interscope Records*.

Die Legende des Hip Hop weiß zu berichten, dass der größte Teil des Startkapitals, nämlich 1,5 Millionen Dollar, von Michael Harris stammte, einem Drogendealer, der vom Gefängnis aus agierte. Nach dem Erfolg seiner Stars fuhr *Death Row Records* Hunderte von Millionen Dollars ein, aber Harris bekam seinen Einsatz nicht heraus. Suge Knight wurde der Big Boss von *Death Row Records*, den Platten aus der Todeszelle.

Sein Status und der Erfolg suggerierten Suge Knight eine Kühnheit, die er zuvor nicht gezeigt hatte. Er ging der Bloods-Gang nicht mehr aus dem Weg, sondern machte sie zu Verbündeten.

Als stolzes Mitglied der *Mob Piru Bloods* – Piru hieß eine Straße in Compton – trug Suge die Farbe der Gang, und zwar ausschließlich: Rot. Sogar sein Haus malte er in der Farbe von Blut an.

2. Kapitel

Erste Bluttaten

Bis zum 30. November 1994 beschränkte sich der Krieg zwischen den Rappern der Westküste und denen der Ostküste auf Beleidigungen und Provokationen. Parallel zu Tupac Shakur an der Westküste produzierte ein gewisser Notorious BIG Platten bei *Bad Boy Entertainment*, damals geleitet von dem zukünftigen P. Diddy, damals noch Sean »Puffy« Combs alias Puff Daddy.

Tupac Shakur und Notorious BIG spielten ihre Rolle für das Publikum, aber eigentlich verstanden sie sich noch ganz gut, und Tupac hatte kein Problem, mit Rappern aus New York wie Little Shawn zu arbeiten. Gegen Ende Herbst 1994 sollte das anders werden.

Tupac Shakur hielt sich in New York auf, wo er auf das Urteil in einem Prozess wegen sexueller Belästigung wartete.

In der Zwischenzeit sollte er eine Platte mit seinem Freund von der Ostküste, Little Shawn, einspielen.

Mit seiner Gruppe, *The Outlawz*, geht Tupac Shakur ins Aufnahmestudio Quad am Times Square. Quad Studios nimmt fünf Etagen des Gebäudes ein.

An dem Abend ist viel los, auf allen Stockwerken wird gearbeitet. In einem der Studios ist Little Shawn schon bei der Aufzeichnung. In einem Zwischengeschoss begegnet man *Junior MAFIA*, einer jungen Rap-Gruppe, die Notorious BIG promotet, auch sie voll in Aktion. Auf einer anderen Etage sind Notorious BIG und Sean »Puffy« Combs, der spätere Puff Daddy alias P. Diddy, mit einem Video beschäftigt.

Tupac Shakur und seine Gefährten stehen vor dem Lift. Es ist kurz vor Mitternacht.

Plötzlich stürmen drei bewaffnete Männer herbei und drängen die Gruppe in die Kabine. Sie verlangen von Tupac Skakur und seinen Begleitern die Herausgabe ihres Schmucks. Tupac ist nicht bereit, Wertsachen für circa 35000 Dollar einfach so abzuliefern, und er beschimpft einen der Angreifer aufs Übelste. Dieser schießt ihm daraufhin fünf Kugeln in den Leib. Drei Schüsse treffen ihn am Kopf, einer in der Leistengegend, einer an der Hand.

Wutentbrannt fährt Tupac Shakur mit dem Lift weiter nach oben und springt bei Quad heraus. Er brüllt den Dieben hinterher, verlangt seinen Schmuck zurück. Es gelingt, ihn zu überwältigen und ins Bellevue Hospital zu bringen, wo er sofort operiert wird.

Ungeachtet seines körperlichen Zustands will der Rapper nicht länger als unbedingt nötig im Krankenhausbett liegen. Er ist sicher, dass die Angreifer wiederkommen und ihm den Rest geben werden, und so verlässt er die Klinik am nächsten Morgen. Er schlüpft bei der Schauspielerin Jasmine Guy unter, um sich dort in Ruhe und ohne Angst vor bewaffneten Überfällen auszuheilen. Kurz vor seinem Auszug aus dem Bellevue Hospital hatte Tupac Shakur jedoch einen überraschenden Besuch erhalten. Offensichtlich bestürzt über das Vorkommnis, war Notorious BIG bei ihm aufgetaucht.

Anschließend begibt Tupac sich zu seiner Verhandlung, wo das Urteil wegen Vergewaltigung ergehen soll. Eigentlich war Tupac Shakur wegen sexueller Belästigung verklagt worden, eine Frau, die er in einem Nachtclub kennen gelernt hatte, beschuldigte ihn. Nachträglich stellte sich heraus, dass die Frau so etwas gewohnheitsmäßig tat. Trotzdem wird Tupac Shakur zu viereinhalb Jahren Haft in Clinton, New York, verurteilt.

Tupac kommt gegen Kaution frei. Die 1400000 Dollar zahlt

Suge Knight, sein Manager bei *Death Row Records*. Als Gegenleistung unterschreibt Tupac Shakur einen Dreijahresvertrag und verpflichtet sich im Oktober 1995, sechs Alben bei *Death Row Records* zu machen. Sein zweites Album, »Strictly 4 my NIGGAZ«, wird ein großer Erfolg. Er bekommt eine Platinschallplatte mit der Inschrift »Me against the World«.

Die Presse fällt über ihn her und schimpft ihn einen Ganoven, er achtet nicht darauf. Die Gangs *Crips* und die New Yorker Konkurrenz von *Bad Boy Entertainment* verhöhnen ihn. Ungerührt veröffentlicht Tupac Shakur sein bestes Album, »All Eyez On Me« – alle Augen auf mich. Die Platte verkauft sich 150 Millionen Mal, ein Rekord für einen Hip Hop-Titel

Die Räuber aus dem Lift werden nie gefunden.

Bevor Tupac Shakur aus seiner Zelle freikommt, hat er genügend Zeit, über den Vorfall nachzudenken.

Die feindlichen Brüder

Tupac Shakur ist überzeugt, dass das Ganze eine Falle von *Bad Boy Entertainment* war. Er sieht es nicht nur als Raubüberfall, sondern als Mordversuch. Er glaubt, es war eine Abrechnung.

Schlimmer noch, er beschuldigt Notorious BIG und Sean Puffy Combs, dass sie dahinterstecken. Er ist sicher, dass sein ehemaliger Freund Biggie für die Schießerei verantwortlich ist. Und dann setzt Tupac Shakur unverzüglich die Medien ins Bild. Notorious BIG ist entsetzt. Er protestiert entschieden. »Das ist irrsinnig und beleidigend, es war reiner Zufall, dass wir zur selben Zeit im Gebäude waren.« Er fordert von seinem Ex-Kumpel Tupac Shakur eine Entschuldigung.

Der denkt gar nicht daran, seine Anschuldigungen zurückzunehmen, er wiederholt sie sogar. Bei einem Interview bezeichnet sein Manager Suge Knight die Sache als »Kinderei, Eifersüchteleien unter Rappern.«

Die Räuber sind noch immer nicht gefasst.

Indessen steht Tupac Shakur mit seinem Album »All Eyez On Me« an der Spitze der Verkaufszahlen.

Eine bewegte Karriere

Im Lauf von Tupac Shakurs Karriere gab es eine Reihe von »Vorfällen«. Bei einem Auftritt in Marin County stritt Tupac sich heftig mit einem Sheriff des Reviers. Im Zuge der Feindseligkeiten fielen Schüsse. Ein Querschläger traf einen kleinen Jungen in den Rücken, und zur Betrübnis aller Umstehenden starb das Kind.

Stets umringt von muskelbepackten Leibwächtern aus der Gang der *Bloods*, darf Tupac in mehreren Staaten nicht auftreten, seine Konzerte werden als »wild« bezeichnet, angeblich lösen sie Gewalttaten und Bandenkriege aus. In dem Lied »Initiated« äußert Tupac: »My lyrics so lethal turn coliseums to murder scenes – meine tödlichen Worte verwandeln Arenen in Tatorte.«

Bei einem anderen Auftritt 1993 wurde eine Frau von einem Querschläger getroffen und blieb ihr Leben lang gelähmt. Bei der Befragung gab sie zu Protokoll, dass 2Pac das Publikum aufstachelte, das daraufhin seine Mordgelüste nicht mehr unter Kontrolle hatte.

Es geschah häufig, dass Tupac in die Mündung einer Schusswaffe blickte, sei es, dass ein wütenden Zuschauer die Pistole zückte oder einer seiner Kritiker, ein Fan des Ostküsten-Hip Hop. Das war zum Beispiel der Fall auf einer Tournee mit *Digital Underground*, wo er sich vor einer .12mm-Pistole sah, die jemand bei einem Streit um eine Frau auf ihn richtete.

Tupac war so stark involviert in die Eskalation von Gewalt, dass er seiner eigenen Waffe, seiner »Freundin«, einen eigenen Song widmete: »Me and My Girlfriend«.

3. Kapitel

Notorious BIG

Bevor Christopher George Latore Wallace zu dem imposanten Notorious BIG wurde, verbrachte er eine Kindheit in Brooklyn. Mit zwei Jahren verließ ihn der Vater, ein Politiker, und die Mutter Violetta, Lehrerin, erzog ihn allein im Viertel Bedford Stuyvesant. Violetta arbeitete in mehreren Jobs, um ihrem Sohn die Ausbildung zu ermöglichen. An der Queen of All Saints Middle School war der kleine Christopher ein guter Schüler. Noch unter zehn Jahren war er bereits so groß, dass sie ihn »Big« nannten. Er war weit davon entfernt, wegen seiner Figur Komplexe zu haben, er setzte im Gegenteil sein Äußeres ein, um sich Respekt zu verschaffen. Mit zwölf dealte er ohne Wissen seiner Mutter Drogen. Mit siebzehn verließ er die Schule.

1989 wurde Big wegen Waffenbesitzes verhaftet und zu fünf Jahren auf Bewährung verurteilt. 1990 sperrte man ihn erneut ein, weil er gegen die Bewährungsauflagen verstoßen hatte. Nachdem er freigekommen war, erwischte man ihn 1991 wieder in North Carolina wegen Besitzes und Verkaufs von Crack. Dieses Mal verbrachte Big neun Monate in Haft, bevor er gegen Kaution freikam.

Hip Hop gegen den Rest der Welt

Die Probleme mit dem Gesetz inspirierten Big zu Texten für Songs mit harschen, rachsüchtigen Inhalten. Natürlich drückte er sich im Rap-Stil aus. Es war nicht sein erster Ausflug in diese Bereiche, er hatte als Jugendlicher schon einer kleinen Hip Hop-Gruppe mit Namen *The Old Gold Brothers and the Techniques* angehört.

Nach Verbüßung der Haft spielte Big ein Sample ein unter dem Pseudonym Biggie Small, nach dem Namen eines Gangsters in dem Film »Let's Do It Again« – deutsch: Dreh'n wir noch'n Ding – von 1975. Zu der Zeit wog Big 136 Kilo. Im Lauf der Jahre sollte sein Gewicht zwischen 136 und 172 Kilo pendeln. Big war 1,90 Meter groß, und seine Erscheinung schreckte so manchen. Das Sample von Biggie Smalls erregte die Aufmerksamkeit des New Yorker DJ Mister Cee, der mit Big Daddy Kane gearbeitet hatte. Im März 1992 nahm der Produzent Sean Puffy Combs von *Uptown Records A and E* Biggie für das Label *Heavey D and the Boyz* unter Vertrag. Daraufhin verließ Sean Puffy Combs *Uptown* und gründete im Sommer 1992 sein eigenes Label, *Bad Boy Entertainment*, und Biggie Smalls folgte ihm dorthin.

Sean »Puffy« Combs, der zukünftige P. Diddy

Zu Beginn seiner Laufbahn als Puff Daddy legte Sean Puffy Combs Wert auf die Information an seine Fans, dass sein Vater in ganz Harlem Drogen verkauft hatte. Sean Combs, der künftige Manager von Notorious BIG, war erst zwei Jahre alt, als dieser Vater-Mythos aus dem Leben schied. Die Schulzeit verbrachte er in einer katholischen Schule, die auch von Weißen besucht wurde, er war sogar Ministrant. Als er elf war, zog seine Familie ins Westchester County, einen nördlichen Vorort von New York. Nach der High school in Manhattan betrat Sean Combs die Universität Howard und verließ diese als Diplomkaufmann.

Sean Combs besaß Geschäftssinn, Talent und Gespür. Bald fand er eine Anstellung bei *Uptown Records* als Entdecker von Nachwuchsmusikern. Mit 22 war er Vice President – stellvertretender Geschäftsführer – von *A und R*. Ein missgünstiger President betrieb seine Entlassung, doch Sean schloss sogleich einen sehr vorteilhaften Vertrag mit *Arista Records*.

Danach wurde er Direktor von *Bad Boy Entertainment* und machte Notorious BIG zu seinem Star.

Big Cracker

Der Star von *Bad Boy Entertainment*, Notorious BIG, warf sich zwar mit Elan auf seine Kompositionen, doch das Geschäft vernachlässigte er darüber keineswegs. Er verkaufte weiterhin Crack, denn er brauchte nach der Geburt seiner Tochter T Yanna mehr Geld für den Unterhalt seiner Familie. Seine erste Platte, »Cruisin'«, wurde kein Erfolg, aber 1993 brachte sein erster Remix mit Mary J. Blige auf der Single »Real Love« den Durchbruch.

Biggie Smalls nahm den Künstlernamen Notorious BIG an – BIG bedeutete Business Instead of Game – und arbeitete wieder mit Mary J. Blige zusammen bei »What's the 411«, produziert von Puffy Combs. 1994 brachte Notorious BIG sein erstes Album heraus: »Ready To Die«, – Bereit zu sterben –, mit dem berühmten Song »Juicy«. Diese Scheibe sollte Maßstäbe setzen für den gesamten Hip Hop.

Mit dem kalifornischen Rapper Tupac Shakur, den er in Los Angeles kennen gelernt hatte, arbeitete Notorious BIG bei »Runnin'« zusammen. Big und Tupac verstanden sich gut und lachten über den Krieg der Labels *Death Row* und *Bad Boy*.

Im selben Jahr, 1994, heiratete Notorious BIG die Sängerin Faith Evans, die er bei *Bad Boy Entertainment* kennen gelernt hatte. Sie brachte ihm Glück: vier Tage nach der Hochzeit war der Song »Juicy« die Nr. 1 der Hitparade, die Single wurde zur Goldenen Schallplatte, und das Album von Notorious BIG, »Ready To Die«, gewann viermal Platin.

4. Kapitel

Die Kriegserklärung

Notorious BIG war äußerst aktiv. So gründete er 1995 die Gruppe *Junior MAFIA* – Masters At Finding Intelligent Attitude, Meister im Finden einer intelligenten Haltung, immer noch beim Label *Bad Boy Entertainment* von Sean Puffy Combs.

Zu der Zeit hatte sich in das kameradschaftliche Geplänkel zwischen Ost- und Westküste bereits ein giftiger Ton eingeschlichen. Von allgemeinen Anwürfen war man zu persönlichen Beleidigungen übergegangen, zu Drohungen, Handgreiflichkeiten, Schießereien. Die Stars unter den Rappern hatten ihre eigenen Gangs. Zwischen Tupac Shakurs *Bloods* und den *Crips* um Notorious BIG herrschte regelrecht Krieg.

Die Rivalitäten waren nicht etwa spontan entstanden, und es ging auch nicht um Nebensächlichkeiten, obwohl die Gangs mitunter tatsächlich nicht mehr wussten, was sie eigentlich wollten. Die Bandenbildung im Hip Hop-Milieu war eine direkte Folge der Probleme, die Amerika in den 1960er Jahren erschüttert hatten. Der Historiker Bakari Kitwana stellte fest, dass die »Generation Hip Hop« aus Afro-Amerikanern bestand, die zwischen 1965 und 1984 geboren waren. Am Anfang stand der Kampf um die Bürgerrechte der Schwarzen, verschärft durch Tragödien wie die Morde an Malcolm X und Martin Luther King. Während den Präsidentschaften von Ronald Reagan und George Bush Vater entstand die Bewegung Black Power, zusammen mit einem »Flächenbrand« an Musik und Hip Hop-Lebensstil. Die Theorie ist ein wenig eng gefasst, denn man kann noch weiter zurückgehen und die Geburt des Hip Hop lange vor den sensationslüsternen Anekdoten von den in ewigen Kriegen befindlichen Rap-Stars ansetzen. Der dramatische Konflikt zwischen Tupac Shakur und Notorious BIG hat den Hip Hoppern die Herkunft der schwarzen Bevölkerung in den Vereinigten Staaten in Erinnerung gerufen. Zur Vertiefung sei auf das umfassende Werk von Jeff Chang über die Generation Hip Hop verwiesen: »Can't Stop, Won't Stop« – Wir können und wollen nicht aufhören.

Tupac Shakur sagte einmal, wenn seine Mutter nicht eine so militante, leidenschaftliche Anhängerin der *Black Panther* gewesen wäre, hätte er nicht sein Leben lang das FBI auf den Fersen gehabt, das jeden seiner Schritte ausforschte.

Seltsamerweise behinderten die Feindseligkeiten zwischen den *Bloods* und den *Crips* nicht die gemeinsamen Einspielungen in benachbarten Studios wie Quad.

So kam es zu dem ersten Blutbad, in das Tupac Shakur und Notorious BIG wider Willen beide involviert waren. Im Lift der Studios Quad wurde Tupac von fünf Kugeln getroffen, überlebte und erklärte Notorious BIG sowie seinem Manager Sean Puffy Combs den Krieg.

Belohnung für die Folterknechte

Im September 1995 geschah etwas, das die Feindseligkeiten zwischen Tupac Shakur und Notorious BIG auf eine neue Stufe heben sollte.

Tupac Shakurs Clique mit ihrem Manager Suge Knight und die Gruppe von Notorious BIG mit dem dazugehörigen Puffy

Combs besuchen eine Veranstaltung im Platinum House in Atlanta. Die *Mob Piru Bloods* gegen die *Southside Compton Crips*.

Vor dem Club auf dem Gehsteig gibt es Streit. Es kommt zu Schusswechseln. Einer von den *Mob Piru Bloods*, Jake Robles, liegt schwer verletzt auf dem Straßenpflaster. Zeugen zufolge hat einer von Puffy Combs' Leibwächtern geschossen. Tupac Shakur und Suge Knight sind fest davon überzeugt.

Wenige Tage darauf stirbt Jake Robles.

Ein gewisser Mark Anthony Bell, ein Schulkamerad von Puffy Combs, erhält einen beunruhigenden, anonymen Anruf: da fordert ihn jemand ohne Umschweife auf, die Adressen von Puffy Combs und seiner Mutter zu nennen. Mark Anthony Bell weigert sich und legt auf. Er ahnt, dass der Anrufer ein Mitglied der *Bloods* war, der den Tod seines Kameraden rächen will.

Ein Vierteljahr später, immer noch 1995, geht derselbe Mark Anthony Bell zu einer Weihnachtsfeier im Chateau LeBlanc in Hollywood. Suge Knight, Manager von Tupac Shakur und treuer Unterstützer der *Bloods*, spricht ihn an: »Warum hast du nicht kooperiert, als du darum gebeten wurdest?« Eingeschüchtert erwidert Mark Anthony Bell: »Selbst wenn ich euch die Adressen von Combs und seiner Mutter hätte geben wollen – ich kannte sie nicht.«

Suge Knight lässt die Sache nicht auf sich beruhen. Er versetzt Mark Anthony Bell einen Hieb und zerrt ihn in einen Nebenraum. Bell muss Schläge und Demütigungen einstecken, in Anwesenheit von Tupac Shakur und mehrerer *Bloods*.

Bell wehrt sich, er versucht zu entkommen. Doch die acht Männer schlagen ihn zusammen, sodass er das Bewusstsein verliert, blutüberströmt und mit einer Gehirnerschütterung.

Suge Knight belohnt seine getreuen Folterknechte mit Goldmedaillen, in die das Label von *Death Row Records* graviert ist.

Im Juli 1996 wird Tray Lane von den *Bloods*, der beim Lynchen von Mark Anthony Bell teilgenommen hatte, von den *Crips* in einer Vergeltungsaktion gestellt. Einer der *Crips*, Orlando Anderson, stiehlt ihm die Goldmedaille. Offenbar war dieser Vorfall, zusammen mit vielen anderen im Krieg zwischen den *Bloods* und den *Crips*, ein Auslöser der Gewaltorgien, die folgen sollten.

Gangsta Rap

Am 23. März 1996 wurde Notorious BIG vor einem Nachtclub in Manhattan verhaftet, weil er zwei unselige Autogrammjäger gejagt und mit dem Tode bedroht hatte. Die beiden Fans konnten sich in ein Taxi retten, aber BIG stürzte sich auf den Wagen, zertrümmerte Scheiben, zerrte einen von den zweien heraus und verprügelte ihn auf dem Gehsteig. BIG bekannte sich schuldig und kam mit 100 Stunden gemeinnütziger Arbeit davon.

Er war einfach unverbesserlich. Im Sommer 1996 stand die Polizei vor seiner Haustür in Teanneck, New Jersey, wo er Waffen und Drogen lagerte.

Seine Nerven lagen offenbar bloß. Vielleicht wollte Notorious BIG die Waffen an dem verhassten Tupac Shakur testen, der soeben den schockierenden Song »Hit 'Em Up« herausgebracht hatte. Die Kritik bezeichnete das Lied als das hasserfüllteste Stück der gesamten Rap-Geschichte. Tupac fackelt darin alle von Label *Bad Boy Entertainment* ab und verflucht sie mitsamt ihrer Nachkommenschaft. Der Text beschreibt mit vielen schmückenden »fuck«, »fucking« und »motherfucker« in aller Deutlichkeit die sexuelle Beziehung, die Tupac Shakur mit Faith Evans hatte, bevor diese Notorious BIG heiratete.

5. Kapitel

Der Todeskampf der Schlange

Am 7. September 1996 um 20.45 Uhr befindet sich Tupac Shakur in der Lobby des Hotels MGM Grand in Las Vegas. Bei ihm sind sein Manager Suge Knight, eine Abteilung der *Mob Piru Bloods* als Leibwächter sowie Tray Lane, das *Blood*-Mitglied, dem ein *Crip* die von Suge Knight verliehene Goldmedaille gestohlen hatte.

Tupacs Bande hat einem Boxkampf zwischen Mike Tyson und Bruce Seldon beigewohnt. Klares K.O. für Tyson. Tupac Shakur und seine Freunde machen sich bereit, das Hotel zu verlassen. Ein junger Mann geht vor ihnen her. Es handelt sich um Orlando Anderson, der *Crip*, der Tray Lane verprügelt und ihm die Medaille gestohlen hatte. Lane stürzt sich auf ihn und beginnt, Orlando Anderson zu schlagen. Die übrigen *Bloods* tun es ihm nach. Der Überfall ist extrem gewalttätig, und er wird von den Überwachungskameras des MGM Grand gefilmt. Im Video sieht man deutlich Tupac Shakur und Suge Knight, wie sie mit den Angreifern des Orlando Anderson gemeinsame Sache machen. Der Kampf ist zwar brutal und blutig, doch er dauert nur dreißig Sekunden. Tupac Shakur und seine Bande von *Death Row Records* hatten genügend Zeit, noch vor dem Eintreffen der Polizei zu flüchten.

In der darauf folgenden Nacht durchquert die Meute von *Death Row Records* in Limousinen das strahlend erleuchtete Las Vegas, in dem es von Casinobesuchern, Touristen und Vergnügungssüchtigen aller Art wimmelt. Die Fahrzeuge sind auf dem Weg zum Club 662, einem bei Tupac Shakur und den Bloods beliebten Lokal. Im Strafgesetzbuch von Kalifornien bedeutet 662 Todeszelle.

Im ersten Wagen, einem BMW 750, sitzt Suge Knight am Steuer und Tupac Shakur auf dem Beifahrersitz.

Um 23.17 Uhr hält Suge Knight an einer roten Ampel auf der Flamingo Road. Links von ihrem BMW zieht ein Auto voller hübscher Mädchen Tupac Shakurs Aufmerksamkeit auf sich. Er beugt sich über Suge hinweg und fängt an, mit den Mädchen zu flirten. Weder er, noch Suge bemerken den weißen Cadillac, der sich auf der rechten Seite langsam neben den BMW schiebt. Vier Männer sitzen in dem Cadillac. Während Tupac die Mädchen anmacht, lacht Suge lauthals.

Eine schwarze Hand mit einer Pistole erscheint am Rückfenster, auf der Seite des Fahrers.

Ein Schuss wird ins Innere von Tupac Shakurs BMW abgefeuert.

Tupac reagiert blitzschnell. Er versucht, über die Rücklehne seines Sitzes zu springen und sich hinten zu ducken. Zwölf Schüsse fallen. Tupac Shakur bekommt vier davon in die Brust. Eine Kugel streift Suge Knight am Kopf. Suge bewahrt Ruhe, er gibt Gas, ohne auf die rote Ampel zu achten, wendet und fährt den Strip in der Gegenrichtung hinunter. Die Mitglieder in den Limousinen von *Death Row Entertainment* geraten in Panik und folgen ihm. An einer Kreuzung muss Suge halten.

Mit heulenden Sirenen nahen Polizei und Ambulanz. Ohne viel Federlesen lässt die Polizei alle *Bloods* aussteigen, als wären sie es, die mit der Schießerei angefangen haben.

Sofort wird Tupac Shakur ins University Medical Center gebracht, und im Handumdrehen liegt er auf dem Operationstisch, umringt von eifrigen Chirurgen.

Die inneren Blutungen sind so stark, dass man ihm einen

Lungenflügel entfernen muss, um das Blut absaugen zu können.

Im Wartebereich harren Suge Knight und Tupac Shakurs Familie auf Nachrichten aus dem OP.

Thug Life

Tupac Shakur hat während den zahlreichen Operationen, bei denen die Ärzte um sein Leben ringen, mehrfach einen Herzstillstand. Jedesmal siegt ärztliches Können, doch in den folgenden Tagen bessert sich Tupac Shakurs Zustand nicht. Sechs Tage lang liegt er im Koma. Seine Mutter Afeni ist so fertig, dass sie die Ärzte bittet, ihren Sohn nicht mehr wiederzubeleben, falls sein Herz noch einmal aussetzt. Auch am siebten Tag erlangt Tupac Shakur nicht mehr das Bewusstsein, er stirbt entkräftet. Auf seinem Bauch waren die Worte »Thug Life« tätowiert (The Hate You Give Lil Infants Fuck Everybody).

Sofort beschuldigen Tupacs Anhänger Notorious BIG, er hätte den Überfall auf seinen ehemaligen Freund angezettelt. Angeblich hat BIG den beleidigenden Text von »Hit 'Em Up« nicht verdaut, in dem von Tupac Shakurs Affäre mit seiner Frau Faith Evans die Rede ist. Und seine Handlanger, die *Crips*, hätten die Schlachten mit den *Bloods* sowie die Sache mit der Medaille nicht vergessen können.

Es wurde erzählt, dass BIG inkognito Tysons Boxkampf in Las Vegas besucht hatte. Unter falschem Namen sei er in einem Hotel abgestiegen und hätte den Überfall auf Tupac geplant. So schickte er zwei Autos, einen weißen und einen gelben Cadillac, voll besetzt mit *Crips*, an die Front. Einer der *Crips* sei mit einer Glock vom Kaliber.40 bewaffnet gewesen, die Notorious BIG gehörte, ein anderer mit einem Sturmgewehr AK-47. Sie beabsichtigten, im Club 662 auf 2Pac zu schießen. Der Halt an der roten Ampel beschleunigte die Aktion. Die Schießerei fand 3 Stunden und 32 Minuten nach dem Streit mit Orlando Anderson statt.

Der gelbe Cadillac wurde nie gefunden, den weiße ebensowenig. Die einfachste Erklärung wäre, dass die *Crips* insgesamt den Mord beschlossen hatten, nach dem letzten Scharmützel betreffend Tray Lane und Orlando Anderson. Keiner der Insassen der beiden Cadillacs wurde je gefasst.

Notorious BIG beteuerte, dass er an dem Abend nicht in Las Vegas war. Er befand sich in New York und spielte im Studio neue Songs ein. Sein bester Freund, der Rapper Lil' Cease, bestätigte die Aussage. Nach dem Termin fuhren die zwei wieder in Biggies Haus, wo sie den Boxkampf Tyson / Seldon am Fernseher verfolgten.

Biggie fügte hinzu, dass er in Las Vegas garantiert aufgefallen wäre, mit seiner Körpergröße und seinem Gewicht, ganz zu schweigen von seiner Prominenz und seiner scharlachroten Kleidung.

Besorgnis erregende Schlamperei

Las Vegas ist die am besten überwachte Stadt der Welt. Alle Straßen, alle Gebäude, die Casinos, die Straßenkreuzungen – nichts entgeht den Kameras in der Stadt, die nie schläft.

Selbstverständlich wurde der Boxkampf mit den Tausenden von Zuschauern und Zaungästen gefilmt. Vom Ort des Überfalls auf Tupac Shakur existiert dagegen kein einziges Video.

Der Cadillac der Killer konnte auf den äußerst belebten Straßen eigentlich nicht so schnell spurlos verschwinden. Er kam an Polizisten vorbei, an Leibwächtern der *Bloods*, der *Crips* und einer Menge anderen Menschen, die alle die Schießerei bezeugen konnten. Kein Zeuge meldete sich bei der Polizei.

Keiner hatte »etwas gesehen«. Es gab keinen Alarm, keine Verfolgungsjagd, keine Polizeifahrzeuge auf den Fersen der Cadillacs, keine Hubschrauber über der Stadt und der Wüste, kein Einsatz des S. W. A.T. zum Schutz der Bürger oder um die flüchtigen Täter zu fassen.

Tupac Shakur starb an einem Freitag, den 13. Am Tag darauf wurde er eingeäschert, was merkwürdig ist, da man in den USA bekanntlich vor einer Einäscherung drei Tage warten muss. Es gab kein Begräbnis, und die öffentlichen Gedenkveranstaltungen in Los Angeles und Atlanta wurden abgesagt.

6. Kapitel

Biggies Schwachstellen

Nach Tupac Shakurs Tod veranstalteten die Rapper und ihre Fans an den beiden Küsten Amerikas Anti-Gewalt-Demonstrationen. Notorious BIG nimmt nicht teil. Er hat andere Sorgen.

Am 29. Oktober 1996 kommt Faith Evans mit Notorious BIGs erstem Sohn, Christopher C. J. Wallace, nieder.

Junior MAFIA produziert das erste Hard Core-Album von Notorious BIGs Frau, Faith Evans.

Im Januar 1997 muss Notorious BIG 41 Millionen Dollar Schadensersatz plus Zinsen an einen Konzertveranstalter zahlen, den er und seine Jünger im Mai 1995 zusammengeschlagen und bestohlen hatten. Seit geraumer Zeit missbilligt er die zügellose Gewalt in seinem und Tupac Shakurs Leben. Im selben Jahr, 1997, nimmt Notorious BIG sein zweites Album auf, »Life After Death«, ein Unheil verheißender Titel.

Während der Aufnahmen zu »Life After Death« wird Notorious BIG Opfer eines Verkehrsunfalls, bei dem sein linkes

Bein schwer verletzt wird und von dem er bleibende Schäden davonträgt. Biggie wird für den Rest seines Lebens am Stock gehen.

Im März 1997 fliegt Biggie nach Kalifornien, um sein Album zu promoten und ein Video zu seiner Single »Hypnotize« zu drehen. »Life After Death« soll am 25. März 1997 herauskommen.

Zu seinem großen Kummer wird Biggie immer zahmer. In der Presse liest man immer häufiger Aussagen wie: »Ich möchte es in Zukunft etwas langsamer angehen lassen, mich mehr meiner Familie und meinen Kindern widmen.« Für zwei neue Singles nimmt Biggie den Künstlernamen Big Poppa an und überwacht die Produktion des ersten Albums von Junior MAFIA, »Conspiracy«, an dem die Rapper Lil' Kim und Lil' Cease mitarbeiten. Wiederum eine Goldene Schallplatte.

Das letzte Blutfest

Ein halbes Jahr nach Tupac Shakurs Tod, am 8. März 1997, steht Notorious BIG im Shrine Auditorium and Expo Center in Los Angeles auf der Bühne, wo zum elften Mal die Annual Soul Train Music Awards verliehen werden. In Los Angeles, der Heimat der unversöhnlichen *Mob Piru Bloods*, der Gang von Tupac Shakur und Suge Kight.

Notorious BIG soll der Sängerin Toni Braxton einen Preis überreichen, doch kaum ist er vor das Publikum getreten, ertönen Pfiffe und Buhrufe.

Als Biggie sich dann zurückzieht, ist er traurig und verwirrt. Zwar hat er nicht an den Demonstrationen gegen Gewalt im Hip Hop-Milieu teilgenommen, aber dass er in den bewaffneten Schlachten zwischen *Bloods* und *Crips* mitgekämpft hat, ist ihm nun ein Gräuel.

Am 9. März 1997 begibt Notorious BIG sich gemeinsam mit seiner Frau Faith Evans widerstrebend zur Feier der Soul Train Awards im Peterson Automotive Museum in Los Angeles. Der feindselige Empfang des Publikums vom Abend zuvor geht ihm nach. Puffy Combs und etwa zwanzig *Crips* sind ebenfalls da. Vor Ort hebt BIGs Stimmung sich ein wenig, er scheint sich sogar zu amüsieren, er unterhält sich mit alten Freunden, er zwinkert schönen Frauen zu. Einige hoffen, dass er mit ihnen tanzt, aber BIG hat ein beschädigtes Bein. Er bleibt sitzen, während seine Verehrerinnen für ihn eine sexy Tanzeinlage improvisieren.

Gegen Mitternacht ist das Museum dermaßen überfüllt, dass die Sicherheitskräfte beginnen, sich Sorgen zu machen. Zweitausend Menschen drängen sich im Haus, draußen stehen noch mindestens zweihundert, die auch hinein wollen. Die diensthabende Feuerwehr beschließt, das Fest zu beenden, sie fürchten, das Museum könnte Schaden nehmen. Um halb eins werden die Gäste hinausgeführt, obwohl viele protestieren. BIG und seine Kameraden wollen anderswo weiterfeiern. Sie warten, bis der größte Teil der Gäste draußen ist, um dann ebenfalls das Museum zu verlassen.

Biggie, Puffy Combs und die *Crips* stehen auf dem Gehweg und wollen in die beiden gemieteten, schwarzen und dunkelgrünen GMC Suburbans steigen. BIG setzt sich in dem grünen Wagen auf den Beifahrersitz. Am Steuer ist Gregory G-Money Young; auf dem Rücksitz Damien D-Rock Butler und Lil' Cease, direkt hinter BIG.

Puffy Combs ist zusammen mit drei Leibwächtern in den schwarzen Wagen gestiegen.

Die Spitze bildet das Fahrzeug mit Combs, danach kommt das mit BIG und am Ende fährt ein Ford Blazer mit Leibwächtern von *Bad Boy Entertainment*, bestehend aus Polizisten aus Inglewood.

Es ist 0.45 Uhr. In der Umgebung halten sich noch Partygäste auf. Die Straßen sind verstopft. In BIGs GMC spielt in voller Lautstärke sein letztes Album. An einer roten Ampel hält Biggies Wagen, fünfzig Meter vom Museum entfernt.

Ein Mann winkt BIG zu. Da er glaubt, einen Fan vor sich zu haben, der ein Autogramm möchte, kurbelt BIG sein Fenster herunter. Plötzlich macht ein weißer Toyota Land Cruiser eine 180 Grad-Wendung und schneidet Biggies Suburban und dem Chevrolet Blazer den Weg ab. Ein schwarzer Chevrolet Impala setzt sich neben den Wagen von Notorious BIG. Der Fahrer des Impala lässt seine Scheibe herunter, legt eine. 9 mm-Pistole Blue Steel an und feuert in den GMC Suburban.

Vier Kugeln treffen den Brustkorb von Notorious BIG.

Puffy Combs springt aus seinem Wagen und rennt zu dem GMC, um BIG zu Hilfe zu kommen. Der Impala ergreift die Flucht. Combs und seine *Crips* halten sich nicht länger am Tatort auf und rasen zum Cedars Sinai Medical Center.

Für Biggie ist es zu spät. Um 1.15 Uhr wird sein Tod festgestellt.

7. Kapitel

Wer hat Notorious BIG getötet?

Inspektor Russell Poole von der Polizei von Los Angeles leitete die Ermittlungen über den Tod von Notorious BIG. Er kam schnell zu einem Ergebnis: Der Mann, der auf Notorious BIG schoss, war ein gewisser Amir Muhammad alias Harry Billups, Börsenmakler aus Südkalifornien, verwandt mit einem ehemaligen Polizisten namens David Mack. Zeugen sagten aus, dass sie David Mack am Tatort gesehen haben. Er war der falsche Autogrammjäger, für den BIG seine Scheibe heruntergelassen hatte. Ebendieser David Mack ist Mitglied der Gang der *Mob Piru Bloods*, der Verbündeten von Tupac Shakur. Er steht auch Tupac Shakurs Manager, Suge Knight, sehr nahe. Die Polizei durchsucht das Haus des David Mack. Sie verfolgen Amir Muhammad. Vergebens: Muhammad hat das Weite gesucht. Und als man David Mack verhaften will, büßt er bereits eine Haftstrafe von 14 Jahren ab, weil er eine Bank überfallen hat. Er weigert sich, mit der Polizei zu kooperieren.

Hip Hop und Trauer

Die Leiche von Notorious BIG wurde nach New York überführt. Die Welt des Rap trauerte, BIGs Freunde waren untröstlich. Der Rapper war in seinem Stadtteil in Brooklyn extrem beliebt gewesen. Tausende von Fans nahmen am Begräbnis teil. Beim Trauerzug wurde das Lied »Hypnotize« gespielt, die Menge war wie elektrisiert. Einige kletterten auf Autodächer, sehr zur Besorgnis der Polizei, aber die Menschen konnten ihre Begeisterung und ihren Kummer nicht zügeln. Zehn Personen wurden wegen Erregung öffentlichen Ärgernisses festgenommen. Die Abschiedsfeier fand in Manhattan statt, anwesend waren Faith Evans, Puffy Combs und viele Prominente wie Mary J. Blige, Queen Latifah, Lil' Kim. Notorious BIG wurde am 18. März 1997 eingeäschert.

Halbherzige Ermittlungen

Der Ermittler Russell Poole war fest entschlossen, den Mord an Notorious BIG aufzuklären. Phantombilder der vermeintlichen Mörder wurden in Umlauf gebracht. 1999 kündigte

Russell Poole bei der Polizei von Los Angeles aus Verbitterung darüber, dass seine Ermittlungen so wenig Unterstützung fanden. Seiner Meinung nach zeigte sich die Polizei ausgesprochen unwillig, das Verbrechen zu ahnden. Gleich zu Beginn der Untersuchung hatte »man« ihm angeblich dringend geraten, »seine Nase nicht in die Angelegenheiten von *Death Row Records* zu stecken«.

Russell Poole hielt jedoch an seiner Überzeugung fest: Notorious BIG war von Amir Muhammad erschossen worden, im Einvernehmen mit David Mack und im Einvernehmen mit Suge Knight, Manager von Tupac Shakur und Direktor von *Death Row Records*. In der Presse gab es Anspielungen, dass Suge Knight einflussreiche Freunde besaß, die ihn bereits des Öfteren gegen Gefälligkeiten und Schmiergelder vor Haftstrafen bewahrt hatten. Die Frage war nur: Weshalb wollte Suge Knight Notorious BIG vernichten?

Theorien

Die Grundhypothese lautete: Die *Southside Compton Crips* aus New York waren verantwortlich für beide Morde, den an Tupac Shakur und den an Notorious BIG.

BIG hatte die *Crips* auf Tupac Shakur angesetzt und sich dann anders besonnen. Die *Crips* brachten ihn um, weil er seine Meinung geändert hatte. Eine andere Version: *Bad Boy Entertainment* hat die *Crips* engagiert, um BIG bei seiner Reise nach Los Angeles zu schützen. Die *Crips* wurden nicht so bezahlt, wie Puffy es versprochen hatte, und so rächten sie sich mit dem Mord an dessen Star.

Noch eine makabre Hypothese: Suge Knight hat beide Morde in Auftrag gegeben. Bevor Tupac Shakur umkam, hatte dieser bemerkt, dass *Death Row Records* ihn betrog. Tupac hatte Suge Knights Unternehmen 60 Millionen Dollar eingebracht, trotzdem brachte *Death Row* es durch irgendeinen buchhalterischen Trick fertig zu behaupten, Tupac schuldete ihnen an die fünf Millionen Dollar. In dieser Situation befreite Suge Knight sich kurzerhand von Tupac Shakur. Das hatte zudem den Vorteil, dass ein toter Rapper zum Märtyrer wurde und noch mehr einbrachte als ein lebendiger Rapper. Außerdem hatte Tupac Shakur 200 Songs in der Schublade, die nach seinem Tod verwertet werden konnten – eine weitere Dollardusche für *Death Row*.

Und Suge Knight hatte Notorious BIG hinrichten lassen, um ihm den Mord an Tupac Shakur in die Schuhe zu schieben. Auf diese Weise würde niemand mehr bezweifeln, dass BIG aus Rache von den *Mob Piru Bloods* getötet worden war. Man brauchte nur an den erbitterten Krieg zwischen den *Bloods* und den *Crips* zu denken.

Allerdings konnte keiner eine dieser Theorien beweisen. Nur einer der Backgroundsänger von Tupac Shakur ging zur Polizei. Yafeu Kadafi Fula behauptete, er könne Tupac Shakurs Killer identifizieren. Die Polizei von Las Vegas gab jedoch nicht viel darauf. Zwei Monate später fand man Fula in Orange, New Jersey – tot. Die Polizei von Orange erkannte darin eine »Exekution«, aber die Morde an Tupac Shakur und Notorious BIG klärte sie ebensowenig auf wie ihre Kollegen.

Die zynischste Hypothese ist diese: Nachdem Suge Knight sich mit Tupac Shakurs Tod finanziell saniert hatte, machte Puffy Combs es ihm mit seinem Goldesel Notorious BIG nach.

Der Lebensstil eines Star-Rappers kostet die Plattenlabels viel Geld, sei es nun *Death Row Records* mit Tupac Shakur oder *Bad Boy Entertainment* mit Notorious BIG. Puffy Combs wie Suge Knight hätten somit ihre Stars »abserviert«, um ihre

Kosten zu minimieren und mit den postumen Alben noch mehr zu verdienen.

Gegen die Theorie der Manager als Mörder gibt es aber einen schlagenden Einwand: Warum setzten sie sich freiwillig zum Zeitpunkt der Morde mit Tupac und BIG in die Autos? Sie hätten doch leicht selbst dabei umkommen können.

Und noch eine wilde Hypothese: Tupac und BIG waren gar nicht gemeint, sondern ihre Manager, Suge Knight und Puffy Combs sollten sterben. Man fragt sich nur, wie die Schützen den gewichtigen Suge Knight, in Karmesinrot gekleidet, mit dem schmächtigen Tupac Shakur verwechseln konnten. Weshalb haben sie auf den dicken BIG geschossen, und nicht auf den dünnen Puffy Combs, der noch dazu in einem anderen Wagen fuhr als BIG?

Nach BIG, nach 2Pac

Sean Puffy Combs lebt, gesund und munter. Er nennt sich unter anderem Puff Daddy und verkauft inzwischen unter dem Künstlernamen P. Diddy Millionen seiner eigenen Scheiben bei seinem Label *Bad Boy Entertainment*.

Suge Knight verbrachte fünf Jahre hinter Gittern, weil er während der Affäre Orlando Anderson gegen seine Bewährungsauflagen verstoßen hatte. Seit er wieder frei ist, leitet er erneut *Death Row Records*, die sich seit 2001 *Tha Row Records* nennt.

Afeni Shakurs Devise lautete stets: »Das Wichtigste im Leben ist, am Leben zu bleiben.« Afeni Shakur und Violetta Wallace haben die Angelegenheit nie vergessen. Sie klammerten sich an die Hoffnung, dass die Mörder ihrer Söhne eines Tages festgenommen und bestraft würden. Die Polizei in Las Vegas und in Los Angeles verfolgten die Straftaten eher halbherzig.

Nachdem man neun Jahre lang herumlaboriert hatte, wurden die Ermittlungen eingestellt, die Akten unter »ungelöst« abgelegt; sie waren »cold cases« – kalte Fälle, kalt wie der Tod.

Im März 2006 strengte Violetta Wallace einen Prozess gegen die Polizei von Los Angeles an. Sie warf ihnen vor, die vorhandenen Beweise für die Täterschaft in Sachen Mord an ihrem Sohn Notorious BIG ignoriert zu haben. Zwischen den Zeilen war zu verstehen, dass sie die Polizei einer Mittäterschaft verdächtigte. Im Sommer 2005 gewann sie den Prozess, und die Ermittlungen über BIGs Tod wurden im Juli 2006 wieder aufgenommen.

Bis heute weiß man jedoch nicht, wer Tupac Shakur und Notorious BIG getötet hat.

8. Kapitel

2Pacs Erbe

Nach ihrem Tod übertrafen die Verkaufszahlen der Platten von Tupac Shakur und Notorious BIG alle Hoffnungen ihrer Manager Suge Knight und Sean Combs. Auf dem ersten Album von Puff Daddy, »No Way Out«, hört man die Stimme von Notorious BIG bei mehreren Songs. Puff Daddy hat zu Ehren von BIG ein Lied mit dem Titel »I'll Be Missing You« – Du wirst mir fehlen – hinzugefügt, mit der Stimme von dessen Frau Faith Evans.

BIGs zweites Album, »Life After Death« – Leben nach dem Tod –, kam zwei Wochen nach dem Mord heraus und verkaufte sich sofort über zehn Millionen mal. Das dritte Album, »Born Again« – Wiedergeboren –, enthielt den Song *N. O. T.O.R.I.O.U.S.*

Tupac Shakur hatte mit »Poetic Justice« an der Seite von Janet Jackson einen erfolgreichen Ausflug zum Film unternommen. Er erwies sich als guter Schauspieler und drehte mehrere Filme, bevor man ihn ermordete. Darunter war »Bullitt 97« von Julien Temple mit Mickey Rourke, Ted Levine und Adrien Brody. 1997 kam »Gridlock'd« von Vondie Curtis Hall mit Tim Roth und Thandie Newton heraus, sowie »Gang Related« von Jim Kouf mit James Belushi und Dennis Quaid.

Die zweihundert Songs aus dem Nachlass sind noch nicht alle veröffentlicht. Afeni Shakur wacht über das Vermächtnis ihres Sohnes. Sie hat in Georgia zum Andenken an ihren Sohn eine Stiftung gegründet und das Bekleidungslabel Makaveli Brand ins Leben gerufen, dessen Gewinne der Tupac Amaru Shakur Foundation zufließen. Die Stiftung unterstützt Kinder und Jugendliche, die Kunst studieren möchten.

Tupac lebt

Die Fans von Tupac Shakur sind ganz sicher: Tupac lebt! Zeichen, Hinweise und »Beweise« gibt es zur Genüge.

Tupac hat seinen Tod selbst inszeniert. Warum? Er war es leid, ständig vor seinen Feinden fliehen zu müssen. Er wollte ein ruhiges Leben führen, um sich endlich auf das Komponieren konzentrieren zu können. Aus diesem Grund hat er sich aus der Öffentlichkeit verabschiedet.

Suge Knight gab an, dass Tupac sich auf dem Weg in die Klinik keinerlei Gedanken über seinen Zustand machte, obwohl er von vier Kugeln getroffen worden war. Sorgen machte er sich nur um die anderen Passagiere. Der unverletzte Tupac wäre demnach auf einem anderen Weg entschwunden, um ein neues Leben zu beginnen.

Suge Knight und seine Anhänger kooperierten nicht mit

der Polizei bei der Suche nach den Killern. Ist das eine ausreichende Begründung für die Behauptung, dass sie selbst Statisten in einer Aufführung mit Platzpatronen waren?

Der Bericht über Tupacs Autopsie wurde angeblich gestohlen. Ein Foto von Tupacs Autopsie wurde der Polizei von Las Vegas entwendet und völlig verschwommen in Cathy Scotts Buch »The Killing of Tupac Shakur« veröffentlicht.

Botschaften aus dem Jenseits

Die erste Platte nach Tupacs Tod trug den Titel »The Don Killuminati, The 7 Day Theory«. Tupac taucht hier unter dem Pseudonym »Makaveli« auf.

2Pac war ein Verehrer von Macchiavelli, dem italienischen Machtphilosophen. Dessen Buch »Der Fürst« war Tupac Shakurs Lieblingslektüre. Macchiavelli soll seinen eigenen Tod inszeniert haben, um seine Gegner in die Irre zu führen. Warum sollte Tupac das dann nicht auch tun? Auf dem Album steht der Satz: »Exit Tupac, enter Makaveli« – Tupac tritt ab, Macchiavelli tritt auf. Ein weiteres Indiz.

Auf dem CD-Cover ist Tupac mit ausgebreiteten Armen abgebildet, angenagelt wie Jesus und mit einer Dornenkrone. Im Hintergrund sieht man eine Landkarte mit den Heimatrevieren der größten Rap-Gangs des Landes, und auf der Rückseite der Hülle ist »The 7 Days Theory«. Aber ist nicht auch Jesus wieder auferstanden? Der Produzent der Scheibe wird mit dem Namen Simon aufgeführt, wie der Apostel, der bei Christi Auferstehung zugegen war.

Die Songs auf diesem Album erzählen von Tod und Auferstehung. Daraus könnte man schließen, dass Tupac durchaus am Leben ist und aus seinem Versteck Botschaften sendet …

Ein weiteres Argument, allerdings ein wenig an den Haaren

herbeigezogen: In einem Videoclip, der nach seinem Tod ausgestrahlt wurde, trug Tupac Shakur Basketballschuhe der Marke Penny Hardaway, die angeblich zu seinen Lebzeiten noch gar nicht existierte.

Ganz zu schweigen von den unzähligen »unveröffentlichten« Songs, die es angeblich gibt und deren Erscheinen *Tha Row*, vormals *Death Row Records*, immer wieder ankündigt. Eingefleischte Überlebens-Theoretiker sind sicher, dass Tupac sie nach und nach komponiert, in der Sicherheit seiner uneinnehmbaren, geheimen Burg, weit weg von allen Bandenkriegen.

Alle diese Überlegungen sind amüsant – überzeugend ist keine.

Tupac Shakur und Notorious BIG sind leider aus der Welt der Lebenden verschwunden.

Teil 4
John Lennon
Apokalypse einer Generation

1. Kapitel

New York 1980. Heimlich bereitet John Lennon ein neues Album mit unveröffentlichten Songs vor. Das Gründungsmitglied der *Beatle*s hat seit fünf Jahren nichts mehr aufgenommen. Er lebt mit seiner Frau, Yoko Ono, und dem Sohn, Sean, auf der Insel Manhattan.

Genau wie Paul McCartney und George Harrison, zwei andere *Beatles*, schreibt John Lennon nur Lieder über Liebe und Hoffnung. Eins der schönsten Lieder der Welt stammt von ihm: »Imagine«.

Auf einer anderen Insel, Oahu im Staat Hawaii, lebt der Fan Mark David Chapman, dessen Idol John Lennon ist, der Held seiner Kinderjahre. Er ist so besessen, dass er sogar nach New York fährt und dem Star auflauert, ihm folgt, jeden seiner Schritte ausspioniert. Die Seventies, die Generation der Idealisten und Pazifisten, alles das sagt ihm nichts. In ihm arbeitet nur eins: der Todestrieb.

Ein Junge aus Texas

Fortworth, Texas, 10. Mai 1955. Mark David Chapman, der zukünftige Verehrer von John Lennon, wird in eine Problemfamilie hineingeboren. Seine Mutter Diane, Krankenschwester, und sein Vater David, Sergeant der Air Force, streiten unablässig. Die Wortgefechte enden des Öfteren in handfesten Prügeleien.

Kurz nach Mark Davids Geburt wird sein Vater ausgemustert. Er findet einen neuen Job in Georgia bei der American Oil Company, Atlanta. Die Familie Chapman zieht nach Decatur, einen Vorort von Atlanta. Bei der Geburt seiner Schwester ist Mark David sieben. Für ihn hat sich mit dem Umzug nichts geändert, seine Eltern machen sich weiter gegenseitig das Leben schwer. »Manchmal kam seine Mutter nachts halb angezogen in Marks Zimmer, mitunter auch nackt, und schrie ihrem Sohn zu, er solle sie vor ihrem Mann beschützen«, berichtet Jack Jones, der Biograph des Mark David Chapman. In der Schule ist der Junge mittelmäßig und nicht sehr sportlich. Seinen Klassenkameraden gilt er als Memme.

Das Land der Phantasie

Mit acht Jahren beginnt der einzelgängerische Junge, aus der Realität in ein Phantasieland zu flüchten; er erfindet kleine Männchen, die in den Wänden seines Zimmers wohnen. »Ich stellte mir vor, ich wäre ein König, ein Held für meine kleinen Untertanen; ich machte Schlagzeilen in den Tageszeitungen, ich trat jeden Tag im Fernsehen auf. Für mein Volk war ich ein bedeutender, fehlerloser Mann.«

Die kleinen Wesen sind nicht nur Freunde, sie stellen auch ein Ventil für ihn dar. Wenn zwischen seinen Eltern Frieden herrscht, belohnt er seine Untertanen, indem er ihnen *Beatles*-Platten vorspielt. Wenn es Ärger gibt und seine Eltern sich wieder anschreien, lässt Mark seine Sklaven in der Phantasie explodieren, zu Tausenden, Zehntausenden. »Ich drückte auf einen Knopf, ich hatte mich nicht mehr in der Gewalt, die

Wand fiel in Stücke und sie explodierten rudelweise. Manchmal verzieh mir mein Volk. Ich habe jahrelang von diesem Königreich geträumt.«

Niemand ahnt etwas von Marks Parallelwelt. Er interessiert sich für dieselben Dinge wie andere Kinder, für UFOs, Flugzeuge und Popmusik. »Der Zauberer von Oz« fasziniert ihn, er identifiziert sich mit dem ängstlichen Löwen aus der Geschichte. Das hilft gegen die Angst, wenn sein Vater wieder einmal auf seine Mutter losgeht. »Nachts hörte ich, wie meine Mutter meinen Namen schrie, und ich wachte mit entsetzlicher Angst auf, ich musste in ihr Zimmer laufen und die beiden trennen. Ich glaube, ich habe sogar mehrfach meinen Vater mit der ganzen Kraft meiner kleinen Arme geschubst, damit er von meiner Mutter abließ.«

Wie so viele unglückliche Kinder träumt Mark David davon, seinen Vater umzubringen. »Mein Vater hat mich nie in die Arme genommen, er hat mir nie ein liebes Wort gesagt, er hat sich nie für etwas entschuldigt.«

Die Bekannten der Chapmans bezeichnen die Familie jedoch als gesund, den Vater als verdienstvollen Bürger, diesen Pfadfinderführer, der seinem Sohn Gitarrenunterricht ermöglicht. Marks Mutter gesteht: »Mein Mann schlug mich hin und wieder, aber er sorgte gut für uns, er liebte seinen Sohn und hätte alles für ihn getan. Er war ein besserer Vater, als ich als Mutter war.« So hat jeder Mensch seinen eigenen Blickwinkel.

2. Kapitel

Jesus und die Beatles

1966 ist der elfjährige Mark David Chapman ein glühender Beatles-Fan. Am 20. Juli erscheint in *Datebook* ein Interview mit John Lennon, die Fragen stellt die Journalistin Maureen Cleave. Es geht um einen Artikel, der fünf Monate zuvor in London im *Evening Star* erschienen war. Darin erklärt John Lennon unter anderem: »Das Christentum wird untergehen. Es bricht in sich zusammen. Daran habe ich nicht den geringsten Zweifel. Ich habe Recht, Sie werden sehen, dass ich Recht habe. Wir sind schon berühmter als Jesus. Ich frage mich, was eher untergehen wird, der Rock'n Roll oder das Christentum.«

Wenn man John Lennon von seinen Songs her kennt, von seinen Schriften und seinen Bekenntnissen zu Toleranz und Frieden, kann man diese Aussage nur als Provokation deuten, oder aber als Beispiel für seinen trockenen Humor. Trotzdem kam der Satz in der Öffentlichkeit schlecht an.

In Wirklichkeit hatte John Lennon laut Paul McCartney gesagt: »Ich weiß nicht, was bei der Religion falsch läuft, aber momentan sind die *Beatles* beliebter als Jesus, man sollte ihm wieder neues Leben einhauchen.« Lennons Aussage wurde aus dem Zusammenhang gerissen und falsch interpretiert. George Harrison erzählt: »Es gab einen gewaltigen Aufruhr, wir kamen in Amerika an und gaben eine Pressekonferenz. Presse und Fernsehen setzten John stark unter Druck.«

Die Journalistin Maureen Cleve präzisiert: »John war keine Sekunde lang respektlos oder anmaßend. Er sagte nur, dass die Einstellungen des Christentums überholt seien und dass den meisten Menschen die *Beatles* besser gefielen als die Kirche.«

In Chicago verdeutlichte John Lennon am 11. August 1966:

»Hätte ich gesagt, Fernsehen ist beliebter, wäre das problemlos durchgegangen. Wir haben uns doch nur freundschaftlich unterhalten. Ich sprach von den *Beatles* als Zeiterscheinung. So, wie die *Beatles* gesehen werden, haben sie mehr Einfluss auf Jugendliche als irgendetwas anderes, inklusive Jesus. Aber ich habe mich ungeschickt ausgedrückt.« Er bekam zur Antwort: »Manche Jugendlichen haben sich Ihre Worte zu eigen gemacht und verkündet: ›Ich mag die *Beatles* lieber als Jesus.‹ Was sagen Sie dazu?«

John Lennon darauf: »Zuerst einmal stelle ich klar, dass ich von England sprach. Wenn ich sagte, dass wir für Jugendliche wichtiger sind als Jesus oder die Religion, setzte ich damit nicht die Religion herab. Es war eine Feststellung, und es stimmt, für England noch mehr als für Amerika; ich vergleiche mich nicht mit Jesus als Person oder mit Gott, wer oder was immer das ist. Was ich gesagt habe, habe ich gesagt, es wurde missverstanden, und nun haben wir diese Diskussion.«

George Harrison: »Die Erschütterungen war heftig, besonders im so genannten Bible Belt im Süden der USA. Sie haben sich mit Lust darauf gestürzt! Wir haben ein Tonband von einem Disc Jockey, der sagte: ›Bringt euren *Beatles*-Mist her und werft ihn auf die Müllkippe, möglichst noch diese Woche in Birmingham, Alabama.‹«

Spezielle Mülltonnen wurden für die Platten und Fotos der *Beatles* aufgestellt, Plattencover wurden öffentlich verbrannt, der Ku Klux Klan entzündete Freudenfeuer und drohte: »Wir kommen an dem Abend, an dem die *Beatles* sich im Coliseum zur Schau stellen, und wir werden das Konzert mit unseren Spezialtaktiken verhindern. Der Klan wird hier herkommen und den Anschuldigungen ein Ende machen, das ist Gotteslästerung, und wir werden dem mit allen erdenklichen Mitteln ein Ende setzen, wir sind eine terroristische Vereinigung. Wir haben die Mittel, um dem ein Ende zu machen. Es wird einige Überraschungen geben, wenn die Beatles hier sind.«

Am 13. August waren im Olympic Stadium in Detroit zwei Konzerte anberaumt. Während ein großes Feuer entzündet wurde, um die *Beatles* symbolisch zu verbrennen, äußerte der Direktor des Radiosenders Klue in Longview, Texas: »Wir fordern unsere Heranwachsenden auf, ihre Schallplatten und alle anderen Symbole der Beliebtheit dieser Band herzubringen, damit wir sie am Freitag, den 13. August, abends auf dem Scheiterhaufen verbrennen.« Der Große Drache des Ku Klux Klan von Südcarolina nagelte eine *Beatles*-Platte an ein hohes Holzkreuz. Dann setzte der Klan es gemäß den üblichen Riten in Brand.

Aus den spanischen Rundfunksendern wurden die Platten der *Beatles* für alle Zeiten verbannt; in Holland untersagte man der Band die Einreise.

Die Broadcasting Corporation von Südafrika würde fünf Jahre lang keine *Beatles*-Platten spielen. Und auch danach waren nur die Alben von Paul, George und Ringo zu hören, nicht die von John. »Als sie unsere Platten verbrannten«, sagte John Lennon, »hat es mich echt schockiert, diese Zerstörung durch das Feuer zu sehen. Ich konnte nicht begreifen, dass ich eine solche Woge von Hass in der Welt ausgelöst hatte, und nur deshalb habe ich mich entschuldigt. Mein Image als Antichrist oder Anti-Religiöser ist falsch. Ich bin sehr gläubig.«

Ausgleichende Gerechtigkeit: Am Tag nach dem großen Scheiterhaufen von Longview, Texas, schlug der Blitz in den Sendemast von *Radio Klue*. Die elektronischen Anlagen waren fortan untauglich, der Nachrichtenchef gar tödlich getroffen.

Diese Reaktionen waren die ersten Todesdrohungen gegen

die *Beatles* und speziell gegen John Lennon. »Wenn die Leute unsere Platten, unseren Stil oder unsere Überzeugungen nicht mögen, dann ist es ihr gutes Recht, und wir haben das Recht, uns nicht darum zu kümmern«, äußerte John Lennon genervt.

Da die *Beatles* die Beatlemania nicht länger aushielten und besonders diese Geschichte zu extrem fanden, gingen sie nicht mehr auf Tour.

1966 war Mark David Chapman elf Jahre alt. Er bekam die »Jesus-Affäre« natürlich mit. Er zeigte keine unmittelbare Reaktion, aber die Sache sollte sich ihm tief ins Gedächtnis graben.

3. Kapitel

Der erste falsche Schritt

Der Sommer 1969 markiert eine Wende in Chapmans Leben. Er ist jetzt 14, und die Beatles sind noch immer sein Bezugspunkt. Als er das Album »Magical Mystery Tour« hört, hat er eine Erleuchtung. Um glücklich zu werden und seine Möglichkeiten voll auszuschöpfen, muss er Drogen nehmen. »Roll up, roll up for the mystery tour. The magical mystery tour is waiting to take you away ...« Steig ein zur Reise der Wunder. Die Wunderreise wartet schon, sie führt dich weg ... Mark David Chapman sieht darin die Einladung zu einer anderen Reise, zu einem »Trip« in künstliche Paradiese.

Umgeben von Gleichgesinnten, experimentiert Chapman mit Marihuana und Heroin, was ihm den Spitznamen »Mark der Spinner« einbringt. Er rebelliert gegen seine Eltern und schwänzt den Unterricht an der Columbia Highschool in Decatur. Er treibt sich nächtelang mit bekifften Kameraden herum, nimmt LSD, wird von der Polizei festgenommen.

Um ihn zur Vernunft zu bringen, sperrt seine Mutter ihn in seinem Zimmer ein. Das hält den Jungen nicht lange auf. Er hebt die Tür aus den Angeln und flieht. Eine ganze Woche versteckt er sich bei einem Freund und fährt dann nach Miami, wo er die nächsten zwei Wochen auf der Straße lebt. Eine barmherzige Seele schenkt ihm ein Ticket zurück nach Decatur.

Erste Anwandlungen

Nach einem ihrer nächtlichen Drogentrips schlafen Mark David Chapmans Freunde ein, Chapman allein bleibt wach und lässt die anderen nicht aus den Augen. Er ist total stoned, ergreift ein Messer und verspürt, wie er selbst später sagt, »plötzlich Lust, sie zu erstechen.« Zum Glück für seine Kameraden sieht er davon ab.

Drogen haben auf ihn eine furchtbare Wirkung. Er weiß es. Des Öfteren verspürt er mörderische Impulse. Mit 15 rät ihm ein Bekannter, der gläubige Christ Michael McFarland, zu Exerzitien. Chapmans Auflehnung gegen seine Eltern und die Gesellschaft fällt in sich zusammen.

Mark David ist ziemlich isoliert und beeinflussbar, er tritt zum Christentum über. Er verteilt auf der Straße fromme Blättchen. Ein Zeuge, Newton Hendrix, beschreibt die Wandlung als spektakulär: »Vor seiner Bekehrung trug er das Haar lang, alte Militärjacken, einen grünen Mantel. Danach schnitt er sich das Haar, sprach mit sanfter Stimme und auf seinem Mantel prangte ein großes Holzkreuz.«

Zwei Winke des Schicksals

Im Eifer seines neuen Glaubens erinnert sich Mark David Chapman plötzlich an die Worte John Lennons von vor drei Jahren: »Die Beatles sind beliebter als Jesus.« Der Text aus

»Imagine«, dem Song von John Lennon, ist ihm zuwider: »Stell dir vor, es gäbe kein Paradies, keine Relgionen, keine Staaten …«

Solche Ideen stehen im Gegensatz zu den neuen Überzeugungen Chapmans. Er nimmt es seinen Idolen übel, es fühlt sich betrogen. »Wer sind die, dass sie sich mit Jesus vergleichen?« Bei der Versammlungen junger Christen greift er zur Gitarre und singt zur Melodie von »Imagine«: »Stell dir vor, John Lennon wäre tot.« Sein kranker Geist identifiziert sich mehr und mehr mit John Lennon sowie mit einem Boten Gottes, der auf die Erde gesandt wurde, um John wieder auf den rechten Weg zu führen. Er beschließt, nur noch Stücke von Todd Rundgren zu hören. Der Sänger, Songschreiber und Komponist war ein fleißiger Produzent und zu der Zeit ein Vertreter des Blues / Rock mit Tendenz zum Hard Rock im Stil der Band *Mott The Hopple*. Mit seiner wachen Neugier als Künstler wandte Rundgren sich von der Popmusik Balladen und experimentellen Underground-Stücken zu. Er nahm alle möglichen Einflüsse auf, seine Band *The Nazz* hat ebensoviel von den *Beatles* wie von den *Rolling Stones*.

Mark David Chapman liegt ganz auf Rundgrens Linie – nicht zu revolutionär, nicht zu anti-religiös.

Sein Freund Michael McFarland legt ihm ein Buch ans Herz, das ihm bei seiner Sinnsuche helfen könnte: »Der Fänger im Roggen« von J. D.Salinger. Es ist die Geschichte eines Jugendlichen, dem die Welt der Erwachsenen unecht und verlogen vorkommt, während er auf der Suche nach Wahrheit durch New York läuft.

Unterwegs

Mit dem Schulabschluss in der Tasche begibt Mark David Chapman sich zusammen mit seinem Freund Michael McFarland nach Chicago. Die beiden haben ein Programm ausgearbeitet, das sie in Kirchen und bei religiösen Versammlungen testen. Chapman spielt Gitarre, McFarland bringt moralisierende Sketche auf die Bühne.

Chapman ist nunmehr ein überzeugter Christ, er hat eine Mission. Als er wieder in Georgia ist, wird er Betreuer einer Jugendgruppe beim YMCA. Er kann hervorragend mit den Jugendlichen umgehen, und einer seiner Vorgesetzten urteilt: »Er hatte etwas vom Rattenfänger von Hameln, die Jungen scharten sich um ihn. Er zog sie an wie ein Magnet, die Kinder liefen ihm regelrecht nach.« Seine Schutzbefohlenen nennen ihn Nemo nach dem Kapitän in Jules Vernes Roman »Zwanzigtausend Meilen unter den Meeren«.

Chapman lernt eine junge Christin kennen. Jessica Blankenship glaubt an die große Liebe. Die beiden verloben sich.

Jetzt packt Mark David Chapman der Ehrgeiz. Er schreibt sich an der Universität South De Kalb Community College ein, sein Ziel ist ein Abschluss als Erzieher. Doch sein Schwung wird abgebremst. Für ein internationales Berufspraktikum wird er in den Libanon geschickt, wo Bürgerkrieg herrscht. Er hat keine Zeit, seine Prüfungen abzulegen. Aus dem Libanon holt man ihn zurück nach Haus und schickt ihn nach Fort Chaffee in ein Lager für Vietnam-Flüchtlinge. Genau wie die YMCA-Kinder schließen die vietnamesischen Kinder ihn sofort ins Herz. Chapman widmet sich ihnen mit Hingabe. Er wird Assistent des Leiters des YMCA. Mit diesem nimmt er an Konferenzen mit Regierungsmitgliedern teil, Präsident Gerald Ford schüttelt ihm die Hand.

Im Dezember 1975 verlässt Chapman schweren Herzens diese Stelle. Seinen neuen Freunden gegenüber erklärt er: »Wir sehen uns wieder. Irgendwann wird einer von uns ein wichtiger Mann sein. In fünf Jahren wird einer von uns etwas Großes schaffen, und das wird uns wieder zusammenbringen.«

Das schlechte Gewissen

In Fort Chaffee machte Chapman seine ersten sexuellen Erfahrungen. Da er sich seiner Verlobten Jessica gegenüber schuldig fühlte, beichtete er ihr die Vorfälle. In seinen Briefen bezeichnete er sich als ein »gemeines, untreues Wesen.« Jessica verzieh ihm und sprach von der Hochzeit.

Im Frühjahr 1976, mit zwanzig Jahren, ist Chapman wieder bei Jessica am Covenant College, einer streng presbyterianischen Universität in Lookout Mountain, Tennessee, wo sie gemeinsam studieren.

Chapman geht es nicht gut, er leidet an Depressionen. »Er traf sich mit Jessica im Kellergeschoss eines Studentenheims, mitten in der Nacht. Er erging sich in tränenreichen Entschuldigungen, er weinte stundenlang.« Er meint, er habe alles verkehrt gemacht, obwohl er für den YMCA arbeitet, obwohl er den vietnamesischen Flüchtlingen hilft. Er ist ein Niemand. »Ich bin total zusammengebrochen«, wird er später dazu sagen, »ich fiel in ein tiefes, dunkles Loch.« Bald darauf brach Chapman das Studium ab und suchte sich einen Job.

Jessica Blankenship war seine Stimmungsschwankungen leid, seine Passivität, seinen Egozentrismus. Sie trennte sich von ihm.

Auf Anraten eines Schulkameraden, Dana Reeves, wird Chapman in Atlanta Security-Mann. Mit Reeves, der inzwischen Hilfssheriff ist, lernt Chapman schießen und erweist sich als Naturtalent im Umgang mit Schusswaffen.

4. Kapitel

Die große Reise

So unsicher seine Verhältnisse sind, so unstet ist auch Mark David Chapmans Charakter. Er ist reizbar, ruhelos, er träumt von großen Reisen, von einer paradiesischen Insel. Er kauft sich eine Landkarte von Hawaii.

1977 fliegt er nach Oahu. Er hat nicht vor, dort den Touristen zu spielen. Er möchte vielmehr in Honolulu ein behagliches Leben führen, drei oder vier Wochen alles in vollen Zügen genießen, sich bedienen lassen, das beste Essen probieren, berühmte Weine trinken. Er hat 1200 Dollar zum Ausgeben. Anschließend wird er sich umbringen.

Mark David Chapman zieht sein Programm penibel durch. Fünf Tage lang lässt er es sich gutgehen. Er wohnt im Hotel Moana, bestellt Mai Tai, trinkt die örtlichen Spezialitäten. Er sonnt sich, entspannt sich, unternimmt eine Kreuzfahrt zu den anderen Inseln.

Als die Stunde des Todes naht, zögert Mark David Chapman.

Als Erstes benachrichtigt er Jessica und teilt ihr mit: »Ich wollte mich umbringen, aber deine Liebe hat mich gerettet.«

Die junge Frau ist bestürzt, eine solche Verantwortung will sie nicht auf sich laden. Sie hat sich von ihrem überkandidelten Verlobten getrennt, warum lässt er sie nicht in Ruhe? Dennoch befürchtet sie, er könnte sich etwas antun, und sie rät ihm, nach Haus zu kommen.

Hoffnungsvoll kehrt Chapman heim, aber Jessica hat ihre Meinung nicht geändert. Sie will nichts mehr von ihm wissen. Der junge Mann bekommt Streit mit seinen Eltern. Er fühlt sich von ihnen ebenso verunsichert wie von seiner Ex-Verlobten.

Noch niedergeschlagener als sonst fährt Chapman erneut nach Oahu – dieses Mal wird er wirklich Schluss machen. Für jede seiner drei Reisen hatte er ein einfaches Ticket gekauft.

Die Hand Gottes

Mai 1977. Mark David Chapman mietet ein Auto und fährt an einen einsamen Strand in Honolulu. Dort befestigt er einen Staubsaugerschlauch am Auspuff. Das andere Ende schiebt er durch das Seitenfenster und macht sich bereit für die Reise in die Ewigkeit. Wäre seine Lage nicht so bemitleidenswert, könnte man über das, was nun folgt, lachen. Der Schlauch schmilzt, Chapman erstickt nicht. Ein japanischer Fischer weckt ihn, indem er ans Fenster klopft.

Gleich am nächsten Morgen nach seinem missglückten Selbstmord am Strand von Honolulu geht Mark David Chapman in eine psychiatrische Klinik. Nachdem man dort seine Geschichte gehört hat, schickt man ihn weiter auf die psychiatrische Station vom Castle Medical Center.

Chapman ist der festen Überzeugung, dass ihn die Hand Gottes gestreift hat, und so gesundet er in kürzester Zeit. Für ihn ist es ein echtes Wunder, sein Retter, der japanische Fischer, ist ein Engel des Himmels.

Während den Wochen im Krankenhaus wird ihm klar, dass Gott ihm eine Aufgabe zugedacht hat. Er besucht die anderen Patienten, hält ihnen Predigten über Glauben und Opferbereitschaft. Manche fordern ihn zu mehr auf, er ist ihr Messias. Die Leitung der Klinik ist so beeindruckt, dass man ihn als freiwilligen Helfer einsetzt. Man überträgt ihm Reinigungsarbeiten, die er mit so heiligem Ernst ausführt, als handelte es sich um eine Pilgerfahrt.

Sein Vorgesetzter, Leilani Siegried, wird später den Reportern mitteilen: »Er war sehr umgänglich. Mit alten Menschen hatte er viel Geduld. Er spielte ihnen auf der Gitarre hawaiianische Weisen vor und hörte ihnen zu. Manche hatten seit Jahren keinen menschlichen Kontakt mehr gehabt. Andere sprachen nicht mehr. Bei ihm fanden sie ihre Sprache wieder.«

George Kaliope, ehemaliger Betreuer im Castle Memorial, erinnerte sich an eine andere Seite des jungen Mannes: »Chapman hatte extreme Überzeugungen. Er fand, dass man auf Erden nichts besitzen sollte und dass man keine bösen Gedanken haben dürfte. Er wollte päpstlicher sein als der Papst.«

Chapman fand bei einem presbyterianischen Priester Unterkunft. Im Frühjahr 1978 fühlte er sich nicht mehr als Versager. Er fand erneut Geschmack am Leben.

Die Weltreise

Zu Weihnachten 1978 schenkt Marks Vater ihm 1000 Dollar. Sofort packt den jungen Mann die Reiselust, er plant eine Weltreise, beginnend in Asien. Die Klinik gewährt ihm ein zusätzliches Darlehen.

In dem Reisebüro, das Mark David konsultiert, arbeitet eine hübsche, junge japanisch-amerikanische Frau, Gloria Abe. Die Begeisterung ihres Kunden fasziniert sie, bereitwillig gibt sie ihm Tipps.

Chapman besucht Japan, Korea und China, das soeben erst seine Grenzen für Touristen aus dem Westen geöffnet hat. Er bereist Thailand, Indien, den Iran, Israel. Weiter im Westen besucht er die Schweiz und macht Halt in Genf, wo er bei seinem einstigen Vorgesetzten vom YMCA, David Moore, nächtigt. Schließlich kehrt er nach Atlanta zu seinen Eltern und den alten Freunden zurück.

Hinter ihrem Tresen im Reisebüro hat Gloria Abe auf ihn gewartet.

Ein Jahr lang sehen sie sich regelmäßig. Mark David Chapman ist 24, Gloria 29. Für ihn konvertiert sie vom Buddhismus zum Christentum. Sie heiraten am 2. Juni 1979. Für Gloria war der Tag, an dem Mark am Strand um ihre Hand anhielt, der schönste Tag ihres Lebens.

Um seiner Frau nicht auf der Tasche zu liegen, geht Chapman wieder ins Castle Memorial Hospital, wo er einen Job als Public Relations-Mann bekommt. Was er dort genau tut, ist unklar; unter anderem druckt er Anmeldeformulare.

5. Kapitel

Reise durch die Hölle

Unausgeglichen, wie er ist, fängt Chapman mit Glorias Chef Streit an und zwingt sie, ihren Job im Reisebüro zu kündigen. Nach einem heftigen Disput mit Kollegen am Krankenhaus wird Chapman dort entlassen.

Er findet Arbeit als Wachmann einer Luxus-Wohnanlage in Waikiki, dem schönsten Strand von Honolulu auf Oahu. Er beginnt zu trinken.

Seine Stimmung wird immer düsterer, und er entwickelt eine ganze Reihe von fixen Ideen: Die Kunst wird seine Rettung sein, er wird wieder König sein, sein Heil liegt in der Musik, er wird ein reicher Mann. Er leiht sich Geld von seiner Mutter, kauft ein Bild von Salvador Dali für 2500 Dollar, besinnt sich anders, tauscht es gegen eins von Norman Rockwell für 7500 Dollar.

Im März 1980 stoppt er alle seine Ausgaben und spart jeden

Cent, um seine Schulden zurückzuzahlen. Er hört die *Beatles*. Und er erinnert sich an seine alten Verbündeten: die unterwürfigen kleinen Männchen, die in den Wänden wohnen.

Das verfluchte Buch

Im August 1980 sind Mard Davic Chapman und seine Frau frei von Schulden. Chapman hat eine neue Leidenschaft: nichts zu besitzen. Vor allem keine Schallplatten. Er verkauft seine Sammlung mit *Beatles*-Platten. Er kauft sie zurück. Verkauft sie wieder.

Er leistet sich neue Lautsprecherboxen. Er zertrümmert seinen Plattenspieler in tausend Stücke. Aus unerfindlichen Gründen zerstört er seinen Fernseher, nachdem er den Film »Network« von Sidney Lumet gesehen hat. »Ich habe es nicht mehr ausgehalten«, erklärte Gloria, »er gab überhaupt keine Ruhe mehr. Der einzige Ort, an den ich mich zurückziehen konnte, war das Badezimmer. Da habe ich ganze Nächte verbracht, weinend.«

Verunsichert, voller Selbstzweifel, unzufrieden mit dem Job als Wächter, hört Chapman auf zu arbeiten. Morgens steht er zwischen 7 und 8 Uhr auf wie gewöhnlich. Er kauft sich eine große Flasche Bier und begibt sich in die Bibliothek von Waikiki. In angesäuseltem Zustand durchforstet er die Regale auf der Suche nach dem einem Buch, das sein Leben verändern könnte.

Da erinnert sich Chapman an den Tipp seines Kameraden. Er sucht nach dem »Fänger im Roggen« von J. D. Salinger. Es wird ihm zur Offenbarung. Er identifiziert sich mit der Hauptfigur, Holden Caulfield, diesem orientierungslosen Jugendlichen auf der Suche nach dem Sinn des Lebens.

Mark David Chapman kauft zwei Exemplare von »Fänger im

Roggen« und schenkt eins davon Gloria. Sie muss es lesen, es ist enorm wichtig! Chapman ist so begeistert von der Hauptfigur, dass er ernsthaft daran denkt, dessen Namen anzunehmen: Holden Caulfield. Er schreibt an die Behörde in Hawaii und erkundigt sich, was er dafür tun muss.

Chapman ist fest überzeugt, dass er in diesem Buch Antworten auf alle seine Fragen findet. In einem Brief an eine Freundin in New Mexico, Lynda Irish, schreibt er: »Ich werde wahnsinnig.« Er unterschreibt mit *The Catcher in the Rye* – dem Originaltitel des Buches.

6. Kapitel

John Lennon immer und ewig

In der Bibliothek stößt Mark David Chapman auf das Buch »One Day at a Time« – Tag für Tag –, eine Biografie von John Lennon von Anthony Fawcett.

Diesen Werk zufolge führte John Lennon in England ein geradezu mönchisches Leben, und er setzte sich für Frieden in der Welt ein. »Give Peace a Chance« war der Song, der bei den Demonstrationen gegen den Vietnamkrieg am haugfigsten gesungen wurde. »Imagine« aus dem Jahr 1971 wurde die Hymne der Pazifisten, das universelle Symbol der Toleranz: »Imagine all the people living life in peace.«

Mark David Chapman ist einer von denen, die es eher umstürzlerisch fanden. Er spottet über den »vorbildlichen, friedliebenden und toleranten John Lennon«, er findet nur eins bemerkenswert: dessen Reichtum.

Yoko Ono, John Lennons Ehefrau, verwaltet das gemeinsame Vermögen. Sie ist eine in Japan sehr bekannte Künstlerin der Richtung Konzeptkunst. Sie ist Malerin, Bildhauerin, Sängerin, und sie stammt aus einer Bankiersfamilie. John Lennon beschreibt sie so: »In Japan galt sie ihr Leben lang als eine der schönsten und klügsten Frauen des Landes. Yoko ist die einzige Frau aus meinem Bekanntenkreis, die mir auf jedem Gebiet ebenbürtig ist. Sie ist meine Traumfrau.«

Yoko Ono ist eine kompetente Geschäftsfrau, sie investiert in Gold und Milchvieh. Aber sie hört auch auf ihr Gefühl, sie kauft alte Anwesen wegen ihrer Schönheit und ägyptische Antiquitäten wegen ihrer magischen Kräfte. Sie ersteht ein Grundstück auf Long Island, das einst den Vanderbilts gehörte. Bei geschäftlichen Terminen der *Beatles* vertritt sie John Lennon. John Lennon geht derweil seiner Leidenschaft, dem Segeln, nach. Er besitzt eine Yacht mit einer erfahrenen Crew.

1980 besitzt das Paar ein Vermögen von 15 Millionen Dollar. John und Yoko haben in New York fünf Wohnungen im Dakota Building, ein Loft in Soho, Grundstücke in Delaware, vier Farmen in Vermont.

John Lennon, der Multimillionär – das schockiert Mark David Chapman. Er beurteilt dies auf seine Weise: »Ein gläubiger, praktiziender Christ wird nicht Mutter Teresa im Spielcasino begegnen und den Lebensstil des Jet Set pflegen.«

Von wildem Neid ergriffen, erwägt Chapman eine Reise nach New York, wo John Lennon inzwischen lebt.

Comeback des Künstlers

In aller Heimlichkeit bereitet John Lennon das Album seines großen Comebacks vor.

Yoko Ono wählt sorgfältig die Musiker für ihren Mann aus. Sie frönt der Numerologie und befragt die Geburtsdaten der Kandidaten sowie ihre Tierkreiszeichen und unterwirft sie verschiedenen Tests, bevor sie Zutritt zu dem Aufnahmestudio Hit Factory erlangen.

John und Yoko arbeiten zusammen. Das Album wird »Double Fantasy« heißen, es ist inspiriert von dem Gedicht »Let me count the waves« von Elizabeth Browning.

Ihr Sohn Sean, 4, wacht über die beiden. Im Aufnahmestudio steht sein Foto zwischen den Lautsprechern. John nimmt den Kleinen überallhin mit und erkundigt sich nach jedem Durchgang: »Hat es dir gefallen, Sean?«

Zwischen zwei zwölfstündigen Arbeitsphasen und meditativen Yogapausen tritt John Lennon an die Öffentlichkeit. Am 12. August 1980 verkündet er offiziell sein Comeback. Am 22. September unterschreibt der Produzent David Geffen, voll Begeisterung für die Musik des Paares, im Studio Record Plant einen Vertrag mit John und Yoko.

Am 9. Oktober wird das Ereignis mit einem Doppelfest gefeiert: John wird 40, Sean 5 Jahre.

Die kleine Familie ist glücklich. John Lennon sieht sich in Harmonie mit seinem Leben und seinem Werk. »Double Fantasy« wird von ihm und Yoko »das Album des Wohlbehagens« getauft.

Der Neid des Besitzlosen

In Honolulu ergeht Mark David Chapman sich in düsteren Gedanken. Seine Bewunderung für John Lennon ist in Hass umgeschlagen. Dieser privilegierte Künstler, dieser milliardenschwere Pazifist ist die Ursache seiner Depressionen.

Chapmans Geisteszustand verschlimmert sich immer mehr. Wieder wendet er sich den kleinen Phantasiemännchen aus seiner Kindheit zu. Sie sind um ihn herum, in den Wänden, die guten wie die bösen. Die Angreifer wie die Retter. Der Autor

Jack Jones berichtet: »Die kleinen Männchen waren gewachsen und hatten sich verändert. Sie trugen inzwischen Anzug mit Weste und hatten Meetings. Chapman holte sich bei ihnen Rat für seinen Alltag und seine Finanzen.«

Aber auch die geschniegelten kleinen Wesen konnten Chapman nicht von seinen Depressionen erlösen. Er wurde noch verschlossener und warf sich ganz und gar auf seine *Beatles*-Platten, die er unablässig hörte. Eines Abends hatte er beim Betrachten des Covers von »Sergeant Pepper's Lonely Hearts Club Band« eine Eingebung: »Du musst John Lennon töten.«

Warum John Lennon, und nicht einen der anderen Beatles, Paul McCartney, George Harrison oder Ringo Starr? Fand Chapman die weniger aufdringlich, weniger provozierend?

Später wird Chapman erklären: »Ich habe festgestellt, dass Lennon sich davongeschlichen hat, und ich nicht. Für mich war er ein Verräter. Ich wollte ihn dafür büßen lassen, denn ich wollte nicht länger ein Niemand sein. Ich erstickte an der Tatsache, dass ich ein Niemand war.«

Chapman bezeichnete sich als guten Christen, aber sein Glaube geriet ins Wanken. Er betete nicht mehr zu Gott, sondern zum Teufel.

Neue Riten

In seinem Zimmer stellte er brennende Kerzen im Kreis auf und erfand für sich neue Riten. Er zog sich ganz aus und hörte während seinen Anrufungen *Beatles*-Platten, die er aus der Bibliothek-Diskothek von Honolulu ausgeliehen hatte. In den doch so pazifistischen Texten schürfte er nach Gründen für einen Überfall auf John Lennon. Und wie gewohnt, suchte er Zuflucht bei seinem Lieblingsbuch, dem »Fänger im Roggen«, das er seitenweise auswendig konnte.

Chapman spielt die Songs der *Beatles* und John Lennons rückwärts ab und entdeckt darin Botschaften aus dem Jenseits, satanistische Anrufungen. Er nimmt sich selbst auf einem kleinen Tonband auf. Im Takt der Musik stößt er Verwünschungen und Todesdrohungen gegen John Lennon aus. Er fragt seine unsichtbaren Untertanen: soll er nach New York fahren und John Lennon töten, oder nicht? Die kleinen Männer in ihren Anzügen bestürmen ihn, von der wahnwitzigen Idee abzulassen: »Erbarmen, Mister President, denken Sie doch an Ihre Mutter, denken Sie an Ihre Frau, denken Sie an sich selbst.« »Mein Entschluss steht fest«, gibt er ihnen zur Antwort. Allmählich, schweigend dringen die Wesen in seinen Geist ein und verblassen dort.

Chapmans Frau Gloria gab an, dass er auch gewalttätig wurde, dass er auf sie losging. Er schlug sie, spuckte ihr ins Gesicht. Einmal ließ er sie sogar in der 30. Etage aus dem Fenster hängen. Gloria ertrug alles schweigend, sie hatte Angst vor ihm.

7. Kapitel

Schusswaffen

Am 20. Oktober 1980 liest Mark David Chapman im *Star Bulletin* in Honolulu, dass John Lennon nach fünf Jahren des Schweigens wieder auf der Bildfläche der Musikbranche erscheint. Er erfährt auch den Titel des neuen Albums mit Yoko Ono, »Double Fantasy«.

Am 23. Oktober gibt Chapman seinen Job als Wachmann auf und setzt zum letzten Mal seine Unterschrift unter die Anwesenheitsliste. Anstelle seines gewohnten »Chappy« schreibt er: John Lennon.

Am 27. Oktober begibt Mark David Chapman sich in ein Waffengeschäft in Honolulu. Er sucht eine leichte Waffe, die man leicht am Körper verbergen kann und die nicht zu teuer ist. Seine Wahl fällt auf einen fünfschüssigen Revolver Charter Arms Standard mit sichtbarem Hahn. Er kommt einem Colt oder einem modernen Smith & Wesson gleich, er ist für kurze Distanzen gedacht, höchstens fünf Meter, mit einem extrem kurzen Lauf von fünf Zentimetern. Die Charter Arms hat eine Pachmayer-Griffschale aus einer Neoprenbeschichtung auf Stahl, die besser in der Hand liegt als ein rutschiger Holzgriff. Das ergonomisch günstige Design mit einer Aussparung für den kleinen Finger dient dazu, den Rückstoß besser mit der ganzen Hand abzufangen. Die Griffschale kann man extra kaufen und nachträglich anstelle der Originalgriffe anbringen.

Ironie des Schicksals: Der Waffenhändler heißt Ono.

Am 29. Oktober fliegt Chapman nach New York, angetan mit einem neuen Anzug und einem Regenmantel. Im Gepäck hat er seine Waffe und 5000 Dollar, die er sich von Glorias Vater geliehen hat. Seiner Frau und seinem Schwiegervater hat er eine Lügengeschichte aufgetischt: Ein Verleger hätte ihm einen Vertrag über ein Kinderbuch angeboten, er muss nach New York.

Nach der Ankunft mietet Chapmann ein Zimmer im Waldorf Astoria. Wie in Honolulu vor seinem geplanten Selbstmord möchte er noch ein wenig Luxus genießen, bevor er zur Tat schreitet.

Am Tag darauf geht er zu Fuß zum Dakota Building in der 72. Straße West, gegenüber dem Central Park. Dort wohnen John Lennon, Yoko Ono und ihr Sohn Sean. Chapman beginnt, das Kommen und Gehen der Familie zu beobachten.

Tag für Tag streift Chapman vor dem Dakota Building auf

und ab, den Blick auf die sechste Etage gerichtet. Er schließt Bekanntschaft mit dem Portier José Perdomo.

Noch einmal besucht er ein Waffengeschäft und will Munition für seinen Revolver kaufen, doch er stellt fest, dass man dafür in New York einen Berechtigungsschein braucht. Er ruft seinen alten Schulkameraden Dana Reeves an, Hilfssheriff in Georgia, und kündigt sein Kommen an.

Voll Tatendrang fährt Chapman am 5. November nach Atlanta. Er erinnert sich, dass Dana Reeves ihm einmal von Spezialmunition erzählt hat, von absolut tödlichen Kugeln, die dem Opfer keine Chance lassen. Diese Geschosse explodieren im Körper und verursachen ungeheure Verletzungen.

Chapman berichtet seinem Freund, was für ein gefährliches Pflaster New York ist und dass er zu seiner Sicherheit wirklich wirksame Munition für seinen Revolver braucht. Das lässt er sich nicht ausreden. Er will ja nur ruhigen Herzens in New York umherspazieren. Dana Reeves gibt ihm fünf Teilmantelprojektile mit besonders starker Durchschlagkraft, wie sie der Polizei vorbehalten sind. Diese Kugeln explodieren nicht beim Auftreffen, sondern dringen in den Körper ein, ohne ein großes Loch zu hinterlassen. Das Opfer stirbt nach kurzer Zeit an inneren Blutungen, wobei das Blut aus den Schusswunden fließt. Die Kugel zerlegt sich im Körper und verursacht starke innere Blutungen, ohne wieder auszutreten.

Gut und Böse

Am 8. November ist Mark David Chapman wieder in New York. Vor dem Dakota Building angekommen, bekommt er einen Wutanfall, als der Portier ihm nicht sagen will, ob John Lennon zu Haus ist. Mehrere Fans stehen vor der Tür, allerdings sind sie bei weitem nicht so aggressiv wie Chapman.

Um 10 Uhr abends geht er ins Kino und sieht »Ordinary People« – Eine ganz normale Familie – von Robert Redford. Chapman ist tief ergriffen von der Geschichte und ruft seine Frau Gloria an. Er hält ihr dieselbe Rede wie einst seiner Freundin Jessica Blankenship: Er ist in New York, um John Lennon zu töten, aber er unterlässt es.

»Ich sagte zu Gloria: ›Ich komme nach Haus, deine Liebe hat mich gerettet.‹ Dieser Film war eine einschneidende Erfahrung. Ich bin aus einem Vulkan geklettert, ich habe meine Dämonen besiegt. Ich habe wieder festen Boden unter den Füßen, mir ist klar geworden, dass ich ein Leben habe, eine Frau, die mich liebt. Sie sagte leise zu mir: ›Komm zurück.‹«

Und so fuhr Mark David Chapman zurück nach Honolulu, wo er sein Exemplar von »Der Fänger im Roggen« wegwarf.

Seine Waffe behielt er.

Das Glücksgefühl des Künstlers

Währenddessen plant John Lennon mit seinem Produzenten David Geffen eine neue Welttournee. John möchte nach Los Angeles und wieder mit dem Schlagzeuger der *Beatles*, Ringo Starr, zusammenarbeiten. Er denkt an die Einrichtung eines neuen Aufnahmestudios in New York. Mit Yoko erstellt er Fotos und Videos für ihre Eigenwerbung. Die Bilder des Paares, wie sie ihm Central Park spazieren gehen oder in ihrer Wohnung nackt auf dem Bett sitzen, gehen um die Welt. Yoko schreibt ein wunderschönes Lied, von dem John hingerissen ist: »Walking on Thin Ice« – Gehen auf dünnem Eis. Im Studio überwachen die beiden mit Jack Douglas, Produzent des Albums »Double Fantasy«, das Abmischen ihrer Songs.

Auf den Spuren des Roggenfängers

In Honolulu fällt Mark David Chapman zurück in seine alten Verhaltensmuster. Seine inneren Dämonen treiben ihn dazu, immer wieder öffentlich Alarm zu schlagen: Bomben- und Todesdrohungen dienen ihm als Mittel, seine private Paranoia nach außen zu tragen. Vor allem eine pazifistische Gruppe von Hare Krishna-Jüngern, die sich im Zentrum von Honolulu tummeln, ist ihm ein Dorn im Auge.

Chapman hält das Stillsitzen nicht aus. Für Gloria hat er sich eine neue Geschichte ausgedacht: Er will nach New York, um seine Großmutter zu treffen. Diese will den Big Apple besuchen, und er hat sich als ihr Fremdenführer angeboten. Seine .38er und die fünf Schuss Munition nimmt er mit. Am Samstag, den 6. Dezember, kommt Chapman im YMCA in der 63. Straße an. Die Hauptfigur aus seinem Lieblingsbuch, »Der Fänger im Roggen«, ist im Geist stets bei ihm. Chapman kann sich nicht dagegen wehren, er identifiziert sich mit Holden Caulfield, dem Helden aus Salingers Roman. »Ich bin sicher, dass ich zur Hälfte Holden Caulfield bin. Meine andere Hälfte muss der Teufel sein«, wird er später gestehen.

Chapman geht zum Central Park, genau wie die Romanfigur. Dem Taxifahrer erzählt er, er sei ein Toningenieur, der für die heimliche Einspielung der neuen Platte von John Lennon angeheuert wurde. Genau wie Holden Caulfield im Roman will er die Enten im Central Park besuchen. Gegenüber vom Park liegt das Dakota Building.

In der Warteschleife

Während Mark David Chapman auf den Spuren von Holden Caulfield wandelt, spioniert er das Kommen und Gehen von John Lennon aus.

Eines Morgens wartet er zusammen mit zwei John Lennon-Fans, Jude Stein und Jerry Moll, vor dem Haus. John Lennon kennt die beiden Mädchen, er hat sie des Öfteren vor dem Dakota gesehen. Begeistert berichten sie, wie nett der Star immer ist. Chapman stellt sich als Fan vor, der extra aus Honolulu angereist ist, um einmal sein Idol aus der Nähe zu sehen.

Wie die anderen Fans hat Chapman ein Exemplar des Albums »Double Fantasy« in der Hand, um es signieren zu lassen. Er wartet vergeblich. John Lennon zeigt sich nicht. Die Mädchen gehen ins Kino, und Chapman bleibt allein auf seinem Posten. Um 17.30 Uhr kommen die zwei wieder, und er steht noch immer da.

Am nächsten Abend vernimmt er auf dem Flur in seinem Hotel laute Stimmen. Zwei Männer streiten wie ein Liebespaar. Chapman spürt Wut in sich aufsteigen, dazu eine unwiderstehliche Lust, die beiden zu töten. Er kann sich jedoch behrrschen und verlässt angewidert diesen »verkommenen« Ort. Er nimmt sich ein Zimmer im Sheraton Ecke 7. Avenue und 52. Straße.

Am 7. Dezember um 9.30 Uhr morgens steht Chapman vor dem Dakota. Er bestürmt den Portier, der jedoch nicht verrät, ob John Lennon zu Haus ist. Mittags hat sich noch immer nichts ereignet. Chapman geht in eine Buchhandlung und erblickt eine Ausgabe des *Playboy*, auf dessen Cover ein Interview mit John und Yoko angekündigt wird: »On love, sex, money, fame and all about the *Beatles* – Über Liebe, Sex, Geld, Ruhm und alles über die *Beatles*«. Er kauft die Zeitschrift, dazu ein Foto aus dem Film »Der Zauberer von Oz«. Denn Chapman identifiziert sich nicht nur mit Holden Caulfield, sondern auch mit dem ängstlichen Löwen aus der Geschichte. Außerdem kauft er sich ein neues Exemplar von »Der Fänger im Roggen«.

Das Mittagessen nimmt Chapman im Sheraton ein. Er holt sich ein Callgirl, wie Holden Caulfield im Roman. Die Frau trägt ein grünes Kleid, dieselbe Farbe wie das Cover des Buchs. Um 3 Uhr nachmittags gibt Chapman der Frau 190 Dollar und schickt sie weg.

Dann telefoniert er mit Gloria. Sie liest gerade in der Bibel, also tut er das auch. Allerdings macht er in seinem Exemplar mit Kuli aus »Das Evangelium nach Johannes – Das Evangelium nach John Lennon«.

8. Kapitel

Der Tag J

Mark David Chapman programmiert seinen Wecker auf 9 Uhr früh.

Am 8. Dezember 1980 steht er auf, bevor der Wecker klingelt.

Später wird er berichten: »Es war wie eine Erleuchtung. Dies war der Tag J. Auf den Nachttisch im Hotel hatte ich eine Reihe von Dingen gestellt, die in meinem Leben eine Rolle spielen. Ich stellte mir die Reaktion der Polizisten vor, wenn sie in das Zimmer kämen. Ich ließ den Menschen, der ich war, hinter mir und bereitete mich auf eine ungewisse Zukunft vor. Ich dachte noch einmal intensiv an Holden Caulfield aus »Der Fänger im Roggen«. Ich hatte die Worte, ganze Sätze im Blut. Meine Seele schwang im Rhythmus der Sprache von »Der Fänger im Roggen«.«

Mark David Chapman lädt seine Waffe mit den fünf Patronen seiner Spezialmunition. Er umhüllt den Revolver mit einem Stück Pappe und steckt ihn in die Tasche. Mit dem

Album »Double Fantasy« vor der Brust verlässt er das Hotel. Unterwegs macht er bei einer Buchhandlung halt. Er kauft noch ein Exemplar von »Der Fänger im Roggen«. Auf das Vorsatzblatt schreibt er: »Dies ist mein Glaubensbekenntnis.« Er signiert: »Mark David Chapman, Catcher in the Rye«.

Die Belagerung des Dakota Building

John Lennon hat soeben gefrühstückt. Er geht zum Friseur.

Um 9.30 Uhr trifft Mark David Chapman vor dem Dakota Building ein. Er plaudert ein wenig mit dem Portier, Patrick O'Loughlin.

Um 10.30 Uhr hält wenige Meter entfernt ein Taxi. John Lennon steigt aus und geht ins Haus.

Chapman ist so vertieft in seine Lektüre von »Der Fänger im Roggen«, dass er Lennon nicht bemerkt.

Um 11 Uhr gesellen sich zwei Fans zu Chapman. Jude Stein kennt er bereits, eine treue Lennon-Anhängerin. Dann ist da noch Paul Goresh, Wachmann in einem Supermarkt, der seine Freizeit seinem Idol widmet, indem er es so oft wie möglich fotografiert. Chapman zeigt ihnen sein Exemplar von »Double Fantasy«. Er hofft auf eine Widmung von John Lennon. Die Fans versichern ihm, dass John das bestimmt gern tun wird.

In seiner Wohnung im Dakota beendet John Lennon einen Fototermin mit Annie Leibowitz für die Zeitschrift *Rolling Stone*. Ohne Zögern ist er bereit, nackt zu posieren. Dann streckt er sich neben Yoko aus, die angezogen auf dem Boden liegt. Er umarmt sie in einer embryonalen Stellung. Das Foto wird das berühmteste Titelbild des *Rolling Stone*.

Am Mittag lädt Chapman Jude Stein in ein Lokal ein. Im selben Augenblick kommt der kleine Sean Lennon mit seinem Kindermädchen Ellen Seaman aus dem Haus. Jude Stein ist für den Jungen keine Unbekannte, er hat sie oft gesehen, wenn sie vor dem Gebäude auf seinen Vater wartete. Jude macht Sean mit Chapman bekannt.

Am Nachmittag sieht Chapman eine ganze Reihe von Prominenten aus dem Dakota kommen: Lauren Bacall, Gilda Radner, Mia Farrow und Paul Simon. Das Dakota ist eins der ältesten Gebäude in New York. 1969 diente es als Kulisse für den Film »Rosemary's Baby« von Roman Polanski mit Mia Farrow; darin ging es um eine Gruppe von Teufelsanbetern.

Vor diesem historischen Gebäude unterhält sich Mark David Chapman mit dem Fan von John Lennon, dem Amateurfotografen Paul Goresh, und mit dem Portier des Dakota, José Perdomo.

Um 17 Uhr machen John und Yoko sich auf den Weg ins Studio Record Plant, um Yokos 45er »Walking On Thin Ice« abzumischen.

Mark David Chapman hält sein Exemplar von »Double Fantasy« in der Hand. Als sein Idol erscheint, ist er wie versteinert. Der Fan und Fotograf Paul Goresh ermutigt ihn, John Lennon um eine Widmung zu bitten.

»Chapman gestand mir, dass Lennons Freundlichkeit ihn verblüffte, dass Lennon sofort signierte und mit ihm plauderte, während er in die Limousine stieg.« Auf Chapmans Album schrieb John Lennon: »John Lennon, Dezember 1980«.

1990 erinnerte sich Chapman an diesen Moment. »Ich ging zum Dakota. Ich habe gewartet, bis John Lennon herauskam, und ich bat ihn, mein Album zu signieren. John Lennon sagte: ›Klar.‹ Er schrieb seinen Namen, gab mir das Album zurück und sah mir in die Augen. Dann fragte er: ›Ist das alles, was Sie möchten?‹, als spürte er, dass ich noch mehr vorhatte. Ich sagte: ›Ja, danke, John.‹ Er wiederholte noch einmal: ›Ist das alles, was

Sie möchten?‹ In dem Moment war Yoko schon in das Auto gestiegen, eine Limousine, sie ließ die Tür offen. Der Kontakt war geschlossen, das Auto stand mitten auf der Straße, als er mich zum zweiten Mal fragte. Ich antworte: ›Ja, danke, das ist alles.‹ John Lennon stieg ein und fuhr weg.«

Chapman blieb an der Stelle zurück, in der Hand »Double Fantasy«, den Revolver in der Tasche. Zu Goresh sagte er: »Das glaubt mir in Honolulu kein Mensch.« Er bot Goresh 50 Dollar für ein Foto von ihm mit John Lennon. Er würde am nächsten Tag wiederkommen und das Foto abholen, wenn die Abzüge fertig wären.

»John Lennons Offenheit erstaunte mich«, sagte Chapman später. »Damit hatte ich nicht gerechnet. Ich war im siebten Himmel. Mein besseres Ich hatte die Oberhand. Aber meine andere Hälfte, die teuflische, bohrte: ›Warum hast du ihn nicht erschossen?‹ Die bessere Hälfte erwiderte: ›Ich kann ihn nicht einfach über den Haufen schießen.‹ Ich wollte zuerst das Autogramm.«

Tu es, tu es, tu es!

Um 17.30 Uhr sind John und Yoko im Studio. John ruft seinen Freund und Assistenten Fred Seaman an, er braucht noch Tonbänder. Seaman bringt sie um 20 Uhr.

Vor dem Dakota hat Chapman sich nicht von der Stelle gerührt. Er wartet weiter.

Um 20 Uhr geht der Fotograf Paul Goresh nach Haus und rät Chapman, es ebenso zu machen. Chapman weigert sich. »Und wenn du ihn nun nie wiedersiehst? Und wenn ihm nun etwas zustößt?«

Paul Goresh ahnt nicht im Geringsten, welcher Hintersinn in den Fragen liegt. Chapman bleibt mit dem Wächter José Perdomo und zwei weiteren hartnäckigen Fans vor dem Dakota. Später wird Chapman berichten: »Ich erinnere mich, dass ich zu Gott gebetet habe, damit er mich davon abhielte, John Lennon zu töten. Aber ich betete auch zum Teufel, damit er mir die Kraft dazu gäbe. Ich wusste, ohne seine Hilfe würde ich es nicht schaffen. In dem Augenblick dominierte meine ›bessere Hälfte‹, ich wollte einfach zurück ins Hotel, aber ich konnte nicht.«

Um 22.20 Uhr beschließen John und Yoko, nach Haus zu fahren. Sie sind zufrieden mit ihrem Arbeitsergebnis. Am nächsten Tag würden sie die Platte fertigstellen.

»John war begeistert. Als ich ihn zum letzten Mal sah, in seiner berühmten Jacke, lächelnd, sagte er: ›Wir sehen uns morgen um 9.‹«, erzählt Jack Douglas, Plattenproduzent.

In der Nacht fährt die weiße Limousine von John und Yoko am Central Park entlang. An der Ecke 72. Straße biegt sie links ab. Vor dem Dakota Building hält sie an. Es ist 22.50 Uhr.

Mark David Chapman hat sich nicht vom Fleck gerührt.

»Ich habe gesehen, wie die Limousine anhielt, und ich wusste, das ist er. Ich habe etwas sehr Starkes gespürt.«

Yoko wundert sich, dass der Fan zu dieser späten Stunde noch immer da ist. Chapman trägt einen blauen Mantel. Er macht eine grüßende Geste. Yoko erwidert den Gruß mit einem Nicken. Chapman reagiert mit einer Bewegung, die zugleich Begrüßung und Abschied ist. »Ich wollte ihr nicht wehtun.«

John Lennon steigt aus dem Auto, ein Exemplar von »Walking On Thin Ice« in der Hand.

Chapman ruft ihm zu: »Mr. Lennon!«

»Er ging dicht an mir vorbei. Ich hörte eine Stimme in meinem Kopf«, wird Chapman später berichten. »Sie sagte: ›Tu es, tu es, tu es.‹ Es war eine sehr laute Stimme, die von mir forderte, meinen Revolver zu ziehen und auf ihn zu schießen. Ich glaube, er erkannte mich. Ich holte mit der linken Hand den Revolver aus meiner Tasche, ich erinnere mich nicht, ob ich ihn geladen hatte. John Lennon lief an mir vorbei, ich ging in die Hocke und schoss ihm fünfmal in den Rücken.«

Vier Kugeln erreichten ihr Ziel. Zu Chapmans Überraschung fiel Lennon nicht sofort hin. Er machte noch sechs Schritte auf die Portiersloge zu. Und er rief: »Ich bin verletzt!« Dann stürzte er mit dem Gesicht auf den Boden. Yoko schrie: »Jemand hat geschossen, holen Sie die Polizei!«

9. Kapitel

Ein gefügiger Täter

Ganz nah am Dakota Building gibt es eine U-Bahn-Station. Chapman versucht gar nicht erst, sie zu erreichen. Er lässt seinen Revolver fallen, José Perdomo, der Portier, stößt die Waffe mit einem Fußtritt noch weiter weg. Yoko Ono ruft noch immer um Hilfe. Ein Wachmann, Jay Hastings, alarmiert per Telefon die Polizei. José Perdomo schreit Chapman an: »Ist dir klar, was du gemacht hast? Ist dir das klar?«

Chapman nimmt die Mütze ab und zieht den Mantel aus und wirft beides in eine Nebengasse. Er weiß, man wird ihn verhaften, und dann will er nicht in Verdacht geraten, eine versteckte Waffe getragen zu haben. Chapman behält das Buch »Der Fänger im Roggen« und beginnt, darin zu lesen, während er in der Gasse auf das Eintreffen der Polizei wartet. »Ich kann kaum glauben, dass ich das tun konnte. Ich habe da gestanden, ich habe das Buch umklammert. Ich wollte nicht flüchten. Ich weiß nicht, was aus meinem Revolver geworden ist, ich habe nur gehört, wie José mich bat abzuhauen. Er weinte, er tat mir leid.«

Polizeiinspektor Steve Spiro befindet sich mit Kollegen im Auto unweit vom Dakota, als er den Ruf empfängt: »Mann mit Schussverletzungen 72. Straße West.«

45 Sekunden darauf kommt Steve Spiro vor dem Dakota an. »Jemand zeigte auf eine Nebengassen und rief: ›Da ist der Täter!‹. Ich ging an der Wand entlang in die Gasse, die zum Parkplatz führt. Ich hatte meinen Revolver gezogen und richtete ihn auf die bezeichnete Gasse. Da stand ein Mann, die Hände über dem Kopf. Ich fasste ihn am Kragen und zerrte ihn vor meinen Körper, um mich gegen eventuelle Komplizen zu schützen. Ich dachte, dass es sich um einen Überfall handelte. Da sagte José zu mir: ›Nein, er ist allein.‹«

Mark David Chapman bittet: »Tun Sie mir nicht weh, ich bin unbewaffnet.« Einer der Polizisten dreht ihn zur Wand und tastet ihn ab. »Ich habe es allein getan«, setzt Chapman hinzu. Er wird in Handschellen gelegt und zum Polizeifahrzeug geschubst. »Verzeihen Sie, wenn ich Ihnen Umstände mache«, stammelt der Mörder.

Die drei anwesenden Polizisten finden John Lennon in der Halle des Dakota. Ohne auf die Ambulanz zu warten, bringen sie ihn sofort ins Roosevelt Hospital. Yoko Ono folgt in einem zweiten Wagen.

Steve Spiro nimmt Chapman problemlos fest. Der Täter unternimmt keinen Fluchtversuch. Der Polizist fragt ihn, ob die Kleidungsstücke auf der Erde ihm gehörten. Chapman erwidert: »Ja, der Mantel und das Buch.« »Zu dem Zeitpunkt habe ich das nicht hinterfragt. Ich habe die Sachen genommen und in den Wagen getan. Chapman wusste genau, was vorging. Wenn man sich mal vorstellt – der Mann hat seinen Mantel ausgezogen, er hat seine Waffe weggeworfen, und er ist nicht geflüchtet. In fünfzig Meter Entfernung vom Dakota ist eine U-Bahn-Station, er hätte spurlos verschwinden können. Stattdessen sagte er zu mir: ›Tun Sie mir nicht weh, schirmen Sie mich vor der Presse ab.‹«

Eine Stadt in Trauer

John Lennon erreichte die Notaufnahme des Roosevelt Hospital in bewusstlosem Zustand. Er blutete stark. Dr. Stephan Lynn, Leiter der Notaufnahme, gab zu Protokoll: »Das Team nahm ihn auf, ohne zu wissen, wer er war. Als wir ihn auszogen, sahen wir, dass er eine große Summe Bargeld bei sich hatte. Wir fanden seine Papiere und stellten fest, dass er John Lennon hieß. Das Personal wollte zuerst nicht glauben, dass es sich um den berühmten Beatle handelte. Erst als kurz darauf Yoko eintraf, war es ihnen klar.«

Zufällig befand sich ein Fernsehproduzent vor Ort. Sobald er die Neuigkeit hörte, eilte er zum Telefon und rief den Sender ABC an. Dort unterbrach man das Montagabend-Footballspiel und brachte die sensationelle Nachricht: »John Lennon niedergeschossen.«

Menschmassen strömen zum Dakota Building. Jammern, Klagen, Tränen, Empörung, Fassungslosigkeit – die Gemeinde der John-Lennon-Verehrer ist tief bewegt. Die ganze Stadt ist in Erregung, es ist Trauer gemischt mit Wut. Weinende Fans legen bereits Blumensträuße am Tatort nieder.

Guy Loutham, ein Nachbar vom gegenüber des Dakota Building, beschrieb es so: »Die Menschen kamen aus allen Teilen der Stadt, vom Park, von der 72. Straße, es war wie eine Flutwelle. Es war beeindruckend, fast irreal, man bekam Gänsehaut davon.«

Im Roosevelt Hospital prüfen die Ärzte John Lennons Atmung. Offensichtlich ist er tot. Das Herz schlägt nicht mehr. Aber Dr. Lynn gibt noch nicht auf. »Es gab eine geringe Chance, eine Notoperation namanes Thorakotomie. Im OP haben wir John Lennon den Brustkorb geöffnet, nach inneren Verletzungen und der Quelle der Blutungen gesucht und eine Herzmassage vorgenommen.«

Bestürzt mussten die Ärzte feststellen: »Die drei Geschosse in der Brust hatten die Arterien zerfetzt. Es war nicht möglich, sie zu flicken und die Blutungen zu stoppen, den Blutverlust zu kompensieren oder den normalen Kreislauf wiederherzustellen. Unsere Bemühungen waren alle vergeblich. Trotz all den Eingriffen, Transfusionen, Operationen, Blutzufuhr, Beatmung und Intubationen mussten wir nach zwanzig, dreißig Minuten John Lennon für tot erklären.«

Wut und Trauer

Angstvoll, aber auch voller Hoffnung wartete Yoko Ono auf die Aussagen der Ärzte. Dr. Lynn übernahm es, ihr die traurige Nachricht zu überbringen. Er erinnerte sich: »Zuerst sagte sie: ›Das ist nicht wahr, Sie lügen, das ist falsch, er ist nicht tot, das ist unmöglich.‹ Ich musste es zwei Minuten lang mehrfach wiederholen, bis sie es begriff und akzeptierte. Es überraschte mich jedoch, dass sie mich dann sofort bat: ›Sagen Sie bitte noch nichts der Presse, bevor ich es meinem Sohn mitgeteilt habe.‹«

Der Produzent David Geffen begleitet Yoko Ono durch eine Seitentür hinaus. Die Straße ist bereits voller jammernder und neugieriger Fans. Sie haben Yokos Rolls Royce erspäht, und sobald sie auftaucht, wird sie umringt. Die Polizei kommt Yoko zu Hilfe und schirmt sie ab, bis der Wagen abfährt.

Vor dem Dakota Building stehen an die tausend Menschen. Sie weinen und singen Lieder von John Lennon, »All my loving« – Meine ganze Liebe, »And I'll send all my loving to you« – Ich schicke dir meine ganze Liebe. John Lennons Sekretär, Fred Seaman, erinnert sich an den Gesang als »Totenklage, die von der Straße zum Himmel stieg.«

Im Hof des Roosevelt Hospital herrscht Aufruhr. Es ist kurz nach Mitternacht, als Dr. Lynn vor die Menge tritt und verkündet: »John Lennon hat schwere Verletzungen an den Arterien nah am Herzen erlitten. Die folgenden starken Blutungen führten zu seinem Tod.«

Um 4 Uhr früh tritt Fred Seaman auf den Balkon in der sechsten Etage des Dakota. Tausend untröstliche Fans haben ausgeharrt, singend, Bier trinkend, Joints rauchend. Seaman bittet sie um ein wenig Ruhe, damit Yoko schlafen kann. »Sie schwiegen, stellten ihre Transistorradios leise und hielten die Kerzen hoch zum Zeichen der Trauer und zum Gruß. Gegen Morgen begannen die Gesänge erneut, die Menschenmenge vor dem Dakota wurde immer größer, sie besetzte bald das ganze Viertel.«

Die Polizei und der Mörder

Auf der Wache im 20. New Yorker Bezirk in Manhattan leistet Mark David Chapman keinerlei Widerstand. Er wird durchsucht und in Haft genommen. Er hat ungefähr 2000 Dollar bei sich, die ihm seine Frau Gloria beschafft hat. Der Polizist Steve Spiro und der Kriminalinspektor Peter Margicavallo bringen Chapman in einen Verhörraum.

Chapman hat Angst, mit dem Inspektor allein zu sein, und bittet Spiro, während des Verhörs anwesend zu sein. Dann legt er sein Geständnis ab, ohne irgendetwas zu beschönigen.

»Ich ging zum Dakota Building. Dort blieb ich, bis er kam, und ich bat ihn, mein Album zu signieren. In dem Augenblick hatte meine bessere Hälfte die Oberhand, und ich wollte nur noch zurück ins Hotel. Aber ich konnte nicht. Ich habe gewartet, bis er wiederkam. Er fuhr im Wagen vor. Yoko ging als erste an mir vorbei, ich sagte ›hello‹ zu ihr. Ich wollte ihr nichts tun. Dann kam John, er sah mich an und erkannte mich. Ich nahm den Revolver aus der Tasche und schoss auf ihn. Ich kann einfach nicht glauben, dass ich das tun konnte. Ich stand da und presste mein Buch an mich. Ich wollte nicht weglaufen. Ich weiß nicht mal, was aus meiner Waffe geworden ist. Ich erinnere mich, dass José sie weggetreten hat. José weinte und bat mich, wegzulaufen. José tat mir so leid. Dann kam die Polizei und befahl mir, die Hände an die Mauer zu legen. Dann haben sie mir Handschellen angelegt.«

Verwirrung und Bestürzung

Die Identität des Mörders blieb der Öffentlichkeit nicht lange verborgen. Reporter eilen zu seiner Ehefrau, Gloria Chapman, um ihr Informationen zu entlocken. Gloria ruft bei dem Kommissariat an, wo ihr Mann in Haft ist. Sie bekommt ihren Mann ans Telefon, und dieser sagt ganz aufgeräumt: »Hallo, ruf unseren Anwalt an, er soll zu dir kommen. Ruf auch die Polizei an und sag ihnen, dass sie dich vor der Presse und dem Straßenmob schützen sollen.«

Chapman soll ins Zentralkommissariat im Süden von Manhattan verlegt werden. Die Reporter belagern den 22. District, es gibt kein Durchkommen. Die Polizei beschließt, den Ring zu durchbrechen. »Wir legten ihm seinen Mantel über den Kopf, wir durften seine spätere Identifikation nicht gefährden. Wir brachten ihn in den Zellenblock des Reviers. Wir gingen hinein und verriegelten die Tür, als wären wir zur Hintertür hinausgegangen.«

Steve Spiro bleibt mit Mark David Chapman eineinhalb Stunden in dem Block. Der John-Lennon-»Fan« ist sehr kleinlaut geworden. »Er hatte Angst. Er saß im Dunkeln und fragte sich, wie es nun weitergehen würde. Er erzählte mir pausenlos von dem Buch von Salinger, »Der Fänger im Roggen«. ›Das müssen Sie lesen‹, meinte er, ›dann verstehen Sie mich.‹ Er sagte, dass Todd Rundgren einer seiner Lieblingsmusiker wäre. Er sprach auch vom »Zauberer von Oz«. Er sagte, er hätte ein Foto aus dem Film. Ich habe nicht alles verstanden, was er redete.«

Nachdem man ihn fotografiert und seine Fingerabdrücke gespeichert hat, bringt man Mark David Chapman in die Haftanstalt in Manhattan.

Die Ermittler fahren zum Sheraton Hotel, um das Zimmer des Mörders zu inspizieren. Die Polizisten staunen über die sorgfältig aufgereihten Objekte auf dem Nachttisch. »Auf dem Schrank standen seltsame Dinge: Schallplatten von Todd Rundgren und andere Objekte, die für uns keinen Sinn ergaben.« Chapman hatte eine Art Altar errichtet. Da lagen die Hotelbibel, aufgeschlagen mit der Inschrift: Das Evangelium nach John Lennon, ein Brief, in dem seine Verdienste in Camp von Fort Chaffee mit den Vietnamflüchtlingen gerühmt wurden, Fotos von ihm und den Kindern aus dem Camp, ein Poster von Dorothy und dem ängstlichen Löwen aus »Der Zauberer von Oz«.

10. Kapitel

Trauer international

Vor dem Dakota Building drängen sich noch immer die Lennon-Anhänger. Die Treuesten harren mehrere Tage aus. »Die Welt war stehen geblieben«, sagte Jack Jones, »die Fans drückten ihre Trauer und ihre Wut aus. So etwas hatte es bisher noch nicht gegeben.«

Hunderte von Menschen versammeln sich zu einer Schweigeminute am Lincoln Memorial in Washington, zweitausend Trauernde zünden in Century City in Los Angeles Kerzen an. Wenige Tage nach John Lennons Tod begehen eine Jugendliche in Florida und ein dreißigjähriger Mann Selbstmord. In ihren Abschiedsbriefen schreiben sie von den Depressionen, die der Tod ihres Idols bei ihnen ausgelöst hat.

John Lennons Biograf, Jon Wiener, erinnert sich: »Man sprach von nichts anderem, die ganze Welt stand unter Schock, im Radio liefen pausenlos das Album »Double Fantasy« und der Song »Imagine«.«

Die Fans von John Lennon belagerten die Klinik, um mehr Informationen zu bekommen. Dr. Stephan Lynn: »Die Klinik musste spezielle Telefonnummern einrichten, um alle Anfragen beantworten zu können. Wir wurden gefragt, ob wir sein Sperma konserviert hätten, ob wir seinen Körper tiefgekühlt hätten, ob wir sein Gehirn aufbewahrt hätten.«

Als der Schlagzeuger der *Beatles*, Ringo Starr, vom Tod seines Freundes erfuhr, nahmen er und seine Frau, die Schauspielerin Barbara Bach, den nächsten Flug nach New York. Elliot Mintz, ein Freund der Lennons, telefonierte mit ihm. Ringo bot an, sich um Sean zu kümmern und Yoko in der ersten, schweren Zeit beizustehen. Yoko empfing Ringo und Barbara dankbar.

Yoko zog sich ganz in ihren Schmerz zurück.

»Yoko«, sagte Elliot Mintz, »wollte nicht, dass man John als Körper aus Fleisch und Blut sah, als einen Körper, der verweste. Sie wollte, dass man ihn als den Künstler sah, der er im Augenblick seines Todes war, der er sein Leben lang gewesen war. Sie hatte beschlossen, ihn einäschern zu lassen, und den Wunsch geäußert, den Ort der Aufbewahrung der Urne geheimzuhalten.«

Ein skrupelloser Mitarbeiter des Bestattungsunternehmens fotografierte John Lennon vor der Einäscherung. Die Negative verkaufte er für 1000 Dollar an die Medien.

Stärker als der Tod

Am 10. Dezember erzählte Yoko Ono ihrem Sohn, auf welche Weise sein Vater gestorben war. Der Junge dachte nach und sagte dann: »Papa ist jetzt ein Teil von Gott. Ich glaube, wenn man stirbt, wird man viel größer, weil man ein Teil von allem wird.« Dann ließ er seinem Kummer freien Lauf.

Yoko wünschte keine Begräbnisfeierlichkeiten. Sie vermied klassische Rituale, sie bat die Fans von John Lennon nur, sich zehn Minuten lang schweigend zu versammeln und für die Seele ihres Mannes zu beten.

Am Sonntag, den 14. Dezember um 18 Uhr New Yorker Zeit treffen sich hunderttausend trauernde Fans im Central Park und halten eine Schweigeminute ab. Zur selben Zeit schweigen Lennon-Fans weltweit und gedenken ihres Idols, viele Radiosender tun es ihnen gleich. In London ist es 14 Uhr, als die Menschen sich der Zeremonie anschließen. In Melbourne, Australien, wird ein Konzert der *Beatles* im Fernsehen übertragen. In Kolumbien, Seattle, Chicago, Kenosha trauert man. In New York zählt man zwischen 50 000 und 100 000 Teilnehmer. Auf Anweisung von Bürgermeister Edward Koch wird auf Halbmast geflaggt. Beim Dakota Building treffen Tausende von Telegrammen ein.

Yoko Ono bedankt sich für alle Beleidsbekundungen und Hommagen an John Lennon. »Ich habe gesehen, wie John im Himmel lächelte, ich habe gesehen, wie der Schmerz sich in Licht auflöste, ich habe gesehen, wie wir beide zu einem einzigen Geist wurden, danke, ich umarme euch.«

Drei Monate lang vergräbt sich Yoko in ihrer Wohnung. Sie fastet. Ihre Umgebung beginnt, sich Sorgen zu machen, aber sie sind auch beeindruckt, denn nach diesem Vierteljahr stürzt sich Yoko in die Arbeit. Es ist ihre Methode, John am Leben zu halten – indem sie sein Werk fortsetzt. Sie will ein neues Album mit den Musikern von »Double Fantasy« einspielen.

Im März 1981 gehen Yoko und ihre Band ins Studio Hit Factory, wo auch »Double Fantasy« entstand. Als das Album »Season of Glass« erscheint, trägt es auf dem Cover ein Foto von einem Glas Wasser und John Lennons Brille mit Blutspritzern.

Elliot Mintz erzählt: »Sie wollte Johns Tod nicht beschönigen. Das Publikum sollte sich klar darüber sein, dass er ermordet worden war. Es war eine geplante und kaltblütig begangene Tat. Die Realität dieses Mordes musste gezeigt werden.«

11. Kapitel

Der Mörder in Panik

Keine 24 Stunden nach dem Mord an John Lennon wurde Mark David Chapman des vorsätzlichen Mordes angeklagt. Es ist ein Kapitalverbrechen.

Man bringt ihn in die psychiatrische Abteilung des Bellevue

Hospital. Der Mann wird streng bewacht, denn er zeigt alle Eigenschaften eines Selbstmordkandidaten. In den folgenden Wochen reist Chapman zwischen der Psychiatrie und dem Gefängnis Rikers Island hin und her.

Sein erster Anwalt, Herbert Adlerberg, gibt sein Mandat bald zurück: »Ich habe viele unpopuläre Fälle vertreten, zum Beispiel die Black Liberation Army, die Harlem Six, aber der Fall Chapman überfordert mich, ich kann ihn nicht verteidigen.«

Der Pflichtverteidiger Jonathan Marks erinnert sich an seine erste Begegnung mit Mark David Chapman: »Vor allem hatte er schreckliche Angst, dass eine hysterische Volksmasse ihn lynchen könnte.«

Chapman ist von massiven Sicherheitsvorkehrungen umgeben. Im Bellevue Hospital sind die Fenster seines Zimmers schwarz gestrichen, damit ihn nicht etwa ein Scharfschütze erschießen kann. Vor dem Eingang werden Wachposten platziert, damit aufgebrachte Fans nicht das Krankenhaus stürmen.

Immer wenn Chapman verlegt wird, transportiert man ihn in einem fensterlosen Lieferwagen und mit Begleitschutz von mehreren Polizeifahrzeugen. Er trägt eine kugelsichere Weste, ebenso wie die Polizisten, die sich nie von ihren Automatik-Waffen trennen.

Am 6. Januar 1981 plädiert Mark David Chapman wegen Unzurechnungsfähigkeit auf »nicht schuldig«. Der Prozess wird für Juni 1981 anberaumt. Der Vorsitzende Richter ist Dennis Edwards.

Doch nicht verrückt

Der Pflichtverteidiger, Jonathan Marks, berichtet: »Die Geschworenen fanden, dass Chapman das Opfer von wiederkehrenden Delirien war. Er glaubte, von ›kleinen Männchen‹

kontrolliert zu werden. Er glaubte an den gleichsam göttlichen Auftrag, den Roman »Der Fänger im Roggen« zu verbreiten, und er hielt sich für die Inkarnation von Holden Caulfield.«

Jonathan Marks widerholt damit die Aussagen Chapmans, die dieser bei seinen psychiatrischen Untersuchungen im Bellevue Hospital bereitwillig machte.

Am 8. Juni macht Mark David Chapman eine innere Kehrtwendung. Nunmehr vernimmt er die Stimme Gottes. »Ich bin überzeugt, dass der Herr zu meinem Herzen spricht. Er hat mir zweimal befohlen, mich schuldig zu bekennen. Und ich habe nicht gezögert.« Seinem Anwalt und dem verblüfften Gericht teilt er mit, dass er nicht auf Geisteskrankheit plädieren will.

Als gläubiger Christ ist er überzeugt, dass er ins Paradies kommen wird. Um das zu erreichen, muss er sich vor Gott und der Welt schuldig bekennen. »Er hat es bewusst getan«, sagt der Historiker Jack Jones, »freiwillig, er hatte keinen schizophrenen Schub.«

Chapman ist ruhig und entschlossen. Alle sind der Meinung, dass er die Tat in vollem Bewusstsein der Konsequenzen begangen hat. »Es steht eindeutig fest«, sagte der Richter, »dass der Mann wusste, was er tat, er plante die Tat und führte sie entschlossen aus.«

Am 24. August beschwört Mark David Chapmans Verteidiger diesen zum letzten Mal, das Schuldbekenntnis zurückzunehmen und auf unzurechnungsfähig zu plädieren. Chapman weigert sich. Er wird zu lebenslanger Haft plus zwanzig Jahren Sicherheitsverwahrung verurteilt.

Der Teufel im Leib

Im Gefängnis litt Mark David Chapman an psychotischen Störungen. Er wurde gewalttätig, zerstörte ein Fernsehgerät, zerfetzte seine Kleidung. Er verstopfte die Toiletten, begoss die Wärter mit Schmutzwasser, versuchte, sich umzubringen. Er hängte sich an Gitterstäben in seiner Zelle auf, wurde aber von den Wärtern gerettet.

Die Ermittlungen des Staatsanwalts dauerten an. Man stellte fest, dass Chapman geplant hatte, noch andere Stars zu ermorden und eine Liste von weiteren Opfern angelegt hatte. Als Chapman eine Korrespondenz mit dem Polizisten Steve Spiro begann, ging dieser darauf ein in der Hoffnung, die Namen auf der Liste zu erfahren. Nach und nach zeichneten sich Johnny Carson, Walter Cronkite, George C. Scott, Jackie Onassis und Marlon Brando ab. »Er beschrieb diese Personen genau, ohne sie jedoch zu benennen«, berichtete Spiro. »Er sagte, sie hätten gepasst.«

Der letzte Brief, den Steve Spiro erhielt, bestand nur aus wenigen Worten: »Lesen Sie »Der Fänger im Roggen«. Mit besten Grüßen, MDC«

Monate vergehen. Chapmans Geisteszustand verschlimmert sich. Er erklärt, er sei von Dämonen besessen. 1985 gebärdet er sich dermaßen, dass man ihm einen Exorzisten zugesteht. Der ausführende Priester treibt ihm sieben Dämonen aus. Und Chapman hat wieder Ruhe.

Vorsätzlich

Yoko Ono hatte nicht nur Freunde. In dem Jahr nach John Lennons Tod erlebte sie einen Bombenalarm, mehrere Einbrüche und Todesdrohungen.

Chapman fand Nachahmer. Er sah seine Tat als göttliche Eingebung, er fühlte sich nicht schuldig – ein gewisser John Bardo dagegen hatte andere Motive. Bardo schrieb Chapman Briefe und wollte wissen, »wie es sich anfühlt, einen Star zu erschießen.« Anschließend ermordete Bardo die junge Schauspielerin Rebecca Schaeffer.

Ein Mann namens John Hinckley ließ sich von Mark David Chapman inspirieren und verfolgte die Schauspielerin Jodie Foster. Um sie zu beeindrucken, versuchte er, Präsident Ronald Reagan zu ermorden. Hinckley wie Bardo pilgerten zum Dakota Building. Beide bezogen sich, ebenso wie Chapman, auf »Der Fänger im Roggen« von J. D. Salinger.

Chapmans Worten zufolge fühlten die zwei sich »unwichtig« und klammerten sich deshalb an Prominente, an Stars.

12. Kapitel

Die Verschwörungstheorie

1989 stellte der Journalist und Buchautor Fenton Bresler folgende Theorie über den Mord an John Lennon auf: Mark David Chapman war von der CIA und dem FBI angeheuert worden. Der Geheimdienst wollte sich eines Künstlers entledigen, den die Behörden als anarchistischen Aufrührer betrachteten, eine Art Gandhi der Friedensbewegung, der gefährlicher war als bewaffnete Kräfte. Bresler behauptet, die CIA hätte gezielt leicht beeinflussbare, psychisch labile Männer wie Mark David Chapman ausgewählt und zu Killern ausgebildet. Das FBI überwachte demnach John Lennon bereits strengstens. Man hatte nach Gründen gesucht, ihm die Green Card – die Arbeitserlaubnis in den USA – zu verweigern, ohne die er nicht mit seiner Familie dort wohnen durfte.

Fenton Bresler behauptete weiterhin, die Polizei von New York hätte nicht ernsthaft nach Mark David Chapmans wahren Motiven für die Tat gesucht.

Über seine Streitigkeiten mit dem FBI und der Regierung Nixon fand John Lennon deutliche Worte: »Unsere ›revolutionäre‹ Phase erreichte ihren Höhepunkt gleich nach unserer Ankunft in New York. […] Wir wurden empfangen von Abbie Hoffman und Jerry Rubin, Beatnik/Hippies, die uns bekannt machten mit Bobby Seale, Rennie Davis, John Sinclair und Allen Ginsberg, dem ›König der Beatniks‹. […] Wir mussten das Vergnügen bitter büßen; fast fünf Jahre vergingen, bis unser Kampf mit der Nixon-Regierung beendet war.«

Ein einflussreicher Senator aus dem Süden, Strom Thurmond, schrieb an den damaligen Generalstaatsanwalt, John Mitchell, »… schlage ich vor, das Individuum noch vor dem Nationalkongress der Republikanischen Partei in San Diego auszuweisen.«

Die angeblich revolutionären Freunde von John und Yoko hatten ohne deren Wissen verkündet, das Paar organisiere »eine große Versammlung, um die Republikaner in San Diego lächerlich zu machen. Ich glaube, außer uns fand lediglich Ginsberg die Idee daneben, nicht nur gefährlich, sondern dumm.« John und Yoko wollen nicht an so etwas teilnehmen, aber bald kommt das Gerücht auf, dass Jerry Rubin, Abbie Hoffman und die Chicagoer Sieben, sieben Regierungsgegner, Doppelagenten im Dienst der CIA sind.

»Was die meisten unserer revolutionären Freunde sehr störte«, sagte John Lennon, »war, dass Yoko und ich nicht *gegen* etwas waren, sondern *für* bestimmte Dinge wie Frieden, Liebe und ähnlichen Quatsch.«

Die *Chicago Seven* und die *Black Panther* waren linke

Gruppierungen, die zum gewalttätigen Kampf für die Rechte der Schwarzen aufriefen. Sie übten Druck auf Lennon aus, doch dieser setzte sich für Frieden und Freiheit ohne Gewalt ein. »Die Revolutionäre, die uns bedrängten, hatten die unsinnige Idee, dass man Menschen töten müsse, um sie vor dem Kapitalismus und / oder dem Kommunismus zu retten. Wir waren verdächtig, weil wir Umgang mit ihnen hatten, und uns blieb nichts anderes übrig, als uns gegen die Regierung der Vereinigten Staaten zu verteidigen. Unser Anwalt wollte anfangs gar nicht glauben, dass es um eine politische Affäre ging.«

Der Anwalt änderte jedoch seine Meinung, als er erfuhr, dass John und Yoko und sogar er selbst auf Initiative von CIA und FBI abgehört wurden. »Das FBI belästigte uns mit dem Abhören unserer Telefone und ähnlichen Späßen. [...] Wir haben sie bloßgestellt und in der Dick Cavett Show erzählt, dass sie uns verfolgten und uns langsam ernsthaft auf die Nerven gingen. Wir waren Pazifisten, und das sollten alle wissen.«

In der Theorie wäre Mark David Chapman also vom FBI und / oder der CIA engagiert oder unbewusst beeinflusst worden, den »gefährlichen Friedensfreund« namens John Lennon auszuschalten.

Die Anhänger dieser Verschwörungstheorie fügten noch einen Aspekt hinzu, der den religiösen Neigungen des Mark David Chapman Rechnung trug: In seinem mystischen Glauben und seinen Selbstbestrafungsphantasien wurde Chapman vom Ku Klux Klan beobachtet, der seit der berühmten Aussage über Jesus und die *Beatles* ebenfalls Interesse an John Lennons Tod hatte. Der KKK hatte ein Preisgeld auf John Lennons Kopf ausgesetzt und Mark David Chapman dazu angetrieben, den Mord zu begehen. In seinem Wahn formte Chapman den Druck zu seiner eigenen Idee um, die seine Umgebung noch verstärkte.

»Ich bin vielleicht ein Träumer, aber ich bin nicht der Einzige. Ich hoffe, du kommst eines Tages zu uns, und die Welt wird eins«, singt John Lennon in »Imagine«. In den Köpfen des Ku Klux Klan und des Mark David Chapman wurde John Lennons Traum vom Weltfrieden ein Alptraum aus Rache, Blut und Tod.

Krokodilstränen

In den ersten sechs Jahren seiner Haft lehnte Mark David Chapman Interviews ab. Der Grund, den er nannte: »Die Leute hätten vielleicht gedacht, ich hätte John Lennon umgebracht, um berühmt zu werden.« Dann änderte er seine Meinung und verspürte das Bedürfnis, Joseph R. Gaines von seiner Kindheit und seinem Verbrechen zu erzählen. Das Interview erschien in drei Teilen, von Februar bis März 1987, in *People*. Gleich danach bereute Chapman, dass er sich dem Journalisten anvertraut hatte. Allerdings wurde er rückfällig, als der Autor Jack Jones wegen mehreren Artikeln für die *Rochester and New York, Democrat and Chronicle* bei ihm anfragte. 1992 machte Jack Jones ein Buch daraus, »Let me take you down: Inside the mind of Mark David Chapman, The Man who killed John Lennon – Lass dich mitnehmen / Lass dich niederschießen: Was im Kopf des David Mark Chapman vorgeht, des Mannes, der John Lennon tötete«. Der Titel ist mehrdeutig, denn *Let me take you down* hat einerseits die Doppelbebedeutung von »lass dich mitnehmen / lass dich niederwerfen, niederschießen« und ist zudem die Anfangszeile des Beatles-Songs »Strawberry Fields«. Jack Jones bat Chapman immer wieder, im Fernsehen aufzutreten, was dieser ablehnte, doch dann war er bereit, seine Geschichte auf Band zu sprechen. Seine dreistündige »Beichte« war der Auslöser für sein erstes Gesuch um eine

Umwandlung der Haft in eine Bewährungsstrafe am 2. Oktober 2000.

Vor der Begnadigungskommission beschrieb Mark David Chapman sich als »... frei von den Dämonen, die mich fast mein Leben lang verfolgt haben. Ich bin ein gläubiger Christ geworden, und John Lennon selbst würde meine Freilassung befürworten. Ich werde Ihre Entscheidung nicht anfechten. Wenn ich in Haft bleiben muss, werde ich nicht protestieren, niemals. Ich möchte mich bei Mrs. Lennon entschuldigen. Ich habe mir vorgestellt, was in jener Nacht in ihr vorgegangen sein muss, als sie das viele Blut sah, als sie die Schreie hörte, die Gesänge bis zum Morgengrauen, die Songs der Beatles vor den Fenstern. Ich möchte noch etwas anderes sagen: Ich sehe John Lennon nicht mehr als Prominenten. Früher habe ich ihn so gesehen, er war ein ausgeschnittenes Foto in meinem Album. Ich war jung und dumm, ich war verführt von den Medien, den Platten, der Musik. Jetzt muss ich mich der Erkenntnis stellen, dass John Lennon ein Mensch war. Das hat nichts mit den Beatles oder Prominenz oder Ruhm zu tun. Er atmete, und ich habe ihn umgebracht; deshalb, so denke ich, sollte auch ich nicht mehr leben; ich habe ihm das Recht auf Leben genommen, er ist verblutet. Und es tut mir Leid, dass es so gekommen ist. Ich möchte noch einmal mit Mrs. Lennon sprechen. Ich kann ihren Schmerz nicht ermessen. Ich kann es nicht nachfühlen. Ich habe versucht, mir vorzustellen, was ich empfinden würde, wenn jemand meiner Familie etwas antun würde. Wenn ich mein Leben lang im Gefängnis bleiben muss, weil ich einem Menschen wehgetan habe, dann akzeptiere ich das.

Ich sage dies nicht, weil ich Sie dazu bringen will, mich freizulassen. Ich sage es, weil es die Wahrheit ist. Das ist mir passiert, ich habe damals Mrs. Lennons Schmerz gespürt, und offen gestanden, ich möchte ihn nicht noch einmal spüren. Es ist entsetzlich, wissen Sie, wenn ich mir klar mache, was ich getan habe.«

In einem kurzen Schreiben an das Gnadenkomitee widerspricht Yoko Ono energisch: »John Lennons Söhne, Julian und Sean, sowie ich selbst wären für den Rest unseres Lebens nicht mehr sicher.«

Chapman Freilassungsgesuch wurde abgelehnt. 2002 reichte er ein zweites ein. Wieder abgelehnt. Die dritte Eingabe für Haftbeendigung auf Bewährung unternahm er am 5. Oktober 2004, und sie löste tausendfachen Protest aus. John-Lennon-Fans schworen im Internet Rache, sie würden Chapman töten, sobald er die Haftanstalt verließe. Das Gesuch wurde abgelehnt.

Dem Gnadenkomitee hatte Mark David Chapman gesagt: »Ich habe John Lennon getötet, um an seiner Berühmtheit teilzuhaben. Letzten Endes bin ich noch mehr als zuvor ›ein Niemand‹, denn die Menschen hassen mich. Ich habe es nicht besser verdient. Für das Leid und den Schmerz, den ich verursacht habe, verdiene ich genau das, was ich bekommen habe.«

2005 wurde Mark David Chapman 50 Jahre alt. Er liest viel, sieht fern und wälzt in seinem kranken Kopf wieder und wieder die Gründe, die ihn dazu trieben, am 8. Dezember 1980 John Lennon zu ermorden.

»Imagine all the people, living life in peace«

John Lennon drückte die Träume und Hoffnungen junger Menschen aus. »Imagine« wurde zur Hymne weltweiter Solidarität. Dennoch wurde das Lied noch dreißig später als »aufrührerisch« verturteilt, ebenso wie sein Schöpfer zu Lebzeiten.

2001, nach dem Attentat vom 11. September, wurde »Imagine« im Amerika des George Bush zensiert.

John Lennon sagte einmal: »Ich möchte alles sein, Maler, Schriftsteller, Schauspieler, Sänger, Darsteller, Musiker.« Die Beziehung zu Yoko Ono war für ihn »eine spirituelle Einheit, unser Geist hat sich vereint, bevor es unsere Körper taten.« Und: »Alles was wir sagen, ist Frieden. Wir zeigen nicht mit dem Finger auf andere. Wir sind alle Jesus und wir sind alle Hitler. Wir versuchen, die Botschaft Jesu zu aktualisieren. Wir wollen, dass Jesus siegt.« Mark David Chapman hat John Lennon nicht zugehört, und er hat ihn nicht verstanden. Er hat ihn ermordet.

John Lennon und seine Anhänger träumten davon, die Welt zu verändern. Sie sehnten sich nach Frieden und Gleichberechtigung von Rasse, Geschlecht, Volkszugehörigkeit, Religion. Jugendliche und Menschen guten Willens erhofften sich mehr als ein paar kleine Reformen, doch ihre Hoffnungen erloschen mit John Lennons Tod 1980. Ein irregeleiteter, psychisch gestörter Fan, geblendet von Johns Ruhm, hatte den Beatles das Herzstück herausgerissen. Der Traum von Frieden und universeller Harmonie war endgültig ausgeträumt.

An John Lennons 45. Geburtstag widmete die Stadt New York John Lennon ein Denkmal im Central Park. Den Standort hatte Yoko Ono ausgewählt. Es war die Stelle, an der sie mit John zum letzten Mal spazieren gegangen war. Sie heißt jetzt »Strawberry Fields«.

13. Kapitel

FBI gegen John Lennon

25 Jahre lang verwahrte das amerikanische Federal Bureau of Investigation im Geheimen Dokumente über John Lennon, das Ex-Mitglied der Beatles, das Mark David Chapman am 8. Dezember 1980 ermordet hatte.

Dem FBI zufolge enthielten diese Papiere staatsgefährdende Informationen.

Was hatten die »Geheimdossiers« über John Lennon zu enthüllen, das »Militärschläge gegen die Vereinigten Staaten« hätte auslösen können, somit gar einen Weltkrieg?

Ein Geschichtsprofessor an der Universität von Kalifornien, Jon Wiener, hat die Inhalte in seinem Buch »Gimme some Truth: The John Lennon Files – Sag die Warheit: Die Akte John Lennon« veröffentlicht.

Im Wesentlichen handelt es sich um längst bekannte Informationen über John Lennons Sympathien für die Linken und pazifistische Bewegungen in Großbritanien von 1970 bis 1971.

In diesem Zeitraum hatte der Leiter des FBI, J. Edgar Hoover, den Präsidenten der Vereinigten Staaten, Richard Nixon, informiert, dass John Lennon unter Beobachtung stand und sein Telefon abgehört wurde, und das deshalb, weil der Sänger gegen den Vietnamkrieg war, wie viele andere Zeitgenossen auch. Seine Einstellung wurde so beschrieben: »John Lennon hegt revolutionäre Ideen, die er deutlich in seinen Liedern zum Ausdruck bringt.«

Eine andere Stelle in diesen albernen Dossiers nennt John Lennon einen Trotzki-Sympathisanten, einen »gefährlichen Linken, der auf eigene Kosten mitten in London eine linke

Buchhandlung eröffnen wollte, die von militanten Linken geführt werden sollte.«

Es kommt noch schlimmer. Dem britischen Geheimndienst zufolge hatte John Lennon die Regierung angeprangert, weil diese »die Benachteiligten in Großbritannien und in der übrigen Welt« ihrer Armut überließ.

Diese Aussagen John Lennons konnte man gedruckt nachlesen in einem Interview mit der Underground-Zeitschrift *The Red Mole*.

Damals waren in den Augen von Nixon, Hoover und ihren englischen Anhängern Pazifisten gleichzusetzen mit Terroristen. Gandhi hätte sich im Grab umgedreht.

Jon Wiener bestätigt: »Heute sehen wir, dass die Vorwände, die das FBI seit 25 Jahren im Namen der nationalen Sicherheit anführt, von Anfang an absurd waren. Die Akte Lennon ist ein typisches Beispiel für das überzogene, missbräuchliche Verhalten von Geheimdiensten.«

Jon Wiener forderte diese Akten seit 1981 an.

1983 behauptete das FBI, dass »die Enthüllung dieser Dokumente zu diplomatischen Verwicklungen sowie wirtschaftlichen und militärischen Repressalien des Auslands gegen die Vereinigten Staaten von Amerika führen könnte.« Jon Wiener reichte Klage ein, indem er sich auf das amerikanische Gesetz der Informationsfreiheit berief, unterstützt wurde er von der American Civil Liberties Union ACLU – der Amerikanischen Vereinigung für Bürgerrechte, in Südkalifornien. Der Fall kam bis vor den Obersten Gerichtshof.

1997 erhielt Jon Wiener das Recht, den größten Teil der 300 Seiten aus der Akte John Lennon zu veröffentlichen. Zehn Dokumente blieben ihm verschlossen, sie wurden weiterhin im Namen der nationalen Sicherheit geheimgehalten. Inzwischen sind auch die letzten hundert Seiten veröffentlicht. Der Berg gebar eine Maus.

Jon Wiener drehte zusätzlich zu dem Buch über diese lächerliche Angelegenheit den Dokumentarfilm »Die USA gegen John Lennon«.

Wer an John Lennons friedlichem Wesen zweifelt, braucht nur »Imagine« zu hören.

Teil 5

Selena Quintanilla

Sexbombe und Märtyrerin

Am 31. März 1995 fällt in Zimmer 158 des Motels Day's Inn in Corpus Christi, Texas, ein Schuss. Mit zerzausten Haaren, die Hände vor die Brust gepresst, stürzt eine dunkelhaarige junge Frau heraus, blutüberströmt. Ihr Name: Selena Quintanilla Perez, bekannt als die Königin der Tejano-Musik.

Sobald die Nachricht publik wird, steht die Presse kopf. Das Publikum ist so verrückt nach Selena, dass selbst eine negative Information besser ist als gar keine Information. Während die Polizei das Motel Day's Inn absperrt, verbarrikadiert sich eine Frau in einem Wagen auf dem Parkplatz und droht, sich zu erschießen. Sie hält die Waffe, mit der Selena getötet wurde, auf ihre Schläfe gerichtet.

Ihr Name: Yolanda Saldivar. Ihr Beruf: Leiterin von Selenas Fanclub und Geschäftsführerin ihrer Modeboutiquen.

1. Kapitel

Yolanda Saldivar

In den Augen der Öffentlichkeit ist Yolanda Saldivar ein Monster.

In den Augen ihrer Familie ist sie das liebe Nesthäkchen.

Als Jüngste von acht Kindern wurde sie von ihren amerikanisch-mexikanischen Eltern im Respekt vor den hispanischen Traditionen sowie vor denen ihres neuen Heimatlandes erzogen. Der Vater, Francisco Saldivar, ist seit Jahren Kellner in einem mexikanischen Restaurant. Die Mutter, Juana, widmet sich ihren acht Kindern, versorgt den Haushalt und kocht schnelle kleine Mahlzeiten, die sie auf der Straße verkauft. Es ist ein bescheidenes Leben, von Tapferkeit und Zusammenhalt geprägt.

Die Familie besitzt kein eigenes Haus und zieht von einem Mietobjekt zum nächsten, je nach Einkommenslage. Am 19. September 1960 erblickt Yolanda in San Antonio das Licht der Welt.

Yolanda Saldivar zieht von einer Adresse zur anderen, von einer Stadt in die nächste, die ständigen Ortswechsel tun ihr nicht gut. Sie hat keine Zeit, in den jeweiligen Schulen Freunde zu finden. Eine Ausnahme ist die McCollum Highschool, wo sie drei Jahre lang mit einem Jungen geht. Yolanda ist bei ihren Schulkameraden nicht »beliebt«, ihre Lehrer sind nicht gerade begeistert von ihr, aber sie ist eine gute Schülerin, und 1979 macht sie ihren Abschluss.

Yolanda ist jetzt alt genug und frei von schulischen Verpflichtungen, sie kann im Haushalt mithelfen.

Da trifft ein Schicksalsschlag die Familie, und sie muss sich um die drei Kinder ihres Bruders, zwei Jungen und ein Mädchen, kümmern. Sie liebt die Kleinen, als wären es ihre eigenen, und die Kinder danken ihr die Fürsorge.

Die Rolle der »Mutter Courage« passt nicht zu dem Bild der Psychopathin und Mörderin, aber man weiß ja, wie oft Monster im Gewand der Normalität daherkommen. Doch gerade ein Leben wie das von Yolanda Saldivar bietet Raum für heimliche Sehnsüchte, für Bitterkeit, Scham und Reue, Groll, Hass und Neid.

Yolanda Saldivar wird am University of Texas Health Science Center in San Antonio zur Krankenschwester ausgebildet. Sie besteht die Prüfungen mit Auszeichnung und Belobigungen.

Zehn Jahre hat sie gebraucht, um drei Ziele zu erreichen: die Kinder ihres Bruders großziehen, ihren Lebensunterhalt verdienen und das Studium abschließen, um eine Anstellung als diplomierte Krankenschwester im San Antonio Hospital zu bekommen. Sie hat als einzige in der Familie Saldivar studiert. Während ihre stolzen Eltern ihre Diplome rahmen und an die Wand hängen, arbeitet Yolanda im Pflegeheim von San Antonio, in der Klinik und übernimmt Nachtdienste im Chest Hospital, wo sie Schwerkranke pflegt. Ihre Kolleginnen bezeichnen sie als starke, engagierte Frau, belastbar, ausdauernd und tapfer.

Yolanda geht nicht aus, sie hat weder das Geld noch die Energie dazu. Dennoch ist es ein Konzert, das ihrem Leben die entscheidende Wende gibt.

Die Königin der Tejano-Musik

Zu Beginn der 1980er Jahre besucht Yolanda Saldivar, die gern Country-Musik hört, zufällig mit Freunden ein Konzert von Selena Quintanilla. Zum ersten Mal erlebt sie Selena live auf der Bühne, und sie ist hingerissen von dem Temperament, der Schönheit, den fetzigen Kostümen.

Tejano-Musik ist eine Stilrichtung der populären Folklore, die unter den Mexikano-Amerikanern in Zentral- und Südtexas entstand. Sie ist stark rhythmisch und tänzerisch, und es ist die Musik, die von Selena zu Beginn ihrer Karriere gesungen und getanzt wird. Sie war es, die diese Musik so populär machte, besonders in Süd- und Nordamerika und über diese Grenzen hinaus. Selena gab der Tejano-Musik einen modernen Kick, indem sie sie mit Rock- und Disco-Beat unterlegte und sie mit einer unerreichten Dynamik und Sinnlichkeit interpretierte.

Yolanda entdeckt die Tejano-Musik, sie applaudiert, tanzt, verlangt Zugaben.

Nach dem Konzert sucht sie nach einem Stand, wo sie ein Souvenir von diesem Abend kaufen kann. Zu ihrer Überraschung gibt es keinen einzigen Artikel mit Selenas Bild darauf, nur ihre Platten.

Yolanda forscht weiter, erkundigt sich nach einem Fanclub. Es gibt keinen.

Yolanda ist so begeistert von Selena, dass sie ihre Platten nonstop hört. Sie identifiziert sich mit der Sängerin, achtet auf Artikel in Zeitungen, auf Ankündigungen von Konzerten. Selena ist Yolandas Lebensinhalt geworden.

2. Kapitel

Selena, Tochter Abrahams

Abraham Quintanillas ganze Liebe gehörte stets der Musik.

1961 bildete Abraham in Corpus Christi, Texas, mit zwei Freunden ein Trio, dessen Sänger er wurde: Los Dinos. Mexikaner von den Wurzeln her, Amerikaner von Geburt, sangen sie gängige Lieder wie *Blue Moon*. Abraham kümmerte sich um die Engagements und erlebte erste Enttäuschungen: die Bars und Nachtlokale wollten keine Hispanics mit einem amerikanischen Repertoire. Frustriert hält Abraham sich an Lokale für Südamerikaner. Ironie des Schicksals: jetzt werden sie von diesen ausgebuht. Hier verachtet man junge Männer, die aussehen wie ihr eigenes Publikum und amerikanische Standardnummern kräht. Die Mexikano-Amerikaner kommen in diese

Lokale, um la Cumbia zu tanzen und im Chor Tejano-Musik mitzusingen. Abraham und Los Dinos lernen Lieder mit spanischen Texten und feiern endlich bescheidene Erfolge.

Das Leben auf Tournee gefällt den Dinos. Und dann geschieht etwas Unvorhergesehenes. Abraham verliebt sich in die schöne Marcella, heiratet sie und hat zwei Kinder mit ihr, A. B. und Suzette.

Junge oder Mädchen?

Am 16. April 1971 steht ein aufgeregter Abraham Quintanilla in der Gebärstation Easter Sunday in Lake Jackson, einer Kleinstadt im Südosten von Texas. Er soll zum dritten Mal Vater werden. Kurz vor der Niederkunft haben er und seine Frau Marcella einen Namen für das Baby ausgesucht: Mark Anthony. Als der Kopf des Neugeborenen auftaucht, erkennt Abraham den dichten schwarzen Haarschopf, die strammen Ärmchen, und er vernimmt den kräftigen, herrischen Schrei seines Sohns. Was der Arzt sagt, nimmt er nicht so richtig wahr. Erst allmählich dringt die Information in sein Bewusstsein: »Es ist ein Mädchen.«

Abraham und Marcella blicken sich verblüfft an. Damit haben sie nicht gerechnet. Sie haben nicht einmal einen Mädchennamen in Reserve.

In einem Nachbarbett liegt eine junge Frau, die einen Jungen zur Welt gebracht hat. Auch sie ist unzufrieden mit ihrem Schicksal: sie hatte sich ein Mädchen gewünscht, und sie hatte den Namen Selena ausgesucht.

Kurzentschlossen übernehmen die Quintanillas den hübschen Namen.

Selena Quintanilla ist geboren.

Leben heißt hoffen

Die Tourneen mit Los Dinos haben Abraham zu oft von seiner Familie ferngehalten, das Umherreisen strengt an. 1974 löst sich die Gruppe auf.

Abraham Quintanilla findet Arbeit in der Rezeption bei Dow Chemical. Es ist nicht sein Traumjob. Ohne Musik stirbt er vor Langeweile.

Selena wächst in Lake Jackson, Texas, auf. Sie ist lebhaft und aufgeweckt, sie liebt Sport, Tanz und Musik und träumt davon, Modedesignerin zu werden. Aber auch ein Leben auf der Farm, umgeben von Tieren, kann sie sich vorstellen.

Selenas Bruder A. B. bekommt eine Bassgitarre. Als sie ihn üben hört, erinnert Selena sich an das Notenbuch ihres Vaters, das er sorgfältig hütet. Sie sucht sich ein Lied heraus und singt drauflos. Ihre hübsche Stimme gefällt dem Bruder, er packt seine Gitarre und begleitet sie.

Und da kommt Leben in Abraham Quintanilla. Er hat eine musikalische Tochter! Mit ihrer strahlenden Stimme intoniert sie »We belong together«, mit Stil und Herz und genau dem richtigen Vibrato.

Mehr ist nicht nötig, um Abrahams Hoffnungen neu zu entfachen. Sofort kauft er gebrauchte Instrumente und verteilt die Rollen. Selena singt, A. B. spielt Gitarre und Suzette wird die Rhythmusinstrumente lernen. Die Kinder maulen. Vor allem Suzette. Sie findet, Mädchen sollten nicht am Schlagzeug sitzen. Es hilft alles nichts, Abraham bildet seine Band, und selbstverständlich heißt sie *Los Dinos*.

1980 trifft Abraham eine weitreichende Entscheidung. »Hier in Jackson gibt es zuviele Gringos«, erklärt er seiner Frau Marcella, »und kein einziges mexikanisches Lokal.« »Du bist verrückt«, entgegnet Marcella, »aber vielleicht hast du Recht.«

Abraham nimmt einen Kredit auf und eröffnet ein Restaurant mit mexikanischen Spezialitäten, das Papagayo's. Dabei hat er einen Hintergedanken: mit neu erwachter Leidenschaft für die Musik plant er eine Tanzfläche ein und macht sich auf die Suche nach lokalen Bands, die abends bei ihm spielen sollen. Vor allem aber will er seinen Kindern eine Platform bieten. Auf den Plakaten steht: »Selena and Los Dinos«. Genau wie er damals singt Selena auf Englisch. Sie kann auch gar kein Spanisch.

Mit neun Jahren steht Selena zum erstenmal auf der Bühne im Papagayo's. Sie hat eine klare, kräftige Stimme, getragen und treffsicher wie eine Erwachsene. Das Publikum staunt. Man applaudiert, man jubelt ihr zu. Selena ist in ihrem Element. »Wenn ich auf der Bühne stehe, habe ich das Gefühl, dass alle meine Träume wahr werden.«

Für die Proben hat Abraham die heimische Garage schalldicht gemacht und in ein Studio umgewandelt. Er hat die Beleuchtungstricks seiner alten Band noch gut in Erinnerung. Jetzt soll alles noch schöner werden. Da er nicht das Geld hat, um professionelle Projektoren zu kaufen, bastelt er selbst eine Beleuchtungsanlage aus starken Glühbirnen, alten Konservendosen und Blechkanistern. Er kündigt seinen Job und widmet sich voll dem Papagayo's und Selena.

Bis zum Hals

Als Folge der Ölkrise von 1977/78 leidet Amerika Anfang der 1980er Jahre unter einer Wirtschaftskrise. Für große Teile der Bevölkerung ändert auch Ronald Reagans Präsidentschaft nichts daran. Konzerne werden hofiert, der kleine Mann auf der Straße muss es bezahlen. Mit steigender Arbeitslosigkeit und sinkender Kaufkraft steuert das Land immer weiter in die Rezession.

Nach neun Monaten ist das Lokal Papagayo's pleite. Die Familie Quintanilla packt wieder einmal ihre Habseligkeiten zusammen, verkauft das Haus in Lake Jackson und kehrt nach Corpus Christi zu Onkel Hector zurück.

Abraham träumt noch immer von Musik, aber er muss erst einmal kleine Jobs annehmen. Sein Sohn A. B. schlägt sich einigermaßen mit einer Autovermietung durch. Abraham geht ihm zur Hand. Selena, A. B. und Suzette jedoch haben den Rausch des Showbusiness erlebt, sie wollen unbedingt die Band *Los Dinos* retten. Sie haben kein Studio? Was soll's, Abraham kauft einen ausrangierten Bus. Die Familie tauft das Fahrzeug Big Bertha, malt es in knalligen Farben an und schreibt auf beide Seitenflächen die magischen Worte: *Los Dinos*.

Mit so einem Namen müssen die Quintanillas nur noch die letzte Hürde überwinden: auf Spanisch singen. »Bis dahin hatten wir wie alle Teenager die *Eagles*, die *Doobie Brothers* gehört, wir spielten Soft Rock. Jetzt mussten wir alles ändern«, erzählt Selenas Bruder A. B.

Mühsam lernt Selena die Sprache ihrer Vorfahren. »Du bist Amerikanerin«, sagt ihr Vater. »Du bist hier geboren, du liebst Amerika und Donna Summer, aber innerlich, tief in dir drin bist du Mexikanerin.«

Der Neustart verleiht Abraham Schwung. Er lädt seine Familie, die Instrumente und den Hund in die dicke Bertha und geht auf Tour. Als er an den eleganten Villen der Reichen in Corpus Christi vorbeikommt, gelobt er: »Eines Tages sind wir auch reich und haben so ein Haus.«

Trotz der Begeisterung der Quintanillas und dem Können der *Dinos* ist der Anfang schwer. Nachtclubs wollen keine Band, deren Sängerin so jung ist. Selena hat noch nicht die Kurven entwickelt, die später so stark zu ihrem Erfolg beitragen sollten.

Sie hat auch noch nicht ganz zu ihrem mitreißenden Rhythmus gefunden. In den Kneipen hören die Gäste ihr zu, aber sie tanzen nicht nach ihren Songs. Marcella stellt fest: »Tejano ist Männersache, Abraham. Wie soll Selena sich da durchsetzen?«

Big Bertha ist ihr Zufluchtsort. Sie essen und schlafen im Bus, sie parken an angelegenen Stellen, um niemanden mit ihren Proben zu stören. Sie fahren und fahren. Später, als Selena von allen Plakaten lacht, wird ein Fan die Dicke Bertha kaufen, sie herausputzen und in ein Museum umwandeln.

Jetzt ist die Musik die einzige Einkommensquelle der Familie.

Als dann *Los Dinos* hundert Dollar pro Stunde einstecken können, haben sie das Gefühl, dass es nun endlich bergauf geht. Sie lassen sich nicht lange bitten und spielen vier Stunden am Stück. Abraham Quintanilla: »Ich wusste, Selena hatte Talent. Sie brauchte keinen Unterricht im Singen und Tanzen. Die Begabung war ihr angeboren, das habe ich sofort gesehen, und ich habe Recht behalten.«

3. Kapitel

Leben und sterben für Tejano

Eine beschwingte Melodie weckte in Marcella Quintanilla schöne Erinnerungen. Sie gestand Selena: »Als ich deinen Vater kennen lernte, tanzen wir gern Cumbia, für uns gab es fast nichts anderes. Ich bringe es dir bei.« Marcella zeigte ihrer Tochter, wie man Cumbia tanzte. Das Mädchen hatte ein gutes Gefühl für Rhythmen und eine schnelle Auffassungsgabe.

Zwischen zehn und dreizehn Jahren lernt Selena, sich wie eine Erwachsene zu schminken. Sie kleidet sich modisch in Sachen, die ihre Mutter und ihre Schwester geschneidert haben und die sie meistens selbst entworfen hat.

Zwischen 1981 und 1983 spielen *Los Dinos* bei Kindstaufen und Hochzeiten sowie in den Bars, die von den Arbeitern aus der Ölindustrie besucht werden. Sie treten auf Jahrmärkten und Stadtfesten auf, und manchmal stellen sie sich an eine Straßenecke und bringen mit ihrer Musik ein ganzes Viertel zum Tanzen. Der Einsatz lohnt sich: im Alter von zwölf Jahren nimmt Selena bei einem kleinen Label ihre erste Platte auf. Das Album kommt nicht in die Läden, sondern Abraham verkauft es direkt, den Nachschub hat er immer dabei. Später, 1995, wird die Platte unter dem Titel »Mis Primeras Grabaciones – Meine ersten Aufnahmen« neu aufgelegt.

Selena setzt ihre Schulausbildung fort, von Ort zu Ort. Schlecht und recht hält sie mit den anderen Schülern ihres Jahrgangs mit. Sie gibt sich Mühe und hat auch ganz ordentliche Zensuren, aber bei den Lehrern ist sie nicht beliebt, denn sie fehlt zu oft. Die Schulkameraden sind neidisch, das Doppelleben strengt an, Selena beklagt sich bei ihren Eltern. Wie lange soll dieser Stress noch weitergehen? Abraham sieht, wie sehr seine Tochter unter dem Druck leidet, und er beschließt, sie von der Schule zu nehmen. Die Entscheidung fällt keinem schwer. Das Leben der Quintanillas besteht aus Musik, Musik, Musik. »Ich wusste, dass sie eine große Zukunft hatte. Was sie da aufgab, war nichts im Vergleich zu dem, was sie zu erwarten hatte. Sie war nicht geschaffen für das Lernen und für bescheidene Jobs, sondern für Ruhm und Glanz.«

Selena gibt jedoch das Lernen nicht ganz auf. Abraham meldet sie bei einem Fernkurs an, und Selena ist fleißig bei der Sache. Mit siebzehn macht sie ihren Schulabschluss an der Amerikanischen Schule für Fernunterricht von Chicago.

Erster Ruhm

1983 feiern *Los Dinos* ein freudiges Ereignis: ihren ersten Fernsehauftritt.

Die Johnny Canales Show ist in Texas sehr beliebt, besonders bei Freunden der Tejano-Musik, die meisten von ihnen haben hispanische Wurzeln.

1985 trägt Selena kurzes Haar im Stil von Brenda Lee und hautenge, glitzernde Hosenanzüge. Auf Kanal 4 Mexiko erscheint sie ganz in Silber, in einer Jacke mit Schulterpolstern. Das Publikum klatscht. Dann vernimmt man ihre starke, melodiöse Stimme – und ist fasziniert von der schönen Frau mit den Augen so schwarz wie ihr Haar, den viel versprechenden Kurven und dem kessen Hüftschwung.

Mitte der 1980er Jahre ist Tejano-Musik sehr in Mode, in den USA ebenso wie in Mexiko und ganz Lateinamerika. Selena ist die Königin. 1986 spielt sie ihr zweites Album ein, »Alpha«.

1987 bekommt sie bei den Tejano Music Awards in der Kategorie Female Vocalist of the Year den Preis «Performer of the Year«. Sie ist fünfzehn und trägt eine aufgetürmte Frisur im Afro-Look. Diesen Preis wird sie sieben Jahre hintereinander davontragen. 1988 bringt sie zwei Alben heraus, »Preciosa« und »Dulce Amor« – Schmuckstück und Süße Liebe.

Im Jahr 1989 ist Selena eine schöne junge Frau geworden. In El Paso, Texas, drängen sich die Menschen, um sie zu sehen. Selena trägt das Haar halblang, aufgebauscht, sie tanzt auf der Bühne und zieht spontan ihre Bluse aus, darunter trägt sie einen gut gefüllten Push up-BH. Das Publikum tobt. Abraham Quintanilla auch, aber vor Zorn. »Das ist eine Korsage«, erklärt Selena, »so etwas ist jetzt Mode. Madonna, Paula Abdul, Janet Jackson – alle tragen das!«

Selena beginnt, sich sexy zu kleiden. Meistens sind es Hosenanzüge, hauteng und farbenfroh. Oder eine enge Hose mit einer »Korsage«, mit Pailletten besetzt oder mit Fransen, glänzend, bestickt. Selena ist nie ordinär, aber sehr natürlich, sinnlich, gut gelaunt und lebenslustig. Sie hat ein mitreißendes Lachen und ein einnehmendes Wesen. Sie findet sich überhaupt nicht hübsch, sie hält sich eher für zu dick, als sie weibliche Formen entwickelt, und sie quält sich mit sinnlosen Diäten. Das Publikum ist anderer Meinung – Selena ist eine wunderschöne Frau, ihre Fans vergöttern sie. Die kleinen Mädchen wollen alle aussehen wie sie. Und irgendwo lebt eine Frau, nicht mehr ganz jung, ein bisschen füllig, unzufrieden mit sich, vom Leben nicht gerade mit Samthandschuhen angefasst und ziemlich verbittert: Yolanda Saldivar.

Im Rampenlicht

1989 unterschreibt Selena einen Vertrag mit José Behar, der Gründer von *Capitol/EMI Records* wurde, nachdem er die Abteilung Sony Latin Music geleitet hatte. Behar ist überzeugt, dass er eine seltene Perle entdeckt hat, eine neue Gloria Estefan. Selena schließt außerdem einen Vertrag mit Coca Cola und dreht Werbespots. Ihre Konzerte ziehen mehr und mehr Besucher an.

Selena steht ständig unter Dampf, und so träumt sie davon, ein eigenes Modelabel zu schaffen. Sie arbeitet unermüdlich, macht nie Urlaub, und außer ihrer Familie hat sie wenige Freunde. Selena lacht gern, scherzt mit ihren Mitarbeitern, sie ist offenherzig, kommunikativ, vertrauensselig.

In dieser Situation trifft sie 1991 auf die Frau, die ihr Leben verändern wird.

4. Kapitel

Yolanda trifft Selena

Yolanda Saldivar ist Selena regelrecht verfallen.

Nach dem Konzert, bei dem ihr das klargeworden ist, hat sie sich schier ein Bein ausgerissen, um die Telefonnummer der Quintanillas zu bekommen. Abraham, Selenas Vater, nahm den Hörer ab. Yolanda behauptet, sie hätte dreimal anrufen müssen, bevor er sie ernstnahm. Abraham Quintanilla beteuert, dass er ihr erst nach dem fünfzehnten Anruf richtig zugehört hat.

Im Prinzip findet er es gut, einen Fanclub zu gründen. Er lädt Yolanda zu einem Gespräch ein.

Das Treffen findet im Club Reflex in San Antonio statt. Abraham sieht keinen Nachteil darin, Yolanda das Projekt Fanclub zu übertragen. Sie soll sich die praktischen Details überlegen und die Sache auf den Weg bringen. Er hat keine Zeit, sich darum zu kümmern, also beauftragt er Suzette, Selenas Schwester, sich mit Yolanda abzusprechen und das Projekt zu überwachen.

Yolanda Saldivar kommt zunächst mit ihrem Idol nicht persönlich in Berührung. Sie spricht nur mit Suzette über den Fanclub. Und so soll der Club aussehen: Die Mitglieder zahlen 20 Dollar Aufnahmegebühr und bekommen dafür Werbe- und Merchandisingmaterial.

Im Jahr 1990 spielt Selena ein Album ein, das ihr Bruder A. B. allein komponiert hat: »Ven Conmigo – Komm mit mir«. Es wird die erste Goldene Schallplatte der Sängerin.

Während Yolanda Saldivar sich um den Fanclub kümmert, arbeitet sie weiter als Krankenschwester. Das ist nötig, denn sie muss ihre alten Eltern unterstützen, dazu ihre bedürftigen Brüder und Schwestern sowie ihre drei Adoptivkinder. Sie wohnt zu Haus in der kleinen Hütte, die 1981 von den Saldivars unweit von San Antonio errichtet wurde. Sie haben ihre gesamten Ersparnisse, 30 000 Dollar, eingesetzt und sich ein sechs Hektar großes Grundstück gekauft, wo sie eigenhändig ihr Haus bauten. Bei alldem findet Yolanda trotzdem die Kraft, sich mit Tejano-Musik zu beschäftigen.

Das Leben der Saldivars hat viel von einem Melodram: 1992 verwüstet ein Feuer das Haus. Stein für Stein müssen sie es neu aufbauen. Der Vater arbeitet weiter als Kellner, und um das Familieneinkommen aufzubessern, verkaufen die Frauen auf der Straße Blumen.

Liebe auf den ersten Blick

Ein halbes Jahr nach dem Start des Selena-Quintanilla-Fanclubs lernt Yolanda endlich den Star kennen.

Als der Fanclub bereits ein Jahr lang existiert, könnte Yolanda ihr Idol Selena um Hilfe für ihre notleidenden Eltern bitten, doch sie schweigt. Aber sie versteht sich gut mit Selena. Yolanda wird sogar Selenas Assistentin. Sie gibt ihre Arbeit als Krankenschwester auf und widmet sich ganz und gar der Frau, die sie später »Tochter« nennen wird.

Drei Jahre nach seiner Gründung zählt der Fanclub 8000 Mitglieder. Die Einkünfte gehen an wohltätige Einrichtungen, die Selena auswählt.

Selena ist ständig umgeben von ihren Eltern, ihren Geschwistern und den Mitarbeitern für die Shows. Eine richtige Freundin hat sie nie gehabt. Nun macht sie Yolanda zu ihrer Vertrauten.

Schon lange hegte Selena einen Traum: ein eigenes Modelabel zu kreieren, eigene Modelle zu entwerfen, eine Ladenkette aufzubauen. Mit dem Geld, das sie inzwischen verdient, kann sie diesen Traum realisieren. In San Antonio und in Corpus Christi eröffnet sie Läden mit dem Namen »Selena etc«. »Ich wünschte, die ganze Welt sänge meine Lieder und trüge meine Kleider«, gesteht Selena der Presse. Die Geschäfte werden flankiert von Schönheitssalons, in denen Selena-Fans sich nach dem Vorbild ihres Idols schminken und frisieren lassen können.

Der Zeitschrift *Hispanic Business* zufolge erwirtschaften Selenas Läden alsbald fünf Millionen Dollar.

Zum Lohn für Yolandas Einsatz überträgt Selena ihr die Leitung der Geschäfte. Sie macht ihr Geschenke, erkundigt sich nach ihrem Wohlergehen. Im Gegenzug überhäuft Yolanda Selena mit Geschenken.

Von diesem Moment an wird Yolanda Saldivars Verhalten fragwürdig:

Sie bezahlt Geschenke für Selena mit Kreditkarten, die auf die Läden laufen. Das seltsamste Geschenk besteht aus einem Ring mit der Reproduktion eines Fabergé-Eis. Dieser Ring sollte für das weitere Schicksal Selenas eine geheimnisumwitterte Rolle spielen.

Hard Rock und Tejano

Selenas Zeit wird vereinnahmt von ihrem beruflichen und privaten Leben. Seit 1988 ist sie verliebt in den Gitarristen Chris Perez, der die Bassgitarre wie ein Gott des Rock'n Roll spielt. Nein – ein Gott des Hard Rock. Er trägt das Haar lang und pflegt einen Lebensstil, der keineswegs Abraham Quintanillas Vorstellungen für den Gatten seiner Tochter entspricht. Chris Perez ist einer von denen, die gemeinsam mit ihren Freunden ein Hotelzimmer verwüsten, ganz in der ehrwürdigen Tradition von Hard Rock-Bands. Selenas Bruder A. B. entdeckte Chris Perez, als dieser bei einer Band in San Antonio Gitarre spielte, und engagierte ihn für *Los Dinos*. Chris Perez ist ein zurückhaltender, doch freundlicher Mensch. Selena mag ihn. In ihren Augen ist er ein »macho man«. Chris ist bereit, Opfer zu bringen. Damit er ins Team passt, begibt er sich bei Suzette in Behandlung. Sie schneidet ihm die Locken ab und frisiert ihn wie einen Latino mit einem Nackenschwänzchen. Um ihn von seinen Nietenarmbändern zu befreien, braucht es einen Bolzenschneider. Aber die Flasche Tabasco am Gürtel, die er wie einen Colt trägt, lässt der Rocker sich nicht nehmen. »Es war rebellisch, das hat mir gefallen, ich fand es witzig«, erinnert er sich.

Nachdem sie zwei Jahre zusammen getourt sind, machen Selena und Chris ihre Liebe publik. Abraham entlässt Chris. Selena trifft sich weiter heimlich mit ihm.

Abraham gibt nach. Bald geht Chris Perez wieder mit auf Tournee und spielt für Selena Tejano-Musik. »Oft war es eine Mischung aus Funk, Disco und Latino-Musik«, erzählt Chris Perez. Der Cocktail ähnelt dem Rhythmus der Cumbia. Chris liebt Selenas wildes, vulkanisches Temperament. Ihre Charaktere widersprechen und ergänzen sich.

Trotz Abrahams Einwänden heiraten Chris und Selena am 2. April 1992 in Nueces County, Texas. Jetzt nennt Selena sich Quintanilla-Perez. Abraham kann durchsetzen, dass das junge Paar neben dem Haus der Eltern im Viertel Molina wohnt.

5. Kapitel

Selena ist Top

Mit »Entra mi Mundo – Komm in meine Welt«, ihrer zweiten Goldenen Schallplatte, werden Selena und *Los Dinos* die Nr. 1

in der Hitparade. »Como la Flor – Wie die Blume« wird zum Pflichtstück eines jeden Auftritts.

Los Dinos erhalten ein Engagement in Monterrey. Abraham möchte sich erst nach der Tour durch Kalifornien der Herausforderung stellen. Er macht sich Sorgen, weil Selena so schlecht Spanisch spricht und einen starken Akzent hat. Wenn sie in Monterrey nun eine Pressekonferenz geben müssen? Das würde ein Fiasko. Wie sollte man erklären, dass die Königin der Tejano-Musik ausschließlich Englisch spricht?

Aber Selena zieht sich hervorragend aus der Affäre, indem sie eine charmante Mischung aus beiden Sprachen spricht.

Auf der Bühne, ganz in Weiß, in enger Hose und BH, das lange Haar offen, feiert Selena rauschende Triumphe. Das Publikum ist außer Rand und Band, die Saalordner sind überfordert. Selena versucht, die Gemüter zu beruhigen. Ganz leise intoniert sie »Como la Flor – Wie die Blume«. Die Menschenmenge ist schlagartig besänftigt und singt den Refrain mit. Selena besitzt die Gabe, mit dem Publikum zu flirten. Sie lacht und scherzt und verführt mit ihren Formen und den sexy Tanzschritten.

Yolanda Saldivar bekommt das alles natürlich mit. Die schwärmerische Liebe der Fans zu Selena tut ihr weh. Hinter ihrem fröhlichen, herzlichen Verhalten und trotz ihrer privilegierten Stellung lebt eine verbitterte, neidische Frau im Schatten der umjubelten Sängerin.

Dementsprechend ist ihre Rache verstohlen und boshaft. Heimlich veruntreut Yolanda Gelder, lässt Schecks verschwinden, schickt den Mitgliedern des Fanclubs nicht die versprochenen Geschenke. Kontoauszüge gehen verloren, die Kassen der Modeläden leeren sich.

Selena, Los Dinos und die anderen Quintanillas haben genug zu tun mit Engagements, immer häufigeren Konzerten, der Produktion der Kleidung; sie merken lange Zeit nichts.

Selena steht kurz vor der Realisierung ihres wichtigsten Plans: Songs auf Englisch einzuspielen. Mit vier Titeln kann sie in den Talkshows von Jay Leno und David Letterman auftreten.

Abraham ist sicher: »Selena ist fähig dazu, schon lange.«

Selena tritt regelmäßig in einer Seifenoper mit Erik Estrada auf, »Dos Mujeres, Un Camino – Zwei Frauen, ein Weg«.

Das Herz auf den Lippen

In ihrer Begeisterung stellt Selena ihren Stylisten, Martin Gomez, und die Präsidentin ihres Fanclubs, die zugleich Geschäftsführerin ihrer Läden ist, Yolanda Saldivar, der Presse vor. Yolanda ist ohnehin ständig in ihrer Nähe. Bei den Proben, in den Kulissen bei Auftritten, in den Läden, bei den Quintanillas zu Haus. Insgeheim nennt sie Selena »Tochter« und gibt sich liebevoll wie eine Mutter.

Bei den Grammy Awards trägt Selena ein glitzerndes Goldkleid. Sie bekommt den Preis für ihr Album »Live«. 1994 präsentiert sie ihre erste Modenschau, sie führt selbst ihre Modelle vor, dic sie zusammen mit ihrem Stylisten entworfen hat. Es sind Bühnenoutfits, Abendkleider, Sachen für einen Star. Alles glänzt und glitzert, in kräftigen Farben und auffallenden Mustern, hell und fröhlich. Selena liebt den Disco-Stil und sogar »glam rock«, obwohl das nicht die Richtung ihrer Songs ist.

1994 ist ein Glücksjahr für Selena. Ihr Album »Amor prohibido – Verbotene Liebe« bekommt eine Goldene Schallplatte und wird ein Triumph in Lateinamerika. Sie unternimmt Tourneen nach New York, Argentinien, Puerto Rico und Mittelamerika. Sie spielt »Buenos Amigos – Gute Freunde« ein, es ist ein Duett mit Alvaro Torres, dem berühmten Sänger aus San Salvador.

1995 bereitet Selena ihr erstes Album auf Englisch vor und spielt in dem Film »Don Juan DiMarco« mit Marlon Brando, Johnny Depp und Faye Dunaway. Ihre Karriere ist nicht mehr aufzuhalten.

Lug und Trug

Abraham Quintanilla entdeckt Unregelmäßigkeiten auf den Konten. Selena wundert sich, aber noch glaubt sie, dass es eine Erklärung für Yolandas Unterschlagungen gibt.

Abraham, Selena, A. B. und Suzette bitten Yolanda zum Gespräch und stellen sie zur Rede. Yolanda leugnet alles. Sie weiß von nichts, sie hat nichts Unrechtes getan, es muss jemand anderes gewesen sein. Sie versteht es selbst nicht. Sie entschuldigt sich nicht, sie bietet keine Erklärung an, sie weist jeden Verdacht von sich.

Aber nicht nur Unterlagen fehlen. Abraham zeigt Yolanda Briefe von enttäuschten, aufgebrachten Fans. Sie haben ihren Mitgliedsbeitrag gezahlt und nie etwas dafür bekommen. Abraham hat sich bei Yolandas früheren Arbeitgebern erkundigt und erfahren, dass sie auch dort Unterschlagungen begangen hat. »Nein, nein, ich habe nichts verbrochen«, beteuert Yolanda. »Ich weiß nichts von diesen Schecks. Ich habe keine Kontoauszüge weggeworfen.«

»Wo sind die Kassenbücher der Läden?«, will Abraham wissen. »Die kann ich Ihnen gern geben«, erwidert Yolanda. Sie hat Angst, aber sie leugnet beharrlich.

Yolanda Saldivar zieht kleinlaut ab. Sie fühlt sich schuldig und trotzdem schlecht behandelt, als müssten man ihr das Fehlverhalten ohne weiteres verzeihen. Doch sie gehört ja nicht zur Familie, das sagt sie sich immer wieder voll Bitterkeit. Dabei vergisst sie, dass sie durch ihre Lügen, Diebereien und Unterschlagungen alles getan hat, um sich das Vertrauen der Familie zu verscherzen.

Triumph der Liebe

Am 26. Februar 1995 zieht Selena mehr als 60 000 Fans in das Astrodrom in Houston für ein sagenhaftes Konzert anlässlich des Houston Livestock and Rodeo, eines großen Vieh- und Jahrmarkts. Selena ist besser denn je. Ihre Kurven hat sie in ein fliederfarbenes, paillettenbesetztes Outfit gehüllt. Am Schauplatz kommt sie an in einem Wagen, den zwei Coyboys ziehen. Gleich mit dem ersten Song, »I Will Survive – Ich werde überleben« elektrisiert sie die Massen. Der Beat des Stücks, das Gloria Gaynor berühmt gemacht hat, wird immer schneller, und Selena liefert eine heiße Mischung aus Disco, Rock, Pop, Funk und Tejano ab.

Das Abmischen ihres englischen Albums ist für den Sommer 1995 geplant. Um ihr Latino-Publikum nicht zu enttäuschen, bereitet Selena gleichzeitig eine neue Platte auf Spanisch vor. Auch in Schulen bringt Selena den vollen Einsatz, indem sie den Jungen und Mädchen Tipps gibt und sie ermahnt, ihren Schulabschluss zu machen. Sie engagiert sich für wohltätige Zwecke und im Kampf gegen Aids. Mit ihrer überschäumenden Energie plant sie die Eröffnung von zwei neuen Modeläden, einen davon in Monterrey, Mexiko.

6. Kapitel

Dunkle Wolken ziehen auf

Im selben Jahr, 1995, überführt die Familie Quintanilla Yolanda Saldivar verschiedener Missetaten und beschließt, ihr zu kündigen. Es waren die Beschwerdebriefe von 8000 Mitgliedern des Selena-Fanclubs, die Abraham Quintanilla alarmiert hatten.

Yolanda hat die Einzahlungen für den Fanclub auf ihr eigenes Konto gelenkt. Sie hat Schlüssel zu dem Haus von Selena und Chris Perez. Sie kann Selenas Kreditkarten benutzen. Sie hat den Fans, die 20 Dollar Einsatz gezahlt haben, nie die entsprechenden Gegenleistungen geliefert.

Yolanda Saldivar hat für Selena einen goldenen Ring gekauft, auf dem ein mit einem 22-karätigen Diamanten und einem eingravierten S geschmücktes Fabergé-Ei prangt. Sie hat Selena nicht erläutert, dass es sich um ein gemeinsames Geschenk aller Mitarbeiter handelt. Für den Ring zahlte sie 3000 Dollar, und zwar mit Selenas American Express Gold Card.

Yolanda hat den Quintanillas nie von ihrer dunklen Vergangenheit erzählt. Anfang der 1980er Jahre musste sie eine Stellung als Krankenschwester aufgeben, weil sie kleinere Diebereien begangen hatte. 1984 wurde sie verhaftet, weil sie dem Arzt, bei dem sie die Buchhaltung machte, 9000 Dollar gestohlen hatte. Außerdem hat Yolanda Schulden bei der Schule, die ihre Adoptivkinder besucht haben.

Nachdem Abraham, Selena und Suzette Yolanda Saldivar zur Rede gestellt haben, eilt diese in ein Waffengeschäft in San Antonio und ersteht eine Pistole Kaliber.38.

Die Gnadenfrist

Selena ist von Natur aus vertrauensselig. Yolanda Saldivar verspricht, die fehlenden Buchungsunterlagen beizubringen. Also schickt Selena sie nach Monterrey in Mexiko, wo sie ein neues Modegeschäft eröffnen will. Finanziert hat den Laden ein Freund, der Schönheitschirurg Dr. Ricardo Martinez.

Auf Yolandas Rückweg von dort bekommt Selena einen verzweifelten Anruf: ihr wurde das Auto gestohlen, sie selbst wurde entführt und vergewaltigt. Selena bittet Yolanda dringend, ins Krankenhaus von Corpus Christi zu gehen, sobald sie wieder zu Haus ist.

Selena macht sich Sorgen, sie fühlt sich verantwortlich für das Geschehen. Außerdem will sie die Sache mit den Veruntreuungen aus der Welt schaffen. Sie verabredet ein Treffen mit Yolanda für den 30. März 1995.

Die letzte Nacht

Am 30. März fährt Selena mit ihrem Mann, Chris Perez, zum Motel Day's Inn.

Sie betritt Zimmer 158. Chris Perez bleibt draußen. Das Gespräch zwischen Selena und Yolanda dauert zehn Minuten.

Yolanda übergibt Selena die Kontounterlagen und beteuert: »Die Konten der Läden und des Fanclubs sind in Ordnung, die Fans haben alle ihre Waren bekommen.«

Selena verlässt das Zimmer, geht zu ihrem Mann, die beiden steigen ins Auto. Unterwegs blättert Selena den Stoß Papiere durch. Die Unterlagen sind immer noch nicht vollständig.

Lange hat Selena an Yolandas Aufrichtigkeit geglaubt, hat ihr immer wieder die Stange gehalten. Jetzt gerät ihre Überzeugung ernsthaft ins Wanken. Mehr noch – sie ist enttäuscht. Sie hatte diese Frau für eine Freundin gehalten. Yolanda hatte so engagiert gewirkt, so freundlich, so herzlich. In Selenas Umgebung misstrauten jedoch einige Yolanda, vor allem die Mitarbeiter in den Läden. Yolnada war so raffiniert, jede Berührung zwischen ihnen und der Chefin abzublocken, sie schreckte Selenas Freundinnen ab, sie drang in Selenas Privatsphäre ein, in ihre Familie und nicht zuletzt in ihre geschäftlichen Angelegenheiten.

Mit schönen Reden von Freundschaft hatte Yolanda Selena umgarnt, die völlig arglos und gutgläubig war. In all den Jahren hatte Yolanda Tausende von Dollars entwendet, sie hatte die Quintanillas hintergangen und die Fans der Sängerin hintergangen.

Am 30. März 1995 ruft Selena vom Auto aus Yolanda an und fragt, wo die fehlenden Unterlagen sind. Sie ist empört und verletzt von Yolandas Lügen, die betrogenen Fans liegen ihr auf der Seele.

Um Mitternacht ruft Yolanda bei den Perez zurück. Als Selena abnimmt, schreit sie in den Hörer: »Ich bin verletzt, ich blute, ich habe Schmerzen, komm schnell, hilf mir!« Chris Perez verbietet seiner Frau, mitten in der Nacht hinzufahren. Seiner Meinung nach ist es wieder nur ein Trick von Yolanda, Selenas Mitgefühl zu heischen und von ihren Übeltaten abzulenken.

Selena widerspricht. Da Yolanda bittet und fleht, verspricht Selena ihr, am nächsten Morgen zu ihr zu kommen.

Noch eine Erpressung

Am folgenden Tag, dem 31. März 1995, macht Selena sich für ihr letztes Treffen mit Yolanda bereit. Sie ist fest entschlossen, die Kontoauszüge zu prüfen und dann Yolanda Saldivar endgültig zu entlassen. Schon lange drängen ihre Familie und

Freunde sie zu diesem Schritt. Zudem will sie Yolanda den kostbaren Ring zurückgeben, denn sie glaubt noch immer, dass es sich um persönliches Geschenk Yolandas an sie handelt. Von dieser verlogenen Frau will sie nichts haben, ihr nichts mehr schulden.

Als Selena beim Motel Day's Inn in Corpus Christi eintrifft, fährt sie mit Yolanda ins Krankenhaus, denn diese behauptet, dass sie nach der angeblichen Vergewaltigung Blutungen hat.

Der Arzt untersucht Yolanda und stellt fest, dass sie an einer starken Depression leidet. Die Diagnose findet ihre Bestätigung, da Yolanda sich ganz auf Selena stützt, nur sie reden und die Formalitäten regeln lässt. Sie besteht darauf, dass Selena während der körperlichen Untersuchung anwesend ist. Und nun beginnt Yolanda, sich selbst zu widersprechen.

Sie gibt an, nach der Vergewaltigung »ein bisschen« geblutet zu haben. Selena wirft ein, dass Yolanda am Abend zuvor gesagt hatte, sie blutete stark. Der Arzt ist überzeugt, dass Yolanda lügt und dass Selena getäuscht wurde.

Die Schwester, die Yolanda aufgenommen hat, darf keine gynäkologische Untersuchung im Fall einer Vergewaltigung vornehmen. Yolanda wohnt in San Antonio, sie ist jetzt in der Klinik von Corpus Christi, die Straftat fällt nicht in ihren Bezirk. Um die Vergewaltigung anzuzeigen und Klage zu erheben, muss Yolanda zur Polizei in San Antonio oder in Mexiko gehen.

In einem vertraulichen Gespräch deuten der Arzt und die Schwester Selena gegenüber an, dass auf den ersten Blick nichts von einer Gewalttat festzustellen ist. Yolanda ist sichtlich verwirrt, die ganze Geschichte ist möglicherweise frei erfunden. Selena bittet die beiden, Yolanda nichts davon zu sagen. Allmählich macht sie sich Sorgen um Yolandas geistige Gesundheit. Trotzdem fährt sie mit ihr zurück zum Day's Inn.

Unterwegs bekommt sie einen Anruf. Sie soll sich beeilen, im Aufnahmestudio warten alle schon auf sie.

Verbrechen im Affekt

Day's Inn Motel Zimmer 158. Zwei Frauen treten ein.

Sie streiten offensichtlich. Selena fordert Auskunft, Yolanda ist in die Enge getrieben. Sie hat keine Argumente mehr, ihr fallen keine neuen Lügen mehr ein. Sie hat die fehlenden Unterlagen nicht.

Yolanda greift nach ihrer Handtasche und holt die .38er heraus. Sie richtet die Waffe auf Selena. Selena dreht sich um und will zur Tür. Yolanda schießt. Selena ist im Rücken getroffen.

Das Blut schießt aus der Wunde und durchtränkt im Nu das T-Shirt aus dunkelgrünem Samt. Die Hände vor die Brust gepresst, stürzt Selena aus dem Raum. Mit schier übermenschlicher Kraft schleppt sie sich am Swimming Pool entlang zur Rezeption. Hinter ihr wütet eine kleine, rundliche Frau, fuchtelt mit einer Schusswaffe und schreit: »Schlampe!« Yolanda bleibt stehen, zielt und schießt ein zweites Mal, verfehlt Selena knapp. Ein Mitarbeiter des Motels ist Zeuge der Szene. Yolanda stößt einen Fluch aus, wendet sich ab und schließt sich in ihrem Zimmer ein.

Vor der Rezeption liegt Selena am Boden und verblutet. Sie hatte es gerade noch in die Lobby des Motels geschafft. Sie stammelt: »Ich wurde angeschossen … Sie ist in Zimmer 158. Verriegeln Sie die Tür, sie kommt bestimmt wieder und erschießt mich …« Vor dem Tresen der Rezeption verliert sie das Bewusstsein. In der Hand hält sie den Ring mit dem Fabergé-Ei. Mit letzter Kraft haucht sie einen Namen: Yolanda Saldivar.

Die Umstehenden rufen 911 an. Kurz darauf trifft eine

Ambulanz ein, Selena wird in das Memorial Medical Center gebracht.

Yolanda kommt aus ihrem Zimmer, geht aber sofort wieder hinein. Dann erscheint sie erneut, geht zum Parkplatz des Motels und steigt in ihrem Pick up. Ein Polizist nähert sich ihr. Sie gerät in Panik und drückt den Lauf ihres Revolvers gegen ihe Schläfe. Mehrere Polizeiwagen kommen hinzu. Und dann ist Yolandas Pick up von einem Dutzend Polizeifahrzeugen umringt.

7. Kapitel

Eine tränenreiche Show

Yolanda Saldivar hat sich auf dem Parkplatz des Day's Inn in ihrem Auto verschanzt und zieht ihre große Schau ab. Dabei hält sie sich die ganze Zeit die Pistole an die Schläfe. Kamerateams der Fernsehsender nehmen das Bild begierig auf und verbreiten es live in ganz Nord- und Südamerika. Yolanda droht mit Selbstmord. Immer wieder sagt sie: »Ich kann die Pistole nicht weglegen, ich schäme mich so, ich verdiene es nicht zu leben. Ich möchte zu meiner Mutter!«

Mehrere Stunden lang weigert sie sich, ihr Auto zu verlassen oder die Waffe abzugeben.

Schließlich kann die Polizei sie zur Vernunft bringen. Als Yolanda sich ergibt, legt ein Polizist ihr eine Jacke über den Kopf, um sie vor den Kameras und dem Regen zu schützen. Rasch steigt sie in einen Streifenwagen.

Die Mitarbeiter des Motels sind schockiert. Ein Zimmermädchen, Rosario Garza, gibt an, dass sie gesehen hat, wie Yolanda auf Selena schoss. »Ich hörte einen Schuss und bin hingerannt. Ich sah, wie Yolanda zum zweiten Mal auf Selena geschossen hat. Dann ist sie in ihr Zimmer gegangen und später wieder herausgekommen. Sie drückte etwas, das in ein Handtuch gewickelt war, an die Brust. Dann stieg sie in ihren Pick up.«

Eine weitere Frau, Norma Marie Martinez, machte folgende Aussage: »Yolanda Saldivar rannte hinter Selena her. Sie schoss auf sie. Selena rief: ›Hilfe, Hilfe‹, und lief weiter. Yolanda kehrte um, als wäre nichts geschehen.« Diese Frau hatte auch gehört, wie Yolanda Selena »Schlampe« nannte.

Das Geheimnis

Kaum war Yolanda in ihrer Zelle, begann sie von einem Geheimnis zu sprechen, das angeblich Selena umgab und von dem nur sie etwas wusste. Sie klang so überzeugend, dass sich eine Reporterin des Fersehsenders Univision, Maria Celeste Arraras, dafür interessierte. Arraras besuchte Yolanda Saldivar mehrfach und versuchte, dieser das aufregende Geheimnis zu entlocken. Monate lang führte Saldivar die junge Frau an der Nase herum, indem sie behauptete, sie besäße ein Tagebuch von Selena, einen Brief sowie eine Videokassette, mit der sie Selenas Untreue beweisen könne. Die Reporterin forschte nach.

Keins der angesprochenen Objekte wurde je gefunden. Keiner der angeblichen Beweise für Selenas Untreue wurde je erbracht. Selena war eine glückliche Frau, ausgefüllt von ihrer Musik, dem Modelabel, geplanten Aufnahmen, Konzerten. Sie liebte ihren Mann, und sie war auf dem besten Weg, ein internationaler Star zu werden. Yolanda Saldivars Erzählungen dienten lediglich dazu, Maria Celeste Arraras Stoff für ein Buch zu liefern, das das Titel trug: »Ich kenne Selenas Geheimnis«. Allerdings wird in dem Buch keinerlei Geheimnis enthüllt.

Die Spekulationen stützten sich auf ein paar Details. In dem Motelzimmer stand ein Koffer mit Kleidungsstücken. Yolanda behauptete, dass Selena mit ihrem »Geliebten«, Dr. Martinez, nach Mexiko flüchten wollte. Nie wurde ein Beweis für eine Affäre Selenas mit dem Chirurgen gefunden. Bei dem Koffer war eine Arbeitserlaubnis. Aber wer hätte eine Arbeitserlaubnis für Mexiko gebraucht – die von einem ganzen Kontinent verehrte Sängerin Selena Quintanilla, so bekannt wie die Mutter Gottes? Oder aber Yolanda Saldivar, die erwiesene Diebin, Lügnerin, Betrügerin?

Yolanda beschuldigte Selena einer Affäre mit dem Tejano-Sänger Emilio Navaira, einem ruhigen, treu sorgenden Familienvater. Sie behauptete sogar, die Frau des Sängers, Cynthia Navaira, hätte Selena in einem Anfall von Eifersucht ermordet.

Doch alle diese Äußerungen änderten nichts an Yolandas Schicksal.

Eine weitere Version der Ereignisse sollte zumindest erwähnt werden: Selena und Yolanda wollten demnach gemeinsam nach Mexiko fliehen, weil sie eine lesbische Beziehung hatten. Diese Geschichte erntete neben Protesten im Wesentlichen eher Gelächter.

8. Kapitel

Nach dem Verbrechen

Während Selena im Sterben lag, setzte ein wahrer Ansturm auf ihre Läden in Corpus Christi und San Antonio ein. Reporter belagerten beide Adressen, ebenso ihr Haus und die Klinik. Der Zutritt zum Motel Day's Inn und Umgebung war den

Medien nicht gestattet, solange die Polizei mit Yolanda verhandelte, da diese mit Selbstmord drohte.

Yolanda hielt Kontakt per Handy, und sie forderte, dass die Kameras fernblieben.

Presse und Fernsehen stürzten sich auf Selenas Vater, Abraham Quintanilla. Selena war es, die Yolanda engagiert hatte. Ihr Vater hatte sich mehrfach über deren Unterschlagungen beklagt. »Wir hatten Beweise. Schließlich hat Selena ihr die Vollmacht, Schecks zu unterschreiben, entzogen. Wir haben Yolanda aufgefordert, uns die Kontoauszüge zu zeigen. Unter dem Vorwand, ihr die Unterlagen geben zu wollen, hat Yolanda Selena in das Motel gelockt und sie getötet.«

Selenas Mutter und ihre Geschwister machten sich schreckliche Vorwürfe. »Wir wussten doch, wie schlimm Yolanda war. Warum haben wir sie nicht längst entlassen?«

Der letzte Atemzug

Selena liegt in der Notaufnahme. Sie stirbt. Die Kugel hat die Schlagader in der rechten Schulter durchschlagen. Sie hat viel Blut verloren. Noch während der Notoperation stirbt sie.

Um 13.05 Uhr wurde Selena Quintanilla für tot erklärt. Sie war 23 Jahre alt. Sechzehn Tage später hätte sie Geburtstag gehabt. Abraham Quintanilla eilte sofort ans Sterbebett seiner Tochter, aber als er in der Klinik eintraf, war sie schon tot.

»Meine Frau ist verzweifelt«, sagte er. »Wir brauchen alle unsere Kräfte zum Durchhalten, bis zu dem Tag, an dem wir unsere Tochter im Jenseits wiedersehen, am Tag der Auferstehung. Selena war vertrauensselig, sie misstraute niemandem. In anderen Menschen sah sie nur das Gute, sie wusste nichts von dem Neid und der Bosheit, die ihr Ruhm bei anderen auslösen konnte. Sie spazierte arglos durch Einkaufszentren und schlug alle meine Warnungen in den Wind.«

Ein Video erinnert an den Tag, an dem Selena einen ihrer Läden »Selena etc.« eröffnete. Darauf sind Selena und Yolanda zu sehen, wie sie sich in einer Ecke unterhalten. Yolanda zufolge vertraut Selena ihr gerade ein Geheimnis an. Sie selbst wirkt zuerst ernst, dann erstaunt, schließlich amüsiert. Die beiden plaudern und lachen, als wären sie die besten Freundinnen. Niemand wäre auf den Gedanken gekommen, dass sie einander hassen könnten.

9. Kapitel

Idol für immer und ewig

Zum Zeitpunkt ihres Todes war Selena 23 Jahre alt. Sie hatte soeben vier Songs auf Englisch aufgenommen und plante ein ganzes Album, um ein internationales Publikum zu erobern.

Ihre Modeläden liefen hervorragend. Selena sonnte sich im Glück ihres Berufs, ihres Familienlebens, ihrer Ehe.

Nach ihrem Tod brachen die Verkaufszahlen ihrer Platten alle Rekorde. Bücher wurden geschrieben über ihre kurze, kometenhafte Karriere. Ein Film von Gregory Nava setzte ihr 1997 ein Denkmal; Jennifer Lopez spielte Selena, Edward James Olmos den Abraham Quintanilla und Jon Seda den Chris Perez. Südamerika, Mexiko und alle hispanischen Gemeinschaften weltweit beweinten ihre Heldin. Selenas Verehrer empfanden Empörung und Trauer. Für Yolanda Saldivar brachte niemand Verständnis auf.

Überrascht und gerührt von der Anteilnahme des Publikums, von den ungezählten Beileidsbriefen, geben die Quintanillas den Fans das, was sie sich wünschen: Erinnerungsstücke an ihr ermordetes Idol.

Am 12. April 1995, zwei Wochen nach Selenas Tod, ernennt der Gouverneur von Texas, George W. Bush, späterer Präsident der USA, ihren Geburtstag, den 16. April, zum alljährlichen »Selena Day«.

Leicht verdientes Geld

Es gab Gerüchte, denen zufolge Selenas Vater und ihr Mann, Chris Perez, sich nach ihrem Tod um das Erbe gestritten hätten. Das haben diese im Fernsehen dementiert.

Selena war so jung und voller Tatendrang, dass sie nie auf die Idee gekommen war, ein Testament zu machen. Demnach würde ihr Vermögen gemäß dem texanischen Gesetz zwischen ihrem Mann und ihren Eltern aufgeteilt werden. Bei ihrem Tod besaßen Selena und ihr Mann gemeinsam 326 000 Dollar, Modeläden, Bankkonten, Wertpapiere, Mobiliar, Kleidung, Schmuck, ein Motorrad, einen Porsche, einen Pick up sowie Musikinstrumente. Chris Perez erbte die Hälfte von alldem.

Die Rechte an den Platten wurden innerhalb der Familie aufgeteilt. Der Vater wurde zum Testamentsvollstrecker bestellt.

Im Jahr vor ihrem Tod verdiente Selena angeblich fünf Millionen Dollar. Wo blieb das Geld? Nach Abzug der Kosten verteilte Selena die Einnahmen unter den Familienmitgliedern, die eine Gesellschaft gebildet hatten. Auch nach ihrem Dahinscheiden sorgte Selena noch für die Ihren.

In ihrem letzten Interview beschrieb Selena ihre Traumvilla. Sie hatte in Corpus Christi in der Nähe eines botanischen Gartens fünf Hektar Grund erstanden. Dort wollte sie ein Haus mit Blick auf den See bauen. Sie stellte sich vor, wie der Gesang der Vögel sie jeden Morgen wecken würde.

10. Kapitel

Yolanda Saldivars Prozess

Um für Yolanda Saldivar einen fairen Prozess zu garantieren, wurde das Verfahren nach Houston verlegt. In Corpus Christi, wo Selena gewohnt hatte, befürchtete man öffentlichen Aufruhr, eine parteiliches, emotional gefärbtes Urteil oder gar einen Lynchmord. Yolanda Saldivar schlug purer Hass entgegen. Die Behörden nahmen die Morddrohungen, die sie erhielt, sehr ernst. Zu ihrer Unterstützung hat sie nur ihre Familie, die sich eng um sie schart, und ihre Lieblingsschwester, Maria Elida Saldivar.

Der Staat Texas bestimmt und bezahlt für Yolanda einen erstklassigen Pflichtverteidiger. Es ist Douglas Tinker, ein alter Bürger der Stadt und hartgesottener Jurist, der von der Strafkammer im Staat Texas 1955 zum Outstanding Criminal Defense Lawyer – hervorragender Strafverteidiger – ernannt wurde.

Tinker hat vor nichts und niemandem Angst, er lässt sich nicht einschüchtern, Schwierigkeiten reizen ihn erst recht, und bei heiklen Fragen entwickelt er ungeahnte Kräfte. Er ist der Schutzpatron der hoffnungslosen Fälle. Berühmt wurde er mit der Verteidigung eines Mitglieds der Sekte des David Koresh nach der Tragödie von Waco. »Wenn Tinker dich nicht aus dem Knast holt, heißt das, du bist schuldig«, steht auf T-Shirts, die er selbst verschenkt.

Yolanda zu verteidigen ist allerdings noch einmal ein Kapitel für sich. Sie hat die ganze Welt zum Feind. Tinker weiß, dass er sich mit der gesamten Latino-Gemeinschaft anlegen wird, und dazu mit allen Fans von Selena weltweit. Tinkers Frau bittet ihn eindringlich, den Fall abzugeben. Er bleibt hart.

Der Staatsanwalt ist Arnold Garcia, auch er hat dreißig Jahre Berufserfahrung. Gracia ist ein amerikanisierter Mexikaner, er spricht Spanisch und Englisch, und er ist ein unnachsichtiger Strafverfolger. Tinker ist groß gewachsen, trägt einen dichten weißen Bart und ähnelt stark einem Weihnachtsmann. Diese Rolle spielt er in der Tat allweihnachtlich, wenn er unter den weniger wohlhabenden Kindern in Corpus Christi Geschenke verteilt. Arnold Garcia ist untersetzt und gedrungen und hat einen gewaltigen schwarzen Schnurrbart. Er vergleicht sich gern mit Pancho Villa.

Tinkers Gegner ist Generalanwalt – Attorney General – Carlos Valdez, ein in Texas geborener Hispano. Valdez ist in Corpus Christi aufgewachsen, wie Selena im Barrio Molina. Seine Familie wohnt wenige Straßen entfernt von den Quintanillas. Valdez ist um die Vierzig, elegant, sachlich. Sein jugendliches Aussehen kompensiert er mit einer strengen Brille. Er hat politische Ambitionen, und ein Sieg über die mutmaßliche Mörderin der Königin der Tejano-Musik Selena würde ihm gut zu Gesicht stehen.

Carlos Valdez hat einen juristischen Partner, Mark Skurka, einen korpulenten Mann von rüdem Auftreten, der mit allen Mitteln versucht, auf das Gericht und die Geschworenen in seinem Sinn einzuwirken.

Richter ist Mike Westergren, geradlinig und hart, er führt den Prozess mit strenger Hand. Er folgt stets dem Buchstaben des Gesetzes, aber es wird gemunkelt, dass er auch hin und wieder dem Urteil der Jury widerspricht.

Die Höhe der Kaution für Yolanda sorgt im Publikum für Zorn: »Hunderttausend Dollar, das ist ja gar nichts!« Das Volk fordert die Todesstrafe. In Texas muss man zwei Straftaten begehen, damit es zu diesem Urteil reicht. So will es das Gesetz:

Hätte Yolanda Selena ermordet und zugleich einen Diebstahl begangen, hätte man sie zum Tode verurteilen können.

Geständnis und Widerruf

Yolanda Saldivar hat ihr Geständnis unterschrieben. Der Nachrichtensender CNN teilt der Öffentlichkeit die Einzelheiten mit. Saldivar hat während eines Streits auf Selena geschossen. Bei dem Streit ging es um Vorwürfe von Selenas Vater, in denen er behauptete, Saldivar sei lesbisch und sie hätte von Selenas Bankkonten Gelder gestohlen.

Sogleich verlautbart die Verteidigung, dass eine Spezialeinheit der Polizei eine Bemerkung von Yolanda aufgeschnappt habe: »Der Schuss ging unabsichtlich los.« Yolanda Saldivar ist empört, dass dies in ihrer Aussage nicht festgehalten wurde.

Der Anwalt der Verteidigung vertritt die These eines Unfalls, aber die Anklage lenkt die Aufmerksamkeit auf die Tatsache, dass Yolanda Saldivar eine diplomierte Krankenschwester ist. Warum hat sie nicht sofort Polizei und Notarzt gerufen? Warum hat sie bei Selena nicht Erste Hilfe geleistet?

Keine Gnade

Der vorsitzende Richter ermahnt die Geschworenen, nicht allzu wohlwollend zu urteilen, etwa auf Tatbestände wie »unbeabsichtigter Mord« oder »Mord durch Unachtsamkeit« zu erkennen. Er lässt der Jury nur zwei Möglichkeiten: Yolanda Saldivar entweder freizusprechen oder sie zu verurteilen wegen vorsätzlichen, heimtückischen Mordes. Die Jury berät elf Stunden lang, bevor sie ihr Urteil verkündet.

Yolanda Saldivar wurde am 23. Oktober 1995 wegen vorsätzlichen Mordes zu lebenslanger Haft verurteilt, mit Freilassung auf Bewährung nach dreißig Jahren im Jahr 2025. Das ist die höchste Haftstrafe, die der Staat Texas verhängen kann.

Erfolglose Eingabe

Selena Quintanillas Verehrer fanden das Urteil für Yolanda Saldivar zu mild. Evelien und Dorien Verheyen verfassten ein Gesuch, das sie auf ihre Website stellten und auf einer eigenen Internetplattform, PetitionOnline.com, verbreiteten. Hier ein Auszug:

»Wir verlangen von ganzen Herzen, dass Yolanda Saldivar nicht vor oder nach dem Jahr 2025 freigelassen wird. Ihr Verbrechen ist unverzeihlich, und wir brauchen alle Unterschriften, die wir bekommen können, um die Bewährungskommission davon zu überzeugen, dass sie auf die öffentliche Meinung hören müssen, wenn es um die Befreiung von Yolanda Saldivar aus dem Gefängnis Gatesville in Austin, Texas, geht. Mit meiner Unterschrift protestiere ich gegen die Freilassung von Yolanda Saldivar im Jahr 2025 oder zu jedem anderen Zeitpunkt.«

Erinnerung an einen Star

Die Pistole, mit der Selena getötet wurde, ist vernichtet und die Einzelteile in der Bucht von Corpus Christi versenkt.

Selena erhielt den Beinamen »Mexikanische Madonna«, und in den Herzen ihrer Fans lebt sie weiter. Bei ihrem Begräbnis waren 60 000 Trauernde anwesend, darunter viele Nordamerikaner, die extra angereist waren, um ihr die letzte Ehre zu erweisen. Gloria Estefan, Madonna, Julio Iglesias kondolierten der Familie Quintanilla.

Die Zeitschrift *People* brachte eine Extraausgabe über Selena, »Selena 1971–1995, Her Life in Pictures – Selenas Leben in Bildern«.

Im Juni 2006 wurde in Corpus Christi, Texas, ein Museum eröffnet, das allein Selena Quintanilla gewidmet ist. Darin befindet sich eine Bronzestatue der Königin der Tejano-Musik in Lebensgröße. Noch immer wacht Selena über die Texaner, die sich jedes Jahr zu Tausenden an diesem Denkmal, dem Mirador de la Flor, versammeln.

Teil 6
Phil Spector

Der Waffennarr und die Barbarenkönigin

Pyrenees Castle, 1700 South Grandview Drive, Alhambra, Los Angeles, 3. Februar 2003. Eine blonde Frau liegt am Boden, mit offenem Mund und zerfetzter Kehle. Auf dem roten Teppich um sie herum liegen ihre zersplitterten Zähne. Sie trägt ein Minikleid, schwarze Nylonstrümpfe und schwarze Pumps.

Ihr Name ist Lana Clarkson.

Die echte Xena

Eine stattliche junge Frau mit einem aufregenden Dekolleté und einer langen blonden Haarmähne, üppig aufgeföhnt im Stil der 1980er Jahre, dekorativ in Fetzen aus Leder und Pelz gehüllt, kommt zu Pferd herangaloppiert. Verfolgt wird sie von zähnefletschenden Barbaren im Kostüm der Heroic Fantasy-Filme, sie wollen die Frau fangen, fesseln, gefügig machen. Dabei bieten sie allen Fans der »B-Pictures« – Filme von betont kommerzieller Machart – Bilder wie von Frazetta gemalt.

Diese Comic-Heldin heißt Lana Clarkson alias Barbarian Queen. »Xena, die Kriegerin, sie war die erste«, sagte der Produzent Roger Corman über sie. Er engagierte sie für »Barbarian Queen« und »Barbarian Queen II: Das Empire schlägt zurück«.

Energiegeladen, ehrgeizig, zupackend war Lana Clarkson bereits, als sie ihre Schauspielkarriere im Alter von 18 Jahren begann. Sie ist gebürtig in Kalifornien und stellt das Idealbild des blonden, sportlichen, kurvenreichen Westküstenmädchens dar. Sie debütierte in der Rolle der Jayne Mansfield in einem Fernsehfilm über deren Leben. Lana Clarksons Stil ist »inspiriert von Marilyn Monroe«, behaupten viele ihrer Fans. Bis zum Alter von 30 Jahren arbeitet Lana Clarkson unermüdlich, hauptsächlich für das Fernsehen.

Trotz Fleiß, Schönheit und vollem Einsatz lässt Lana Clarksons Karriere zu wünschen übrig. Ihr Äußeres und ihr etwas hölzernes Spiel prädestinieren sie eher für sexy Nebenrollen. Mit 40 ist Lana noch ebenso schön wie entschlossen, aber sie hat Mühe, Engagements zu bekommen.

Am Weihnachtstag 2001 nimmt sie an einem Kinderfest teil. Sie tanzt mit den Kleinen, stolpert und versucht, den Sturz abzufangen. Dabei bricht sie sich beide Handgelenke. Durch diesen Unfall sieht sie ein Jahr lang kein Filmstudio von innen.

Um sich finanziell über Wasser zu halten und immer in Erwartung des großen Durchbruchs, nimmt Lana Clarkson den Job einer Hostess in dem Privatclub für VIPs im House of Blues in West Hollywood an. In dem orientalisch dekorierten Club verkehren wohlhabende, einflussreiche Männer, der ideale Arbeitsplatz für ein hoffnungsvolles Talent.

Lana Clarksons stille Gebete werden erhört an dem Tag, als sie in den frühen Morgenstunden des 3. Februar 2003 dem Produzenten Phil Spector begegnet.

1. Kapitel

Phil Spector vor Xena

Im Alter von 62 Jahren hat Philip Harvey Spector eine legendäre Vergangenheit hinter sich: Produzent der *Beatles*, der *Ramones* und anderer Bands. Er ist der Erfinder der »Wall of Sound«.

Er war neun Jahre alt, als sein Vater Selbstmord beging. Die Familie Spector lebte in der Bronx, New York. Mit dreizehn zogen Phil Spector und seine Mutter nach Los Angeles.

Der Junge liebte Musik, er lernte Gitarre, Klavier, Schlagzeug, Bass und Bassetthorn. Er gründete die Band *Teddy Bears*, mit der er 1958 erste Erfolge verbuchen konnte. Die Titelzeile ihres bekanntestes Songs »To know him is to love him« ist genau die Zeile, die auf dem Grabstein seines Vaters steht. Phil Spector ist siebzehn.

Zwar ist Phil Spector enorm musikalisch, aber er leidet dermaßen unter Lampenfieber, dass er keine Bühne betreten kann. Die *Teddy Bears* lösen sich auf.

Phil Spector schreibt sich an der UCLA ein, der Universität von Kalifornien in Los Angeles. Bis zum Semesterbeginn jobbt er Teilzeit als Gerichtsschreiber. Seine Leidenschaft für die Musik ist jedoch so groß, dass er es nicht lange außerhalb eines Aufnahemstudios aushält. Allerdings nimmt er keine eigenen Stücke auf, sondern produziert die Werke anderer Künstler.

Größen wie Lee Hazlewood und Lester Sill, unabhängige Produzenten, öffnen ihm die Türen in die Branche. Phil Spector hat einen guten Riecher.

1960 hat er neben anderen Künstlern bereits Ray Peterson mit dem berühmten »Corrina Corrina« lanciert, sowie Ben E. King mit »Spanish Harlem«. Mit Lester Sill gründete er 1961 das Unternehmen *Phillies Records*.

Was seinen Stil charakterisierte, wurde *Wall of Sound* genannt, eine Wand aus Musik, die er in seinem Studio in Hollywood schuf. Beteiligt waren Orchestermusiker, mehrere Gitarrenspieler, viele Chorsänger, zwei Bassgitarren, mindestens drei Pianisten, Schlagzeuger und Percussionisten, dazu jeweils nach Bedarf engagierte Instrumentalisten. In den 1960er Jahren erkannte man auf Anhieb den Spector-Stil, wenn man die *Ronettes* (Da Doo Ron Ron) hörte, Ike und Tina Turner (River Deep Mountain High), die *Righteous Brothers* (You've lost that loving feeling, neu eingespielt von Elvis Presley).

Mit 21 Jahren war Phil Spector Millionär.

Die Engländer sind gelandet!

Mitte der 1960er Jahre schwappte eine Welle aus England nach Amerika hinüber. Die *Beatles* ließen Phil Spector ziemlich alt aussehen. Doch dieser nahm sich eine Atempause, heiratete 1968 eine der *Ronettes*, Veronica Bennett, und konzentrierte sich erst einmal auf sein Privatleben. In Wahrheit wurde er melancholisch, fast depressiv, er wälzte düstere Gedanken. Seiner Frau gegenüber war er sehr besitzergreifend, sie durfte nicht ausgehen, er stieß Todesdrohungen aus, er schloss sich zu Haus ein.

Seine Frau, Ronnie, äußerte, dass Phil Spector extrem leicht zu beeinflussen war. Nachdem er in den Klatschspalten Artikel über sich selbst gelesen hatte, wurde er plötzlich größenwahnsinnig. Zu Beginn seiner Karriere war Phil ein ganz normaler Mensch, aber mit der Zeit hielt er sich für ein Genie – bloß weil gewisse Reporter ihm schmeichelten. »Es brauchte ihn nur jemand als wahnsinniges Genie zu bezeichnen, und schon benahm er sich wie ein Verrückter.«

Da Phil Spector um jeden Preis im Gespräch bleiben wollte,

übernahm er 1969 eine Rolle in dem Film »Easy Rider« neben Peter Fonda, Dennis Hopper und Jack Nicholson. Er spielte einen Drogendealer. Am darauf folgenden Weihnachtsfest wählte er ein Foto, das ihn beim Kokainschnupfen zeigte, ließ Postkarten davon drucken und schickte sie an Freunde und Bekannte mit dem Text: »Ein bisschen Schnee zu Weihnachten hat noch niemandem geschadet.«

Zu der melancholischen Grundstimmung kamen eine ausgeprägte Agoraphobie – die Angst vor belebten Orten –, Menschenfeindlichkeit und eine handfeste Paranoia. Immer öfter verbarrikadierte Phil Spector sich in seinem Herrenhaus. Er verließ es nur, um in sein Aufnahmestudio zu fahren.

Triumphale Rückkehr

Zu Beginn der 1970er Jahre löste Phil Spector sich aus seiner Starre und arbeitete mit den *Beatles*. Die Band hatte sich an ihn gewandt, damit er dem Album »Let it be« den letzten Schliff gäbe. Die *Beatles* trennten sich, aber Phil Spector produzierte das erste Solo-Album von John Lennon, »Plastic Ono Band«. Die Zusammenarbeit mit John Lennon setzte sich fort bei »Instant Karma«, »Power to the People«, »Imagine«. Dieses Lied schrieb John Lennon in Phil Spectors Haus.

Phil Spector produzierte das erste Solo-Album von George Harrison, »All Things Must Pass«, und »Concert for Bangladesh«.

1973 hatte Ronnie Phil Spectors Stimmungsschwankungen satt und verließ ihn. Doch der ließ sie nicht so einfach ziehen. Drohungen, Erpressung, Beschattung – der jungen Frau blieb kaum etwas erspart.

1974 hatte Phil Spector sein eigenes Label bei Warner und arbeitete unter anderem mit Cher und Céline Dion.

1975 arbeiteten Phil Spector und John Lennon an einem Nostalgie-Album mit Rock'n Roll. Beide litten zu der Zeit an Weltschmerz und hatten private Sorgen. Sie sprachen sich gegenseitig Mut zu und tranken bei den Aufnahmen ein bisschen zuviel. Darunter litt der Produktionsrhythmus, und im Studio herrschten chaotische Verhältnisse. Phil Spector wütete, und er verlor den Überblick.

Während eines Trinkgelages schoss er eine Kugel in die Zimmerdecke, zum Zeichen für die Musiker, wieder an die Arbeit zu gehen. John Lennon fuhr zusammen und hielt sich die Ohren zu. »Phil, wenn du mich umbringen willst, dann tu das. Aber mach mir nicht die Ohren kaputt, die brauche ich noch.«

2. Kapitel

Der Waffendämon

Waffen faszinierten Phil Spector. Er sammelte sie, er trug immer und überall eine bei sich, er stellte sie zur Schau. Er war stolz darauf. Während seinen Einsiedlerphasen hegte und pflegte er sie.

Er terrorisierte seine Künstler, indem er bei Aufnahmen plötzlich eine Waffe zückte.

1977 begleitete er Leonard Cohen ins Studio, um dessen Album »Death of a Ladies' Man« abzumischen. Leonard Cohen sollte später das Album als »grotesk« bezeichnen, jedenfalls verband er keine guten Erinnerungen damit.

»Als ich ins Studio kam, sah ich sofort, dass Phil Spector ein Exzentriker war. Er hielt sich für Wagner, aber für mich bestand kein Zweifel, dass er komplett verrückt war. Mir kam er in der Folge eher vor wie Hitler.«

Zur Entspannung alberten die Musiker zwischen den einzelnen Aufnahmen herum. In einem besonders ausgelassenen Moment hatte Bobby Bruce, der Violinist, der bei dem Lied »The Fingerprints« mitspielte, die verhängnisvolle Idee, Phil Spectors Lispeln in dessen Gegenwart nachzuäffen. Alles bog sich vor Lachen, nur Phil Spector nicht. Er regte sich furchtbar auf, kritisierte Bobbys Saitenspiel und bedrohte ihn mit einem Revolver. »Bobby Bruce kannte sich mit Schusswaffen aus, er war ein Junge vom Land«, erzählte Leonard Cohen. »Ohne ein Wort zu sagen, legte er seine Geige hin und verließ das Studio. Wir sahen ihn nie wieder.«

Wie seine Kollegen war Leonard Cohen schockiert. Er fühlte sich als Mensch und als Künstler herabgesetzt. Er fand, dass »Phil Spector in Wahnisnn und Finsternis verweilte, und es war ihm unerträglich, wenn ein anderer im Licht glänzte.«, sagte er in einem Interview mit dem *Rolling Stone*. Der Singer-Songwriter erinnerte sich an die seltsame und bedrohliche Atmosphäre bei dieser Aufnahme: »Wir lebten inmitten von Waffen. Für den Spinner war die Musik Nebensache. Er war ständig umgeben von bis an die Zähne bewaffneten Leibwächtern, von bekifften und ebenfalls bewaffneten Freunden, die ganze Gesellschaft war permanent betrunken, man rutschte auf Patronenhülsen aus, und wenn man einen Hamburger aß, biss man auf eine Knarre.«

Bei einer anderen Gelegenheit äußerte Leonard Cohen: »Phil kam auf mich zu, in der einen Hand eine Flasche koscheren Rotwein Marke Manishewitz, in der anderen einen.45er. Er legte mir den Arm um die Schulter und drückte mir die Waffe an den Hals. Dabei sagte er: ›Ich liebe dich, Leonard.‹ Ich konnte bloß erwidern: ›Das hoffe ich, Phil.‹«

Dr. Jekyll und Mr. Hyde

In den Medien traten Phil Spectors Leistungen als Musikproduzent vor seinen Launen bald in den Hintergrund. Zusätzlich zu der eindrucksvollen Sammlung an Fahrzeugen in seinen Garagen hatte er noch eine andere Leidenschaft.

»Mad Genius« war eindeutig schießwütig. Er verbarrikadierte sich in seiner kalifornischen Festung mit seinen 33 Zimmern und den düsteren Korridoren, gesteckt voll mit Schusswaffen und Munition. Er war so unausgeglichen, dass er sich mehrmals am Tag umziehen musste, und er schmückte seine Kostümierungen mit passenden Waffen. Eine eindrucksvolle Sammlung von Autos nährte zusätzlich seinen Traum von Größe.

Eine Reihe von Besuchern berichteten – oder erfanden – erstaunliche Geschichten um einen Phil Spector, der im Batman-Kostüm in seiner Residenz umherfegte. Im Keller hatte er angeblich einen gläsernen Sarg, in dem er wie Dracula ganze Tage verbrachte und blutige Pläne schmiedete.

Vor seiner Scheidung sagte Spector jedem, der es hören wollte, dass er seine Frau Ronnie umbringen und ihre Leiche öffentlich ausstellen würde, sollte sie ihn jemals verlassen wollen. 1974 gelang es ihr dennoch, sich scheiden zu lassen. Sie forderte zwei Millionen Dollar von ihm, es handelte sich hauptsächlich um Honorare für ihre Band Ronettes. Jahre später, 2003, wird Ronnie erklären: »Wenn ich damals nicht gegangen wäre, würde ich heute nicht mehr leben.«

Endzeitstimmung

The *Ramones*, die mit Phil Spector arbeiteten, werden nie ihre Einspieltermine vergessen. Dee Dee Ramone, Bassgitarrist der *Ramones*, erzählte 1994: »Während wir das Album »End of the Century« abmischten (1980), war Phil vom morgens bis abends und von abends bis morgens bewaffnet, man musste ganz leise auftreten. Er hat mich mehrere Tage lang gehindert, sein Haus zu verlassen.«

Die Arbeitstreffen für »End of the Century« waren ebenso gefährlich wie elektrisierend: Phil Spector trank wie ein Loch, er stieß Verwünschungen aus, bekam Wutanfälle. Das Einspielen des Albums sollte eine Woche dauern. In Wirklichkeit dauerte es acht Monate. Dee Dee Ramone hatte Phil Spector bei einem Konzert von Blondie kennen gelernt, im Whisky à Gogo am Sunset Boulevard, Hollywood. Als Dee Dee Ramone hinter der Bühne zu der Sängerin der Band, Deborah Harry, wollte, stand er plötzlich vor einem merkwürdigen Menschen: »Ein Kerl blockierte mir den Weg, indem er die beiden Hälften des roten Samtvorhangs zusammenhielt. Der Typ sah nicht besonders aus, höchstens ein bisschen wie Graf Dracula. Er trug einen Fledermaus-Umhang, einen schwarzen Bart und einen Schnurrbart, der ihm einen gewissen dämonischen Anstrich gab, und die schwarze Pilotenbrille verlieh ihm etwas Drohendes und Geheimnisvolles. Später erfuhr ich, dass es der Fürst der Finsternis persönlich war, Mister Phil Spector.«

Wie es schon Leonard Cohen und John Lennon erlebt hatten, sahen die *Ramones* einen Phil Spector vor sich, der mit zwei bewaffneten Leibwächtern herumlief und der immer eine Schusswaffe bei sich trug, wenn nicht gar zwei. Die *Ramones* sollten 1978–1979 für den Film »Rock'n Roll High School« einen Song komponieren. Ihre Plattenfirma fand, dass Phil Spector der ideale Produzent für eine Punk/Rock-Scheibe war. Die *Ramones* fuhren nach Los Angeles, »um in dem traditionsreichen Studio Gold Star mit Phil Spector am Original-Soundtrack des Films zu arbeiten: Dort hatte Phil Spector seine Frankenstein-Musik geschaffen … Das Studio stand voller großer Sauerstoffflaschen, wie man sie in Krankenhäusern findet, komplett mit Masken und regulierbaren Schläuchen. Damit konnte man entweder einen Alkoholkater behandeln oder aber das Denkvermögen anregen.« Unter dem Studio befand sich ein Schwimmbad, das für bestimmte Soundeffekte sorgen sollte – Spectors Geheimrezept. »Er herrschte in seinem Reich in einer Atmosphäre aus latenter Bedrohung, es sei denn, meine Phantasie war so überreizt durch all die Geschichten von Revolvern, Leibwächtern und Karate-Schlägereien, die Phil Spector umgaben.« Die *Ramones* verließen das Studio Gold Star, um ihren Prouzenten zu treffen, »ein isoliertes und exzentrisches Probenstudio irgendwo in Hollywood.« Die *Ramones* probten ihre Stücke »in einem großen Raum mit glänzendem Parkett. Wir waren mit unserem Stück halb durch, als Phil auftauchte. Er stürmte mitten in den leeren Raum, setzte sich in seinem Anzug auf den Boden und beobachtete uns hinter seinem Diplomatenkoffer hervor.« Am nächsten Tag wurden die *Ramones* auf Phil Spectors Herrensitz in Beverly Hills empfangen. »Eine Art Burg, wo man auf einen Knopf drücken musste und zwischen dem Tor und der Haustür eine Sicherheitskontrolle und eine Straßensperre zu passieren hatte.« Phil Spector lebte dort allein mit zwei Leibwächtern und einem großen Bernardinerhund. Spector lässt die *Ramones* drei Stunden im Musikzimmer warten. Entnervt steht Dee Dee Ramone auf und will nachsehen, wo der Hausherr steckt. »Er erschien oben an der Treppe und brüllte herum, eine Knarre in der Hand. Innerhalb von zwei Sekunden zerlegte er die Waffe und setzte sie wieder zusammen. Er führte sich auf wie ein Cowboy, zückte blitzartig seinen Colt und steckte ihn wieder ein.« Die *Ramones* teilen ihm mit, dass sie jetzt gehen. Phil Spector will das nicht dulden. »Er zielte mit der Waffe auf mein Herz«, erzählt Dee Dee Ramone. »Dann gab er mir und den anderen ein Zeichen, damit wir wieder ins Musikzimmer zurückgingen … Als Gastgeber war Phil gnadenlos. Er steckte seine Knarre erst weg, wenn er ganz sicher war, dass seine Leibwächter die Lage unter Kontrolle hatten.«

»Phil war an dem Abend komplett verrückt. Er ließ uns nicht aus dem Studio, er behielt uns ständig im Visier, er zwang uns, sitzen zu bleiben und zuzuhören, wie er bis früh um halb fünf ohne Pause spielte und »Baby I love you« sang.« Vierzehn Tage darauf trafen die *Ramones* und Phil Spector sich in einem anderen geheimen Studio in Hollywood. »Wir arbeiteten 13 Tage lang 14 bis 15 Stunden pro Tag, und am Ende hatten wir keine einzige Note eingespielt.«

Phil Spector konnte Züge von Besessenheit zur Schau tragen. Zum Beispiel verbrachte er acht Srtunden damit, den Anfangsakkord der Gitarre von dem Song »Rock'n Roll High School« zu mischen. Dee Dee Ramone war so fertig, dass er explodierte. »Hör auf, Mann, du machst uns wahnsinnig! Ich könnte dich erwürgen!«

Phil Spector nahm ihm das übel. Er drückte Dee Dee Ramone vor den Augen von Joey Ramone, dem Sänger der Band, den Revolverlauf an die Stirn und stieß hervor: »Was meinst du wohl, wer heute Abend hier krepiert? Sag, wer krepiert heute Abend?«

Der Toningenieur erschrak so sehr, dass er einen Herzschlag bekam. Er musste ins Krankenhaus gebracht werden. Er überlebte. Phil Spectors einziger Kommentar: »Der hat einfach zuviel geraucht.«

Zwischen 1980 und 2000 tat Phil Spector so gut wie nichts. Er versuchte, mit Céline Dion an dem Album »Falling into You« zu arbeiten, doch es funktionierte nicht.

1983 sollte er das Album von *Starsailor*, »Silence Is Easy«, produzieren. Sie arbeiteten gemeinsam an zwei Titeln, »Silence Is Easy« und »White Dove«. Spector führte sich so unmöglich auf, dass die Band ihn hinauswarf und das Album ohne ihn fertigstellte.

Spector verfolgte ein Projekt mit *The Vines*, doch es fiel ins Wasser, nachdem er der Königin der Barbaren begegnet war.

3. Kapitel

Nächtliches Fieber

Der Abend des 2. Februar 2003 war für Phil Spector recht bewegt, bevor er Lana Clarkson traf. Er dinierte im Grill in Beverly Hills einen Salat, trank einen Cocktail und plauderte mit einer Bedienung. Er lachte und schien ganz entspannt.

Dann wurde es ihm da langweilig, und Phil Spector fuhr ins Dab Tana's in West Hollywood. Dort hinterließ er ein Trinkgeld von 500 Dollar für eine Rechnung von 55 Dollar. »Er war immer sehr spendabel bei der Bedienung«, sagte Dan Tana, der Inhaber des Lokals. Phil Spector war Stammgast, er saß immer an Tisch 4, am weitesten entfernt vom Eingang.

Dann begibt sich Spector ins Trader's Vic in Beverly Hills. Er konsumiert eine Reihe verschiedener Alkoholika.

Den Abend beenden wird Phil Spector im House of Blues am Sunset Strip, West Hollywood. An diesem Abend spielen dort drei Metal Rock Orchester hintereinander.

Spector bestellt eine Flasche Wasser und einen scharfen Cocktail. Sein Leibwächter und Chauffeur, Andriano DeSouza, lässt ihn nicht aus den Augen. Spector ist ziemlich angesäuselt, er fängt mit zwei Gästen Streit an. Andriano DeSouza greift ein und hindert die beiden Gäste daran, seinen Arbeitgeber niederzuschlagen. Der Manager der *Rolling Stones*, der Phil Spector gut kannte, berichtet: »Ein kleines Glas koscherer Wein genügte, und Phil Spector wurde zum Ekel. Er pöbelte jeden an.«

Die Rechnung beträgt 450 Dollar. Im House of Blues beginnt Spector eine Unterhaltung mit einer Hostess, Lana Clarkson. Diese geht mit ihrem gewohnten Charme und ihrer Liebenswürdigkeit ihrem Job nach. Phil Spector lädt sie zu einem Drink ein.

Lana Clarkson hat um 2.30 Uhr nachts Feierabend. Phil Spector schlägt vor, den Abend bei ihm zu Haus zu beenden. In den frühen Morgenstunden des 3. Februar 2003 verlässt Lana mit ihm das House of Blues. Sie gehen zu Phil Spectors schwarzem Mercedes S 430. Seiner Aussage nach war Lana betrunken. Spector selbst war angeblich nüchtern und völlig klar im Kopf. »Sie ging langsam, sie hatte soviel intus, dass sie sturzbetrunken war. Sie bat mich, sie nach Haus zu fahren, aber unterwegs wollte sie plötzlich meine Burg sehen. Sie hatte eine Flasche Tequila dabei.«

Die Stadt ist ruhig, die Straßen sind verlassen. Der Himmel wird langsam hell. Langsam gleitet der Wagen zum Viertel Alhambra und zum Wohnsitz von Phil Spector, dem Pyrenees Castle.

Standbild

Am Ziel angelangt, stellt der Chauffeur Andriano DeSouza den Motor ab. Er steigt aus und öffnet erst Lana Clarkson die Tür, dann Phil Spector. Die beiden schwanken ein bisschen, als sie ins Haus gehen. Der Chauffeur bleibt neben der Limousine stehen. Zehn Minuten später kommt Phil Spector aus dem Haus und geht auf das Auto zu. Er holt seinen Diplomatenkoffer aus braunem Leder, den er auf dem Rücksitz vergessen hatte.

Eine Stunde darauf ist ein Schuss zu vernehmen. Andriano DeSouza ist der erste, der ihn hört.

Phil Spector stürmt aus der Hintertür des Hauses, eine Schusswaffe in der hand. Mit tonloser Stimme sagt er: »Ich glaube, ich habe sie getötet.«

Der Chauffeur ruft 911.

Die Polizei trifft um 5.02 Uhr früh ein.

In der Eingangshalle steht Phil Spector vor Lana Clarksons Leiche, die Hände in den Hosentaschen.

Als er aufgefordert wird, seine Hände zu zeigen, weigert er sich. Vor der Polizistin Beatrice Rodriguez brüllt er: »Was fehlt euch eigentlich, Leute? Was macht ihr hier? Ich wollte sie nicht erschießen. Es war ein Unfall!«

Er wird festgenommen, man liest ihm seine Rechte vor, man will ihm Handschellen anlegen. Phil Spector wehrt sich und schreit: »Ihr wisst wohl nicht, wer ich bin!«

Nach einigen Hin und Her und viel Geschrei wird er mit einer Betäubungswaffe ruhiggestellt, in Handschellen gelegt, in Polizeigewahrsam genommen, flankiert und in das Polizeifahrzeug verfrachtet. Es ist 6.09 Uhr. Lana Clarkson und Phil Spector hatten sich ungefähr zweieinhalb Stunden lang im Haus aufgehalten.

Auf der Fahrt zur Polizeidienststelle erklärte Phil Spector: »Lana Clarkson hat Selbstmord begangen.«

Verdächtige Aussagen

Nach Phil Spectors Aussage war Lana Clarkson betrunken, als sie in seinem Haus eintrafen. Er musste sie stützen, als sie hineingingen.

»Sie war deprimiert«, behauptete Spector. »Sie hat sich umgebracht. Lana Clarkson hat den Revolver an die Lippen gehalten, als ob sie ihn küsssen wollte, dann hat sich in den Mund geschossen.«

Er fügte hinzu, er wisse nicht, woher Lana die Waffe hatte. Als die Polizei sein Haus durchsuchte, entdeckte sie zehn weitere Schusswaffen, die alle Phil Spector gehörten.

»Ich kannte die Frau nicht«, betonte er. »Ich habe sie nie zuvor gesehen. Ich hatte keine Ahnung, wer sie war oder was sie wollte. Es war kein Mord, wir sind hier nicht in »Anatomie eines Mordes«! Sie hat sich selbst umgebracht, und fertig.«

Phil Spector bekräftigte im Juli 2003 seine Aussage in einem Interview mit der Zeitschrift *Esquire*.

Am 20. November 2003 stand Phil Spector vor der Grand Jury, die Anklage lautete auf Mord an Lana Clarkson.

Zu seiner Verteidigung hatte Phil Spector den Anwalt Robert Shapiro engagiert. Er war Mitglied des »Dream Team« gewesen, das O. J. Simpson, angeklagt des Mordes an seiner Frau Nicole Brown, frei bekommen hatte. Phil Spector plädierte auf »nicht schuldig«.

Eins seiner Argumente bestand darin, Lana Clarkson zu belasten. »Sie hatte etwas Bestimmtes geplant.« Ein schlechter Scherz, denn damit sollte man sich fragen, was für Absichten das hübsche Starlet wohl gehabt haben mag.

4. Kapitel

Lanas Berufung

Lana Clarksons Charakter weckte einige Zweifel an der angeblichen Depression.

Von Long Beach in Kalifornien, wo sie am 5. April 1962 geboren wurde, bis zu ihrer letzten Wohnstatt in Venice kannte man sie überall als tatkräftiges, beherztes und optimistisches Menschenkind.

Mit fünf, in San Francisco, erklärte sie: »Ich bin jetzt groß, ich kann alles allein, und ich schaffe alles.« Mit zehn, in Cloverdale, konnte sie reiten und hatte eine falbe Stute mit Namen Breeze – Brise geschenkt bekommen. Lana war sportlich, gelenkig, graziös, gut in der Schule und im Sportunterricht. Ihre Körpergröße und ihre Einsatzfreude prädestinierten sie an der High School in Cloverdale für das Basketballspiel, und sie war wirklich gut. Mit sechzehn war sie groß und schlank, und so beschloss Lana, Model zu werden. Die Familie Clarkson zog vom Sonoma County nach Napa Valley, Kalifornien. Ende 1978 kehrten sie wieder nach Los Angeles zurück.

Lana Clarkson verfolgt beharrlich ihren Traum und geht zum Vorsprechen. Sie bekommt eine Rolle beim Fernsehen in der Serie »Fantasy Island – Insel der Träume«. Man kann sie ebenfalls sehen in »Hill Street Blues – Polizeirevier Hill Street«, »Happy Days« und »Chips« – CHiPs bzw. ChiPs Patrol. Sie dreht Werbeclips für große Marken wie Mercedes, Nike, Playtex, Honda, Budweiser.

Die Straße zum Ruhm

Im Kino bekommt Lana Clarkson eine kleine Rolle in »Scarface« von Brian DePalma mit Al Pacino sowie in dem Kult-Western »Amazon Women on the Moon – Amazonen auf dem Mond« von John Landis.

Bald verdient die junge Frau genug Geld, um sich ein Haus am Strand in Venice, Los Angeles, leisten zu können. Ihr Bruder hilft ihr, es in ein schickes Cottage zu verwandeln. Im Garten wachsen Blumen und wilde Kakteen. Auf der Veranda hält eine Engelstatue Wacht. Lana schafft sich einen Kater namens Midnight an. Wie gewohnt fährt sie Rad, treibt Gymnastik, joggt und übt andere Sportarten aus, um ihre Muskeln für die entsprechenden Rollen zu stählen.

Obwohl Lana ihre Karriere entschlossen vorantreibt, vernachlässigt sie ihre Familie nicht. In ihrer ersten Rolle spielt sie neben Kirsty Alley in »Blind Date – Verabredung mit einer Unbekannten« und wird dann von Roger Corman für »Deathstalker« engagiert. Dieser Actionfilm, produziert vom König der B-Filme, bekommt gute Kritiken.

Roger Corman holt Lana Clarkson für die Barbarenkönigin in »Barbarian Queen«. Der Film wird ein Riesenerfolg bei den Fans der Heroic Fantasy, und Corman produziert eine Folgeepisode. Gedreht wird in Argentinien. In beiden Filmen hat Lana Gelegenheit, ihr Können als Reiterin zu zeigen. Corman spart nicht mit Lob für seinen Star: »Lana war eine sehr schöne Frau, eine großartige Schauspielerin und voller Abenteuergeist … Sie war sehr mutig, sie führte ihre Stunts selbst aus und ließ sich bei Kämpfen nicht doubeln. Sie war Sportlerin und eine ausgezeichnete Reiterin.«

Die Superheldin

Comicfans, die ja mit Superhelden auf gutem Fuß stehen, luden Lana Clarkson zu ihren Festivals ein. Bereitwillig ließ Lana sich auf Signierstunden ein. Lana Clarkson hatte ein freundlliches, positives, herzliches Wesen, sie war charmant und anziehend. Sie widmete ihr Leben ihrem Beruf.

Mit zunehmendem Alter will Lana sich nicht mehr nur auf ihr Äußeres verlassen, wenn es um neue Engagements geht. Sie schreibt ihr eigenes Drehbuch für eine One-Woman-Show mit dem Titel »Lana Unleashed – Lana von der Leine gelassen«, sie produziert sie selbst, führt selbst Regie. Die Schauspielerin richtet eine Webseite ein und gründet eine Produktionsfirma, *Living Doll Productions*. Alle ihre Pläne verfolgt sie beharrlich und mit Leidenschaft.

Düstere Zukunft

2001 sehen Lana Clarksons Zukunftsperspektiven nicht allzu rosig aus. Nachdem sie sich bei einer Weihnachtsfeier beide Handgelenke gebrochen hat, muss sie sich einer heiklen Operation unterziehen. Das Jahr 2002 verbringt sie mit Reha, doch sie lässt den Mut nicht sinken. Sie schreibt, sie liest, sie arbeitet an Textbüchern. Sie nimmt Schauspielunterricht, treibt Gymnastik und Yoga. Lana Clarkson behält den Kopf oben.

Um den Kredit für ihr Auto abzahlen zu können, arbeitet sie als Hostess im House of Blues. Lana ist aktiv, sie zeigte keine Anzeichen von Depression. Ein Nachbar berichtet: »Sie war nicht begeistert davon, dass ihre Kollegen aus der Branche sie in diesem Job sahen, aber sie hielt es für ein Sprungbrett für ihre Karriere.« (Paul Pietrewicz)

Ein böser Geist

Zu der Zeit, als Lana Clarkson und Phil Spector sich kennen lernten, sprach man in Hollywood von einem geplanten Film über Phil Spectors Leben. Hatte Lana davon gehört? Als sie mit Phil Spector zu ihm nach Haus fuhr, wollte sie sich vielleicht nur mit einem offensichtlich reichen, netten und schwachen Mann ein paar schöne Stunden machen. Phil Spector war allerdings nicht ihr ihr Typ. »Ich mag große Männer«, erklärte Lana. »Ich bin selbst groß, ich möchte zu meinem Lover aufschauen können … Ich kann schwach werden bei einem Blick, bei selbstsicherem Auftreten, bei einem Mann mit Charme und Humor.« Offensichtlich war Lana Clarkson dem Mann ihres Lebens noch nicht begegnet, denn sie hatte nicht geheiratet und keine Kinder bekommen.

Hätte sie die Absicht gehabt, sich umzubringen, warum wäre sie dann mit einem fremden Mann in dessen Haus gegangen? Warum hätte sie sich bei Phil Spector erschossen? Warum, wie und wo hätte sie sich den Revolver beschafft?

5. Kapitel

Tatort

Pyrenees Castle, 1700 South Grandview Drive, Alhambra bei Los Angeles. Lana Clarkson liegt am Boden, mit offenem Mund und zerfetzter Kehle. Auf dem roten Teppich um sie herum liegen ihre zersplitterten Zähne. Sie trägt ein schwarzes Minikleid, schwarze Nylonstrümpfe und schwarze Pumps. Über der Schulter hat sie ein Abendtäschchen in Leopardenmuster. Zwei Rüstungen flankieren die Szene wie Leibwächter. Blut und Hirnmasse von Lana Clarkson beflecken den Ort, Splitter von Zähnen und Hautfetzen liegen überall in der Halle und auf den Treppenstufen verstreut.

Der Schuss hat Lanas Gesicht entstellt, es ist geschwollen, fast unkenntlich.

Unter Lana Clarksons linkem Bein liegt ein.38er Colt Blue Steel mit einem 5,08 Zentimeter langen Lauf, fünf Kugeln im Zylinder und eine Patronenhülse unter dem Abzug.

In der Toilette neben dem Eingang liegt ein blutiges Taschentuch am Boden, im Waschbecken ein feuchtes Handtuch. Am Türknauf klebt Blut, ebenso am Treppengeländer und auf der

Treppe. Eine Herrenjacke in einem Schrank im ersten Stock ist ebenfalls mit Blut befleckt.

Im Wohnzimmer auf dem Kaminsims stehen angezündete Kerzen, auf einem niedrigen Tisch ein kleines Likörglas, zur Hälfte mit Cognac gefüllt, auf einem anderen Tisch eine Flasche Tequila und eine Dose Limonade. Im Haus verteilt finden die Polizisten neun Schusswaffen. Darunter sind zwei weitere Colt Blue Steel.

Phil Spectors Version, »Lana hat Selbstmord begangen«, wird von einer anderen Aussage der Anklage dementiert, basierend auf dem Geschehen am Tatort. Demnach haben sich Phil Spector und Lana Clarkson in jener Nacht vom 2. auf den 3. Februar 2003 nach dem Betreten der Villa gestritten. Wollte Spector der jungen Frau Gewalt antun? Hat er, wie gewöhnlich, mit dem Revolver auf sie gezielt und sexuelle Dienste von ihr gefordert?

Lana Clarkson wollte vielleicht gehen. Spector hat sie daran gehindert, sie eventuell geschlagen. Dann könnte Lana zur Tür gerannt sein, Spector holte sie ein und zwang sie zum Niederknien. Er ignorierte ihre Proteste und ihre Bitten und schoss ihr in den Mund.

Die Kugel durchdrang den Schädel und trat am Hals wieder aus.

Phil Spector hatte Pulverspuren an den Händen.

6. Kapitel

Denunzianten und Verräter

Kaum hatte man gegen Phil Spector Anklage erhoben, tauchten jede Menge Zeugen auf.

Die Polizei von Los Angeles stieß auf eine ehemalige Striptease-Tänzerin, Sandy Kane. Am 5. Januar 2004 beschuldigte sie Phil Spector öffentlich in den Daily News: Der Prouzent hatte sie angeblich 25 Jahre zuvor mit vorgehaltener Waffe zum Geschlechtsverkehr gezwungen. Warum hatte sie sich nicht früher gemeldet? »Ich war ja nur eine Oben-ohne-Tänzerin«, verteidigte sie sich. »Mir hätte doch niemand geglaubt. Aber heute fordere ich Gerechtigkeit.«

Sandy Kane zufolge feierte Phil Spector an jenem Abend mit dem Schauspieler-Duo Nino Tempo / April Stevens und dem Komiker Kenny Kramer. In der Limousine, mit der sie in ein Restaurant fuhren, zückte Phil Spector seinen Revolver und prahlte, dass er eine ganze Sammlung von Waffen besäße. Nach dem recht feuchtfröhlichen Abend ging Sandy Kane mit Phil Spector in sein Hotelzimmer. Spector war sehr angetrunken und forderte von Sandy Kane eine Fellatio. Als Sandy Kane sich weigerte, zog Phil Spector erneut seine Waffe und schrie: »Du tust besser daran, als dich hinrichten zu lassen!«

Eingeschüchtert tat Sandy Kane, was er wollte.

Futter für die Grand Jury

Ab Ende 2003 verbreiteten sich zudem Phil Spectors Adoptivsöhne, Donte und Gary, in der Presse über ihre schreckliche Kindheit. »Sie behandelten uns wie Tiere, wir waren nur dazu da, ihre Machtgelüste zu befriedigen. Und nach seiner Scheidung von Ronnie wurde es noch schlimmer.« Donte lieferte schaurige Details: »Mein Adoptivvater zwang mich, mit seiner Freundin einen Sexualakt zu simulieren.« Donte war neun, als Phil ihm Handschellen anlegte und die Augen verband, »nur so zum Spaß.«

Gary Spectors Berichte überboten die seines Bruder noch.

Phil verband ihm die Augen und vergriff sich dann sexuell an ihm. Spector bezeichnete seine Handlungen als »lehrreiche Erfahrungen«.

Niemand wird je diese Aussagen bestätigen oder widerlegen können.

Die Berichte der Brüder stimmten jedoch überein. Sie wurden im Haus gefangen gehalten, hinter verschlossenen Türen und mit Gittern und Stacheldraht bewehrten Fenstern. »Er hielt uns in getrennten Zimmern«, erzählte Gary Spector. »Er führte sich auf wie ein Diktator. Er ließ uns nur frei für das Frühstück, bevor er uns in Begleitung von zwei Leibwächtern in die Schule fuhr.«

Schläge auf den Kopf

Bei einer Party zum Nationalfeiertag, dem 4. Juli, war Dorothy Tiano Melvin in Phil Spectors Residenz eingeladen. Irgendwann wurde sie müde und schlief auf einem Sofa ein.

Laut Zeugenaussagen war Phil Sepctor unruhig. Wie üblich, hatte er eine Schusswaffe in der Tasche. Als Dorothy aufwachte, hatte er die Waffe in der Hand. Phil Sepctor stand vor Dorothys Wagen und zielte mit dem Revolver darauf. Dorothy lief hin und fragte Phil, was das sollte. Er richtete die Waffe auf sie und befahl ihr, ins Haus zurückzukehren. Sie fügte sich. Phil Spector setzte sich auf die Treppe in der Halle und forderte Dorothy auf, sich auszuziehen und in den dritten Stock zu gehen, wo die Schlafzimmer lagen. Obwohl sie in die Mündung einer Schusswaffe blickte, weigerte sich die junge Frau. Spector gab ihr mit dem Revolver einen Schlag auf den Kopf. Er beschimpfte sie und schrie sie an: »Du bist eine Lügnerin, du hast vorhin gar nicht geschlafen, du hast in meinem Haus herumgeschnüffelt, du wolltest mich bestehlen!«

Dorothy gab an, dass Spector daraufhin ihre Handtasche gepackt und ihr Portemonnaie durchsucht habe. Dann schickte er sie weg. In dem Moment, als Dorothy aus dem Haus eilte, schlug Spector sie erneut. Verängstigt stieg sie in ihr Auto, startete und fuhr die Allee hinunter. Sie behauptete, deutlich gehört zu haben, wie Spector seinen Revolver lud. Als sie am Tor ankam, rief sie: »Es ist zu!« Seltsamerweise antwortete Phil Spector ihr: »Ich mache auf«, und ging wieder ins Haus.

Spezielle Dienste

Die Fotografin Stephanie Elizabeth Jennings begleitete Phil Spector im Jahr 1995 zu einer Party nach einer Preisverleihung in der Rock and Roll Hall of Fame.

Als sie in ihr Zimmer im Carlyle Hotel zurückgekehrt war, klopfte jemand an ihre Tür. Phil Spectors Leibwächter überbrachte ihr eine Botschaft: Spector wünscht, dass sie in seine Suite kommt. Sie erteilte ihm eine Absage. Augenblicke später kam Phil Spector persönlich und lud sie zu sich ein. Sie sagte nein. Spector blockierte die Tür mit einem Stuhl und wedelte mit einer seiner Schusswaffen. Stephanie ging zum Telefon und wählte 911. Merkwürdigerweise scherzte Spector: »Ruf ruhig deine Mutter an, sie kann dir jetzt auch nicht helfen.«

Phils Langeweile

Deborah Strand gab eine Party, als sie einen Mann mit welligem Haar bemerkte, der sich tödlich zu langweilen schien. Gut gelaunt sprach sie ihn an. »Sie dürfen gern nach Haus gehen, sie müssen Ihre Qualen nicht verlängern.«

Wütend wandte sich Phil Spector ihr zu, hielt ihr einen Revolver vor die Nase und fauchte: »Na, jetzt vergeht dir das Lachen, was?«

Deborah Strand berichtete: »Ich sah einem der Leibwächter dieses Rüpels in die Augen und sagte: ›Bringen Sie sofort diesen Mann hier weg.‹ Das schien Phil Spector wieder auf den Boden der Tatsachen zu bringen. Er steckte seine Waffe ein und die beiden gingen.«

7. Kapitel

Geständnis und Widerruf

Am 17. Februar 2004 stand Phil Spector vor der Grand Jury. Seinen Anwalt, Robert Shapiro, hatte er ohne Angabe von Gründen entlassen. Der Entschluss, direkt vor die Grand Jury zu gehen, hatte laut dem Sprecher von Staatsanwalt Sandi Gibbons den Zweck, Phil Spectors Prozess möglichst schnell über die Bühne zu bringen. »Seit Lana Clarksons Tod im Haus von Mr. Spector ist ein Jahr vergangen, und es ist an der Zeit, zu einem Urteil zu kommen. Wir denken, es handelt sich um ein Verbrechen, und dieses Verbrechen heißt Mord.«
Phil Spector erscheint in Begleitung seiner neuen Anwältin, Leslie Abramson. Sie machte sich einen Namen durch die Verteidigung von Erik Menendez, der zusammen mit seinem Bruder Lyle angeklagt war, 1989 seine Eltern umgebracht zu haben. Abramson wollte eigentlich in den Ruhesand treten, aber für den Fall Phil Spector revidierte sie ihren Entschluss. »Für einen x-beliebigen Mann hätte ich das nicht getan«, erklärte Leslie Abramson dem Sender CNN. »Aber Phil Spector ist mein Idol. Es gibt keinen, der cooler wäre.«

Am Tag der Vorladung kleidete Phil Spector sich von Kopf bis Fuß schwarz, vom Hemd bis zu den Stiefeln mit Absatz, und er trug eine rosafarbene Brille. Er war 64 Jahre alt. Er musste sich auf den Arm seiner Anwältin stützen, als man ihm die Anklageschrift vorlas, doch er ließ keinerlei Emotion erkennen.

Die Vorladung war auf Betreiben der Anklage erfolgt, die ein ehemaliger Strafanwalt, Stan White, alarmiert hatte. Dieser behauptete, die Verteidigung besäße ein wichtiges Beweisstück: ein Stück Daumennagel von Lana Clarkson, an dem sich Pulverspuren befänden.

Stan White arbeitete damals als Privatdetektiv für Phil Spector. Im Sommer 2003, am 2. Juli prahlte er bei einer Grillparty vor ehemaligen Kollegen, dass er diesen Fingernagel entdeckt hatte, nachdem die Polizei den Tatort abgesucht hatte.

Der Polizist Marc Lilienfeld gab an, Stan White hätte gesagt: »Das Stück Fingernagel des Opfers war deutlich an einer Seite von Rückständen von Schießpulver geschwärzt.«

Arbeitete Stan White für die Anklage und war ins Lager der Verteidiger eingeschleust worden? Das deutete zumindest Leslie Abramson, Phil Spectors Anwältin, an. Sie beteuerte, dass sie diesen Fingernagel nicht besäße. »Sonst hätte ich das schon publik gemacht. Ich hätte ihn sogar vergrößert und Kopien im ganzen Los Angeles County verteilt.«

Die Existenz des Fingernagels war ein Glücksfall für die Anklage: als Lana Clarkson sich gegen Phil Spector wehrte, hielt sie sich eine Hand vor das Gesicht, und an dem Fingernagel blieben Rückstände des Schießpulvers, nachdem Spector geschossen hatte.

Es war aber auch ein Trumpf für die Verteidigung. Der Anwalt Ronald Richards sagte: »Der Fingernagel wäre als Beweis zulässig, wenn Abramson beweisen könnte, dass er nicht während eines Kampfes zwischen Phil Spector und Lana Clarkson abgebrochen ist, oder während Lana die Hand hob, um ihr Gesicht zu schützen, als Spector schoss.«

Ein anderes Argument: Wenn Lana Clarksons Fingernagel Pulverspuren aufwies, spräche das für einen Kampf zwischen Phil Spector und Lana Clarkson. Spector versuchte, Lana zu entwaffnen, doch Lana gelang es trotzdem, sich in den Mund zu schießen. Aber: Wenn Lana sich selbst hätte umbringen wollen, hätte sie dann auf den geschlossenen Mund, also gegen ihre Zähne gezielt? Warum lagen die verstreut um ihre Leiche herum?

Außerdem musste man den Fingernagel erst noch finden und ihn von dem Forensiker Henry Lee, der seinerzeit im Fall O. J. Simpson ausgesagt hatte, wissenschaftlich untersuchen lassen.

Phil Spector sagte während der Anhörung nicht viel, außer »Ja, Euer Ehren« als Antwort auf die Fragen von Richter David S. Wesley. Dieser legte dann auch das Datum für den Prozess auf den 16. Dezember 2004 fest.

Beim Verlassen des Gerichtsgebäudes erging Phil Spector sich in Beschimpfungen der Ankläger. Den Bezirksstaatsanwalt Steve Cooley verglich er sogar mit Hitler: »Er und seine Anhänger, alles Nazi-Sturmtruppen, sind bedauernswert, irrational und verachtungswürdig.«

Hätte man ihm eine Vorverhandlung zugestanden, hätten Phil Spector und seine Anwälte drei der prominentesten Gerichtsmediziner und Experten der Kriminalwissenschaft aufgeboten, um zu beweisen, dass Lana Clarkson sich selbst getötet hatte. Chaotische Informationen drangen in die Presse: Phil Spectors Chauffeur bestätigte, dass Lana Clarkson und Phil Spector in bester Laune waren, als sie im Pyrenee Castle ankamen. Nichts deutete auf einen späteren Streit hin. Diese Stimmung der beiden würde für einen Unfall sprechen, und nicht für einen geplanten Mord.

Die Tatwaffe war nicht registriert, also konnte sie weder Phil Spector, noch Lana Clarkson zugeordnet werden. Als die Polizei sie fand, waren keinerlei Fingerabdrücke darauf. Allerdings muss Phil Spector sie irgendwann in der Hand gehabt haben. Oder auch Lana Clarkson, wenn er sie ihr gezeigt oder gegeben hat oder sie ihr aufgezwungen hat oder versuchte, sie ihr zu entreißen, oder aber es wären noch ganze andere Szenarien denkbar …

Lanas Blut befand sich auf Phil Spectors Kleidung und an vielen Gegenständen im Haus, was die Selbstmord-Hypothese hinfällig macht. Lanas Blut war an einer Jacke von Phil Spector, die ein Stockwerk höher im Schrank hing. Spector behauptete, er hätte sich die Flecken im Augenblick seiner Verhaftung zugezogen. Er erklärte nicht, weshalb er die befleckte Jacke nicht trug und warum sie in einem anderen Zimmer hing.

Während Phil Spectors Prozess lief, leistete er sich im Januar 2004 ein blaues Rolls Royce Kabrio.

Süße Freiheit

Phil Spectors Kaution belief sich auf eine Million Dollar. Sein Prozess wurde mehrmals vertagt. Leslie Abramson und ihre Assistentin Marcia Morrissey wurden ersetzt durch Bruce Cutler, den Anwalt von John Gotti.

Der Prozess war angesetzt auf den 24. April 2006 und wurde vertagt. Am 25. April informierte Richter David S. Wesley Phil Sepctor über das neue Datum: 16. Dezember 2006.

Am 23. Juni 2006 verschob der Richter am Supreme Court, Mark V. Rooney, den Prozessbeginn abermals, auf den 16. Januar 2007. Die Anwälte und die Richter hatten sich nicht auf einen anderen Termin einigen können.

Am 12. Oktober 2006 überredeten Phil Spectors Anwälte

zum dritten Mal in dem Jahr den Richter, Larry Fidler, den Prozessbeginn zu verschieben, nunmehr auf März 2007. Angeblich brauchte Phil Spector diese Zeit, um Beweise zu seinen Gunsten vorzulegen, die ihm die Kriminaltechnik aber erst noch liefern musste.

Kollateralschäden

Während der Prozess wieder und wieder verschoben wurde, nutzte Phil Spector die Zeit, um seine Assistentin, Michelle Blaine, zu verklagen. Die Probleme begannen angeblich im September 2003, mit Lana Clarksons Tod. Phil Sepctor behauptete, Michelle Blaine habe Gelder unterschlagen, insgesamt mehrere tausend Dollar. Michelle Blaine hielt dagegen, dies sei ein Rachefeldzug von Phil Spector, der damit zudem die öffentliche Aufmerksamkeit auf einen Nebenschauplatz lenken sollte. Mit den vermeintlich gestohlenen Geldern wollte Spector ihr Schweigen über den Mord an Lana Clarkson erkaufen. Was wusste Michelle Blaine darüber?

Die junge Frau sagte aus, Phil Spector wäre zu allem bereit gewesen, um sie zum Schweigen zu bringen. Er machte ihr sogar einen Heiratsantrag, denn bei einem Prozess brauchte die Ehefrau nicht gegen ihren Mann auszusagen. Er hatte sie unausgesetzt sexuell belästigt. Er hatte Flugblätter mit Beteuerungen seiner Unschuld drucken lassen und Michelle Blaine losgeschickt, damit sie diese auf Partys in Hollywood verteilte. Michelle Blaine forderte 5,25 Millionen Dollar Entschädigung plus Zinsen von Phil Spector, weil er mit seinen unsauberen Machenschaften ihren Ruf geschädigt und sie öffentlich für ein Verbrechen bezichtigt hatte, das sie nicht begangen hat.

8. Kapitel

Ein frei laufender Irrer

Anfang 2007 war Phil Spector noch ein freier Mann, der auf den Beginn seines Prozesses im Januar wartete. Eine weitere Eingabe verschob den Termin auf März 2007.

Er war ein freier Mann, aber er verschanzte sich in seinem Herrenhaus, hinter seiner »Wall of Sound« und den Gitterstäben seiner Fenster. Phil Spector rechnete fest mit einer weiteren Vertagung, bis in alle Ewigkeit.

Anfangs war seine Anwältin Leslie Abramson zuversichtlich gewesen. »Ich werde diesen meinen letzten Prozess gewinnen, bevor ich in Ruhestand gehe. Es kann einfach nicht sein, dass ich meinen letzten Prozess verliere.« Doch dazu sollte es, wie gesagt, nicht kommen.

Die Kläger forderten nicht die Todesstrafe. Würde Phil Spector schuldig gesprochen, bekäme er Lebenslänglich mit Begnadigung auf Bewährung.

Da er ein reicher Mann war, könnte er auf Unzurechnungfähigkeit plädieren, auf einen Moment geistiger Umnachtung, auf einen schizophrenen Schub. Er könnte auch behaupten, er sei lediglich Zeuge von Lana Clarksons »Selbstmord« gewesen, ein hilfloser Zeuge, der sie nicht mehr retten konnte. Oder aber er sei gar nicht im Raum gewesen, als sie sich erschoss.

Diesem Giganten an Reichtum und Macht gegenüber standen die bei weitem nicht so wohhabenden Eltern und Freunde von Lana Clarkson, des hübschen Starlets, dessen Stern im Sinken begriffen war. Lanas Fans riefen im Internet zu Spenden auf, damit die Kläger sich Anwälte leisten konnten, die es mit dem exzentrischen Musiknternehmer aufnehmen könnten.

Während Phil Spector auf seinen Prozess wartete, genoss er seine Freiheit und seinen Reichtum in vollen Zügen.

Die Clarkson waren das Warten allmählich leid und beschlossen, einen Zivilprozess gegen den mutmaßlichen Mörder ihrer Tochter anzustrengen. Doch ihr Fall konnte erst verhandelt werden, nachdem der Strafprozess stattgefunden hatte.

Einer der Anwälte von Phil Spector bezeichnete sie daraufhin unverzüglich als »geldgierig«.

Phil Spectors Exfrau, Veronica »Ronnie« Bennett, sagte dazu: »Mein Herz ist bei Lana und ihrer Familie, ohne jede Einschränkung.«

Der Prozess

Am 19. März 2007 begann der Prozess gegen Phil Spector, 67, Musikproduzent, angeklagt wegen Mordes bzw. Totschlags an der Schauspielerin Lana Clarkson. Der Angeklagte erschien mit einer gewaltigen, gekräuselten Afro-Frisur, die sich in den folgenden Monaten auf absurde Weise weiter entwickeln sollte. Am 25. April 2007 bezeugten fünf Frauen, die die Anklage aufgerufen hatte, Phil Spectors Gewalttätigkeit und sein exzentrisches Verhalten in den Jahren vor Lana Clarksons Tod.

Am Donnerstag, dem 31. März 2007, erschien Phil Spector im Nadelstreifenanzug, das Haar ordentlich frisiert, in Begleitung seiner blonden, 27jährigen Ehefrau Rachelle und eines Trupps Leibwächter.

Seine Verteidigung oblag Bruce Cutler, dem Anwalt, der berühmt wurde, als er für den Gangster John Gotti einen Freispruch erreichte.

Im Verlauf des Prozesses stützten Cutler und sein Team Phil Spectors Verteidigung sich auf den »(angeblich) depressiven psychischen Zustand« Lana Clarksons. Er sprach von ihren

»Selbstmordtendenzen«, wobei er Medikamente anführte, die man bei ihr gefunden hatte. Zudem beschuldigte er sie, immer wieder Alkoholmissbrauch getrieben zu haben. Nichts an diesen Aussagen war nachprüfbar, nur die Beredsamkeit des Anwalts. Cutler stützte sich auf private Emails der Schauspielerin, in denen sie von ihrer Bewunderung für Marilyn Monroe sprach. In Wahrheit mochte Lana Clarkson nur Marilyns Stil, ihre Schauspielkunst, ihren Charme und ihre strahlende Schönheit, und vielleicht beneidete sie sie auch um ihre Berühmtheit. Im übrigen steht fest, dass Marilyn sich niemals umbringen wollte.

Am 31. Mai 2007 stellte Richter Larry Paul Fidler Phil Spectors Verteidigern eine Bedingung. Sie durften die Aussage nicht verwenden, die Phil Spector nach seiner Festnahme durch die Polizei gemacht hatte: »Ich weiß nicht, was passiert ist, ich habe sie nicht getötet.«

Es kam nicht in Frage, dem Angeklagten eine Aussage zuzuschreiben, die er selbst nicht bestätigte. »Wenn Sie Unschuldsbeteuerungen des Angeklagten in die Debatte werfen wollen, dann rufen Sie ihn persönlich auf. Er soll sich einem Kreuzverhör stellen.«

Phil Spectors Anwälte wollten jedoch ihren Mandanten auf keinen Fall vor Gericht aussagen lassen. Sie fürchteten seine gewohnten Clownerien, seine seltsame Ausdrucksweise, seine unausgegorenen Reden, seine unberechenbaren verbalen Ausfälle. Zudem machte ihn sein extravagantes Auftreten den Geschworenen nicht gerade sympathisch. Für die gesamte Dauer des Prozesses zeigte Phil Spector sich mit Frisuren, die für ein Raritätenkabinett auf dem Jahrmarkt getaugt hätten, in grellbunten Anzügen, mit albernen Accessoires. Auch sein Hang zu Beleidigungen und Todesdrohungen könnte abträglich sein, fanden sie. Komischerweise war es seine junge Frau, die aus der Rolle fiel und bei einer Verhandlung den Richter wütend beleidigte.

Nicht nur sein ungewöhnliches Erscheinungsbild gebot Phil Spector Schweigen. Vor ihm hatten andere prominente Angeklagte es ebenso gemacht: der Footballstar O. J. Simpson, der seine Frau und seinen Freund ermordet haben sollte, und Robert Blake, der angeblich seine Freundin umgebracht hatte. Beide wurden vor dem Strafgericht freigesprochen.

Der Anwalt der Verteidigung Bruce Cutler setzte dem Chauffeur Andriano DeSouza dermaßen zu, dass dieser seine erste Aussage zurücknahm: Da er Ausländer war, hatte er in der Nacht des Mordes, des Selbstmordes oder des Unfalls den Satz von Phil Spector womöglich missverstanden, »Ich glaube, ich habe sie getötet.« DeSouza war sicher, dass er richtig gehört hatte, aber Cutler verwirrte ihn so sehr, dass er an sich selbst zweifelte, und die Geschworenen ebenso.

Gemeinsam mit seiner Kollegin Linda Kenney-Baden betonte Cutler das Fehlen von Blutspuren an Phil Spectors Kleidung. Dabei ignorierte er die Tatsache, dass nach der Tragödie alles sorgfältig gereinigt worden war und somit eventuelle Beweise vernichtet waren. Er behauptete, dass ein Kampf nur deshalb stattgefunden hatte, weil Lana Clarkson sich umbringen wollte und Phil Spector versuchte, sie daran zu hindern. Dieser Weg sollte aber nicht weiter verfolgt werden, denn er würde zu der Hypothese eines Unfalls führen. Dass sich an der Waffe keine Fingerabdrücke befanden, bewies zumindest, dass jemand sie abgewischt hatte. Nur – wer, und warum?

Gegen Spector

Louis Pena war der Gerichtsmediziner, der Lana Clarksons Leiche untersucht hatte. In seiner Aussage erkannte er ohne zu zögern auf Mord. Für ihn bestand kein Zweifel: Lana hatte sich auf keinen Fall selbst umgebracht. Dafür sprachen auch die verstreut liegenden Zähne, der Schuss war zwischen die Zähne gegangen, nicht in den geöffneten Mund. Die Lage der Leiche dicht bei der Haustür, die Tasche über der Schulter, alles deutete darauf hin, dass Lana das Haus verlassen wollte. Hatte Phil Spector sie verfolgt? Hatte er sie mit vorgehaltenem Colt zum Bleiben gezwungen? Musste sie sich auf den Sessel setzen und sexuelle Wünsche des Hausherrn erfüllen? Mit der Waffe an den Lippen, die ein wütender Spector ihr ins Gesicht hielt?

»Sie wollte gehen«, sagte der Ankläger, »ihre Leiche lag nah am Eingang. Sie dachte nicht etwa: ›Ach, ich könnte mich doch mal umbringen.‹«

Warum bestätigten die Experten, Ballistiker und andere, dass die von Phil Spector an jenem Abend getragene Jacke keine Blutspuren aufwies? Ankläger Alan Jackson äußerte, dass Phil Spector reich genug war, um Experten bestechen zu können, und das hätte er auch getan, damit sie zu seinen Gunsten aussagten. Bis dahin hatte Phil Spector fünf Millionen Dollar für Anwälte und Experten aller Art ausgegeben.

Die ohnmächtige Justiz

In ihrem Abschlussplädoyer zählt die Verteidigung in Gestalt von Lindy Kenney-Baden noch einmal alle Beweise für die Unschuld ihres Mandanten auf. »Die Beweislast«, argumentierte sie, »lag beim Staatsanwalt.« An die Adresse der Geschworenen fährt sie fort: »Der Staat will, dass Sie das Nichtvorhandensein von wissenschaftlichen Beweisen ignorieren.« Damit waren die ohnehin verwirrten Mitglieder der Jury noch mehr verunsichert.

Nach fünf Verhandlungsmonaten und sieben Beratungstagen war die Jury, bestehend aus neun Männern und drei Frauen, nicht in der Lage, ein einhelliges Urteil auszusprechen.

In diesem Stadium der Beratung stand es sieben zu fünf – sieben hielten Phil Spector für schuldig, fünf hatten Zweifel daran. In Kalifornien will es das Gesetz, dass die Jury ein einstimmiges Urteil abgibt. Gelingt dies nicht, wird der Prozess annulliert.

Die Jury verlangte vom Richter, Phil Spector der unabsichtlichen Tötung zu bezichtigen, – ein Sachverhalt, auf den eine geringere Strafe stand. Bis dahin hätte Spector eine Strafe von fünfzehn Jahren oder Lebenslänglich zu erwarten gehabt. Richter Fidler weigert sich. »Das würde bedeuten, dass Ihre Entscheidung beeinflusst war, das kann ich nicht gutheißen.«

Am 18. September gibt Richter Fidler dennoch nach. Er schaltet ein Element der Debatte aus, um der Jury das Urteil zu erleichtern: Die Geschworenen müssen nicht mehr entscheiden, ob Phil Spector den Lauf der Waffe in Lana Clarksons Mund gehalten hat oder nicht.

Am 19. September herrscht noch immer Uneinigkeit. Drei Juroren haben Bedenken. Einer kann sich absolut nicht entscheiden. Die Verteidigung hat bei zweien »berechtigte Zweifel« gesät. Der eine Juror gesteht: »Wir sind uns bewusst, dass unsere Entscheidung für die meisten Menschen hinterfragbar ist.«

Der Ankläger will um jeden Preis einen neuen Prozess aufrollen. Jetzt hat Richter Fidler mehrere Möglichkeiten: einen neuen Prozess gegen Phil Spector anberaumen oder mit den Anwälten der beiden Parteien verhandeln, um die Anklage abzumildern und eine Strafe auszuhandeln, ohne dass wieder prozessiert wird, oder aber die Anklagepunkte fallen zu lassen und keinen neuen Prozess anzustrengen. Das Gericht vertagt sich erst einmal.

Am 27. September 2007 annulliert der Vorsitzende Richter Larry Fidler den Prozess und setzt den Termin 3. Oktober fest, an dem entschieden werden soll, wie es weitergeht. Am 3. Oktober 2007 wird ein weiterer Prozess ins Auge gefasst. Lanas Eltern warten ungeduldig darauf, ihre Zivilklage gegen Phil Spector einreichen zu können.

Beim ersten Prozess waren 77 Zeugen vor Gericht aufmarschiert, 600 Beweisstücke zu Belastung und Entlastung vorgelegt worden. Nichts belegte eindeutig, dass Phil Spector den Abzug betätigt hatte, nichts belegte, dass Lana Clarkson den Abzug betätigt hatte.

Phil Spector kehrte ins Pyrenee Castle, Alhambra, Ost Los Angeles zurück, im dunklen Anzug mit roter Krawatte und ein Lächeln auf den Lippen. Seine Frau, Rachelle Spector, tanze neben ihm vor Freude. Den Helikoptern, die über seiner Villa kreisten, machte Phil Spector ein Siegeszeichen.

In der Schlangengrube

In einem Interview mit dem London Daily Telegraph beschrieb Phil Spector sich selbst einen Monat nach seiner Festnahme im Jahr 2003 als »ziemlich verkorkst.« Er fügte hinzu: »Ich nehme Medikamente gegen Schizophrenie, aber ich würde nicht sagen, dass ich schizophren bin. Ich habe eine gespaltene Persönlichkeit, ich bin mein eigener schlimmster Feind. Meine inneren Dämonen lassen mich nicht zur Ruhe kommen.«

Spector führte sein Erbgut ins Feld. »Meine Mutter und mein Vater waren Cousins ersten Grades, ich weiß nicht, ob diese nahe Verwandtschaft einen Einfluss auf meinen Charakter hatte. Ich fürchte, meine Geisteskrankheit ist erblich und geht auch meine Tochter Nicole über. Hoffentlich fühlt sie sich nie zu Menschen wie ich hingezogen, zu manisch-depressiven, psychotischen, verrückten Kerlen.«

Er ließ sich noch weiter über seine Vorfahren und seine Unzurechnungsfähigkeit aus, ein gefundenes Fressen für seine Anwälte. »Ich hatte kein schönes Leben, ich bin ein unglückliches Wesen, ich lebe nie im Einklang mit mir selbst. Ich weiß nicht, was Glück ist. Alles ist vergänglich, Glück, Unglück, Exstase, Orgasmus, alles. Ich versuche, nicht den Boden unter den Füßen zu verlieren.«

Gott hasst mich

In einem Interview mit dem Autor Mick Brown sagte Phil Spector: »Warum bin ich mit 22 von der Bühne abgetreten? Ich fühlte mich in Gesellschaft nicht wohl, ich war anders als die anderen, ich musste mir eine eigene Welt schaffen. Ich habe mich immer lieber in meinem Studio vergraben, als mich mit der Masse auseinanderzusetzen.«

Über seine Angewohnheit, vor anderen Menschen mit Waffen herumzufuchteln und besonders seine Musiker damit einzuschüchtern, äußerte er sich so: »Alle hassen mich, ich weiß, ich bin seltsam, ich verhalte mich seltsam, meine Erscheinung ist seltsam, die Platten, die ich produziere, sind seltsam, ich fühle mich von allen abgelehnt.«

In einem Interview mit *Vanity Fair* im Jahr 2000 gestand Phil Spector: »Ich fürchte, Gott will mich nicht in seinem Paradies haben, weil ich böse bin. Ich fürchte, der Teufel verweigert mir den Zugang zur Hölle, weil er denkt, ich wäre noch böser als er.«

Abschied von der Barbarenkönigin

Lana Clarkson wurde am Mittwoch, den 9. Februar, im engsten Familienkreis beerdigt.

Eine Abschiedsfeier gab es am Sonntag, den 23. Februar, zur Mittagszeit im Henry Fonda Music Box Theatre, 6126, Hollywood Boulevard.

Lana Clarkson ruht auf dem Hollywood Memorial Cemetery in Los Angeles, Kalifornien, in einer Nische der Südmauer im zweiten Stock der Kapelle.

Noch im Februar 2003 sagte Lana Clarkson: »Wenn Sie auf Ihr Herz hören, gibt das Schicksal Ihnen die Chance, Ihre Berufung zu erfüllen. Ich setze meine ganze Hoffnung und alle meine Träume darauf.«

Ihren letzten Auftritt hatte sie, strahlend und voller Lebenslust, im Januar 2003 auf dem Festival *Vamps and Monster U. S. Convention* am Stand des Comicladens Golden Apple. Auf ihrem letzten Foto ist sie mit einem Schwert in der Hand zu sehen. Barbarian Queen in alle Ewigkeit.